新时代高职
思想政治理论课实践教程

主　编　叶星成
副主编　罗美霞　徐　军　朱　军　彭军林
参　编　陈筱莉　邹连方　兰俊才　黄国庆
　　　　杨　菲　李雅倩　张　倩　胡　灿
　　　　曾　丹　黄永录　李　强　田　野
　　　　唐洪江　赵　奇　范海军　李治国
　　　　阮筱琪　张　扬　江　源　刘　婵

中国言实出版社

图书在版编目（CIP）数据

新时代高职思想政治理论课实践教程 / 叶星成主编
. -- 北京：中国言实出版社，2023.9
ISBN 978-7-5171-4589-9

Ⅰ.①新… Ⅱ.①叶… Ⅲ.①大学生－思想政治教育
－研究－中国 Ⅳ.①G641

中国国家版本馆CIP数据核字(2023)第180206号

新时代高职思想政治理论课实践教程

责任编辑：王战星
责任校对：郭江妮

出版发行：中国言实出版社
地　　址：北京市朝阳区北苑路180号加利大厦5号楼105室
邮　　编：100101
编辑部：北京市海淀区花园路6号院B座6层
邮　　编：100088
电　　话：010-64924853（总编室）　　　010-64924716（发行部）
网　　址：www.zgyscbs.cn　　电子邮箱：zgyscbs@263.net

经　　销：新华书店
印　　刷：河北柏兆达印刷有限公司
版　　次：2023年9月第1版　2023年9月第1次印刷
规　　格：787毫米×1092毫米　1/16　14.5印张
字　　数：282千字

定　　价：49.80元
书　　号：ISBN 978-7-5171-4589-9

前言 FOREWORD

纸上得来终觉浅，绝知此事要躬行。

思想政治理论课承担着对大学生进行系统的马克思主义理论教育的任务，是全面贯彻党的教育方针、落实立德树人根本任务的主渠道和核心课程，是引导学生看世情国情、学理论真知、立信仰担当的灵魂课程。实践教学作为高校思想政治理论课的重要组成部分，是提高思想政治理论课实效性的重要途径，是培养学生创新精神和实践能力的重要手段。为深入学习和贯彻落实党的二十大精神，落实《关于加强和改进新形势下高校思想政治工作的意见》《新时代学校思想政治理论课改革创新实施方案》《关于深化新时代学校思想政治理论课改革创新的若干意见》《新时代高校思想政治理论课教学工作基本要求》《全面推进"大思政课"建设的工作方案》等文件精神，提升思政课教学的针对性和实践性，推动思想政治理论课高质量发展，更好地引导学生树立社会服务意识、提高社会实践能力，我们组织编写了《新时代高职思想政治理论课实践教程》一书。

全书分为"课堂实践教学"和"课外实践育人"两条编写主线。其中，"课堂实践教学"重在用好教学育人主渠道，紧密围绕教育部专题教学课件和国家统编思政课教材中的知识要点和培养目标，设置35个课堂实践教学活动：《习近平新时代中国特色社会主义思想概论》12个、《思想道德与法治》10个、《毛泽东思想和中国特色社会主义理论体系概论》10个、《形势与政策》3个。引导学生从实践活动中深入理解知识要点，深刻领会习近平新时代中国特色社会主义思想，培养学生用马克思主义理论和方法认识问题、分析问题和解决问题的能力，真正做到将理论知识外化为解决实际问题的能力和本领。"课外实践育人"重在构建"三全育人"新格局，即坚持"政治、问题、效果"三个导向，注重"决策、执行、监督"三位一体，强化"学校、教师、学生"三方联动，融汇"三全育人"格局，十大育人体系，构建"六大特质理工""二十大育人活动"，力促课内课外相辅相成、校内校外互融互通、网内网外互促互进。该案例系湖南省高校思想政治工作精品项目，教育部职业教育与成人教育司领导肯定其"课堂""课外"相得益彰，帮助学生在实践中生成新的实践理性、实践策略、实践智慧，实现学思用贯通、知信行统一。

本书立足实用性、指导性和可操作性原则，将每个活动分为"实践导入""实践形式""实践活动""实践参阅"四大模块，其中"实践导入"体现理论与实践一体，结合理论教学要点与教材相呼应。"实践形式"结合学生关注点和思想困惑点，为学生提供以"走"（实地参观、现场教学等）、"访"（实地调研、人物访谈等）、"赛"（演讲比赛、微视频比赛、辩论赛等）、"研"（经典研读、故事分享等）、"论"（课堂讨论、时事评论）为主要形式的实践"套餐"，学思践悟、寓教于乐。"实践活动"包含四个子模块：一是活动目标，明确价值引领，力求富有灵魂；二是活动准备，体现教师主导，力求有条有理；三是活动过程，彰显学生主体，力求有声有色；四是活动评价，实现价值引导，力求有理有据。此模块在流程化、具体化操作中真正调动学生的积极性、主动性和创造性，让学生的实践过程更有趣、更真切、更鲜活，从而实现知行合一、教学统一，提升学生获得感。"实践参阅"分为实践案例和拓展阅读两部分，其选材力求突出时代特征、职教特点和区域特色。实践参阅与实践活动相得益彰，是推进思政课教学从理论形态向实践形态转变的重要支撑材料。

本书由叶星成担任主编，负责统筹谋篇；罗美霞、徐军、朱军、彭军林担任副主编，负责校对。其中，《习近平新时代中国特色社会主义思想概论》实践教学活动由彭军林负责统稿，徐军、朱军、张倩等参与编写；《思想道德与法治》实践教学活动由陈筱莉负责统稿，黄国庆、胡灿等参与编写；《毛泽东思想和中国特色社会主义理论体系概论》实践教学活动由兰俊才负责统稿，杨菲、李雅倩等参与编写；《形势与政策》实践教学活动由邹连方负责统稿，阮筱棋、刘婵、江源、张扬等参与编写。二维码部分由罗美霞负责统稿，曾丹、田野、黄永录、李强、李治国、赵奇、唐洪江、范海军等参与编写。

本书是湖南理工职业技术学院教材出版基金资助项目，同时是叶星成主持的2023年度湖南省社科基金项目高校思想政治工作研究专项《坚持不懈用习近平新时代中国特色社会主义思想铸魂育人研究》项目的阶段性研究成果。在本书编写过程中，编者查阅了大量文献专著、期刊、报纸及权威网站中的相关内容，吸收借鉴了许多专家、学者的研究成果，也征求了专家、学者和一线教师的意见，在此一并表示感谢。由于编者水平有限，书中缺点和疏漏敬请广大专家和读者批评指正。您的宝贵意见和建议能够帮助编者在今后的修编工作中不断完善与提高！

编　者

2023 年 5 月

目录 CONTENTS

第一篇
课堂实践教学

——从高职思想政治理论课导入

《习近平新时代中国特色社会主义思想概论》

实践教学活动

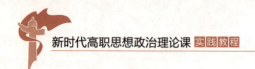

专题1：我将无我，不负人民
——"习语伴我行，奋斗正当时"感悟分享

一、实践导入

党的十八大以来，习近平总书记发表了一系列重要讲话，其风格鲜明、思想深邃、内涵深刻。这些重要讲话闪耀着博大精深的智慧光芒和马克思主义的真理光芒，既是习近平总书记执政理念的真实写照，也是其人格魅力的生动体现。长期以来，习近平总书记始终关心青年成长成才，谋划青年工作发展进步，激励广大青年不负时代、不负韶华。立足新时代新征程，以习近平新时代中国特色社会主义思想为指导，通过实践活动使青年深刻感悟其重大意义和殷切期待，不断增强青年为党分忧、为党尽责、为党奋斗的责任感、使命感、紧迫感，让青春在全面建设社会主义现代化国家的火热实践中绽放绚丽之花。

二、实践形式

习语诵读+感悟分享

三、实践活动

1. 活动目标

未来属于青年，希望寄予青年。通过丰富多彩的活动形式解读习近平总书记在经济、政治、文化、社会、生态文明等领域的重要讲话精神，有效提升学生的理论素养，在专业学习和职业规划中学会把习近平新时代中国特色社会主义思想作为其成长成才指南，在学思践悟中明确个人发展方向，自觉将个人梦融入中国梦之中。

2. 活动准备

（1）教师层面：任课教师提前1～2周宣布实践活动主题，明确实践活动要求，指定专人落实每次课堂实践活动的开展。引导学生从经济、政治、文化、社会、生态文明等领域查找习近平总书记系列重要讲话，理解其中的精髓要义，制作课件并做好课堂展示准备。

（2）学生层面：学生按要求自行组建学习小组，小组成员最多5人，每组确定一名组长。充分利用学校图书馆、互联网等资源，查阅习近平总书记近年来在不同领域发表的重要讲话，选取有针对性的讲话内容展开讨论，共同制作PPT。

（3）班级层面：班委会尽好监督职责，督促班级成员按要求组建小组，做好前期准备并分工合作，确定小组展示顺序及活动时间，做好协调组织工作。

3. 活动过程

（1）习语诵读：每个展示小组选取一名小组代表诵读习语金句，从不同维度体会习近平总书记的语言魅力。

（2）感悟分享：小组成员就选取的习语金句从"为什么、是什么、怎么做"三个方面进行感悟分享。在学思践悟中坚定理想信念，在奋发有为中践行初心使命。

（3）修改完善：小组成员展示完毕，教师和其他班级成员针对该组成员展示情况，从内容、PPT制作、演讲技巧等方面提出修改意见和建议。小组成员采纳有建设性的意见和建议，进一步修改完善作品。

（4）作品提交：以小组为单位将修改完善的PPT提交至课程教学平台。

4. 活动评价

（1）学生自评：以小组为单位就本小组准备情况、分享内容、展示过程等进行自评，由小组长填写评分表。

（2）学生互评：以小组为单位开展互评，根据PPT制作是否精美、感悟是否具有真情实感、展现是否自信大方等对其他小组提出意见和建议，并评分。

（3）教师考评：学生完成展示后，任课教师对学生展示的内容、形式等进行评价总结。按照评分标准评分，纳入课程成绩考核。

"习语伴我行，奋斗正当时"感悟分享评分表

展示主题		
小组成员		
姓名	学号	组内分工

评分标准（100分）：

1. 分享内容（50分）：主题鲜明，观点正确，选材得当，论证充分。
2. 展示效果（40分）：声音洪亮，语速适当，表达清晰，富有真情实感。
3. 时间掌控（5分）：展示时间在5分钟以内。
4. 创新（5分）：有特色、有味道。

教师评分：

年　　月　　日

拓展阅读

专题 2：实干兴邦，实干惠民
——"家乡巨变，时代赞歌"微视频比赛

一、实践导入

新时代山乡巨变，新征程再创辉煌。在习近平新时代中国特色社会主义思想指导下，中国共产党团结带领中国人民，自信自强、守正创新，统揽伟大斗争、伟大工程、伟大事业、伟大梦想，创造了新时代中国特色社会主义伟大成就，为实现中华民族伟大复兴提供了更为完善的制度保证、更为坚实的物质基础、更为主动的精神力量。新时代的伟大变革，在党史、新中国史、改革开放史、社会主义发展史、中华民族发展史上具有里程碑意义。党的十八大以来，国家在经济建设、民主政治、文化建设、社会民生、美丽中国等领域取得的发展，展示了新时代中国人民在全面建成小康社会、全面建设社会主义现代化国家中的奋斗故事。

二、实践形式

微视频比赛

三、实践活动

1. 活动目标

通过开展"家乡巨变，时代赞歌"微视频比赛，让青年学生更加了解新时代的伟大变革，真切感受到新时代新气象，切身体会到全面小康建设带来的巨大变化，培养青年学生热爱祖国、热爱家乡，建设祖国、建设家乡的朴素情怀，凝聚强大的青春正能量。

2. 活动准备

（1）教师层面：任课教师提前 1～2 周在线上安排任务，要求学生组队收集资料，制作短视频及演讲文本，做好上台展示准备。指导学生收集资料的方法和方向，如包括家乡人民在衣、食、住、行等各方面的全面提高，重大惠民举措落地及家乡公共服务改善，家乡人民文化体育生活繁荣所带来的精神享受，家乡发展带来的人生际遇和创造的展示舞台等。

（2）学生层面：学生结合课程所学内容、个人成长实际、家乡新变化新发展和习近平

新时代中国特色社会主义思想在家乡的实践，讲述作为时代新人学思践悟习近平新时代中国特色社会主义思想的收获，并展示学习成果。

（3）班级层面：班委会负责短视频比赛的组织，制订活动计划，安排活动各环节的责任人员，做好相关协调组织工作，确保短视频比赛顺利进行。

3. 活动过程

（1）视频制作：结合课程所学内容，以小组为单位讨论交流，确定拍摄文案，收集汇总相关素材，拍摄视频并制作影音材料。

（2）完善修改：任课教师对参赛小组作品进行内容和形式方面的指导及培训，对内容不符合要求的可以要求学生进一步完善。

（3）视频展示：参赛小组依次上台分享短视频，从作品构思、拍摄花絮、制作困难、收获等方面分享视频拍摄过程，视频内容需紧扣主题。

（4）作品提交：视频以"作品名称＋年级＋班级＋姓名"命名提交，任课教师择选推荐作品。

4. 活动评价

（1）学生自评：以小组为单位就本小组的短视频作品进行自评，由小组长填写评分表。

（2）学生互评：每组选派学生评委对各组展示的视频作品现场给分，去掉最高分和最低分，取平均分。

（3）教师考评：教师根据作品内容、视频质量、时代特征、育人价值等方面对小组作品进行评分，就学生表现给予等级评定并纳入课程成绩考核。对本次实践活动进行总结，对获得优秀等级的作品推荐宣传展播。

附件

"家乡巨变，时代赞歌"微视频比赛评分表

微视频名称		
小组成员		
姓名	学号	组内分工

评分标准（100分）：
1. 视频内容（50分）：主题鲜明，观点正确，选材得当，论证充分。
2. 视频效果（40分）：画面清晰，语速适当，表达流畅。
3. 时间掌控（5分）：展示时间在3分钟以内。
4. 创新（5分）：形式新颖，有特色、有味道。

教师评分：

年　　月　　日

四、实践参阅

1. 精准扶贫首倡地——十八洞村风景如画

湖南省湘西州十八洞村每天都会迎来大批游客，苗寨里的农家乐、民宿生意红火。湖南省湘西土家族苗族自治州花垣县双龙镇十八洞村村民以前是在外面打工，后来回到家乡创业，开办自己的农家乐和民宿，一年也有10多万元的收入。这是精准扶贫的重要战略和党的好政策，让老百姓过上了美好幸福的生活。

群山阻隔的千年苗寨——花垣县双龙镇（原排碧乡）十八洞村因交通不便，是一个长年极度贫困的苗族山寨，全村贫困发生率高达57%，村民年人均纯收入1 668元，也是湖南贫困山区的典型。2013年11月3日，习近平总书记来到十八洞村实地调研，首次提出了"实事求是、因地制宜、分类指导、精准扶贫"的重要论述，吹响了全国精准扶贫嘹亮的号角，拉开了脱贫攻坚序幕。10年来，十八洞村从精准扶贫到乡村振兴，发展了乡村旅游、猕猴桃种植、黄牛养殖、山泉水开采等多个产业，并结合当地资源和优势，探索出一条以红色旅游为核心的高质量发展新路子。村人均收入由 2013 年的 1 668 元增加到 2021 年的 20 167 元；村集体经济由 2013 年的 0 元增加到 2021 年的 268 万元，蝶变后的十八洞村成为湖南省一张闪亮的"新名片"，谱写出时代新篇章。

资料来源：编者根据相关资料整理编写

2. 非凡十年·湖南答卷｜绘出生态建设最美底色

十载砥砺前行，十年春华秋实。党的十八大以来的十年，是湖南经济社会发展和改革创新取得非凡成就的十年。

蓝天白云成常态，绿水青山随处见。湖南全力开展长江保护修复、湘江保护和治理、洞庭湖生态环境整治、长株潭及传输通道城市大气污染联防联控、农业农村污染治理、受污染耕地安全利用等一系列重大环境治理行动，推动全省生态环境质量持续改善。

大力推行林长制，创建国际湿地城市 1 个、"国家森林城市" 8 个、"湖南省森林城市" 14 个，全省村庄绿化覆盖率达 64.2%。坚持"山水林田湖草是生命共同体"的理念，为加快构建长江经济带和我国中部地区生态屏障，提升人民群众获得感、幸福感作出了湖南贡献。

促进人与自然和谐共生。洞庭湖上，一派麋鹿嬉戏、江豚腾跃的大湖气象；株洲清水塘、湘潭竹埠港、郴州三十六湾等治理经验，长沙圭塘河、后湖艺术园等治理力作，均让人与自然一体共融成为现实。

颜值更靓。湖南省累计创建国家生态文明建设示范县（市）17 个，国家"绿水青山就是金山银山"实践创新基地 4 个。

气质更好。2021 年全省森林覆盖率 59.97%、湿地保护率 70.54%、水土保持率 86.08%、空气优良率 91%，长江干流湖南段和湘资沅澧干流监测断面全部达到或优于 Ⅱ类水质。

群众满意度不断提升。油茶、竹木、生态旅游、林下经济、花木五大千亿级产业，林业产业总产值从 1 884 亿元增长到 5 405 亿元，为脱贫攻坚和乡村振兴作出了贡献。

人不负青山，青山定不负人。向绿而行，推动实现更高质量、更有效率、更加公平、更可持续、更为安全的发展，一个更加美丽的湖南值得期待。

资料来源：红网，2022 年 9 月 3 日

拓展阅读

专题 3：修旧如旧，循古向新
——"城市记忆，山水乡愁"实地调研

一、实践导入

让城市留住记忆，让人们记住乡愁。党的十八大以来，我国城市发展格局逐步优化，人居环境更加优美，生活品质全面提升，城市高质量个性化发展备受关注。怎样加强历史文化遗产的保护和传承，将历史文脉和文化根基继续传承下去，是城市规划建设面临的重大课题。习近平总书记在党的二十大报告中深刻把握城市发展规律，对新阶段城市建设工作作出顶层设计和全面部署。新时代城市改造和建设应将城市文化遗产保护好、传承好、利用好，"望得见山、看得见水、记得住乡愁"，从而谱写城市发展新篇章。

二、实践形式

小组调研+提交作业+课堂汇报

三、实践活动

1. 活动目标

我国的历史文化遗产对延续历史文脉、推动城乡建设高质量发展、坚定文化自信、建设社会主义文化强国具有重要意义。通过实地调研助力文化传承，使学生情系山水乡愁，并触发其在实践中对城市现代化建设的深度思考，充分认识新时代城市建设要坚持以人民为中心的发展思想；使其敬畏历史、敬畏文化遗产，自觉保护红色遗迹，增强家国情怀，树立服务地方建设意识，彰显文化育人功能。

2. 活动准备

（1）教师层面：任课教师提前2周布置实践任务，确保学生有充分的调研时间。明确实践要求，引导学生端正调研态度，强化校外安全意识。在线上课程教学平台为学生提供实践活动相关学习资料，指导和帮助学生掌握调研方法，拓展实践思维。

（2）学生层面：学生按照教师要求自愿组合调研小组，小组成员原则上不超过5人。各组组长组织成员学习调研方法，商议调研分工，制订实地调研计划。根据教师提示，通过网络搜集党和国家关于城乡建设中有关加强历史文化保护传承的政策意见，习近平

总书记关于文化建设、城市建设的重要讲话等资料，重点了解习近平总书记在党的二十大报告中关于深刻把握城市发展规律的重要论述。

（3）班级层面：班委会协助教师做好实践活动各环节的协调工作，学习委员及时向教师反馈调研小组分组情况，并督促各小组做好调研准备；班长负责调研统筹，并及时向教师汇报小组实地调研进展情况，确保调研活动顺利开展。

3. 活动过程

（1）了解调研城市：调研小组合理安排时间，利用课后和休息日实地走访学校所在城市的档案馆和党史馆，了解城市发展历程与文化特色。比如，湖南省湘潭市是湖湘文化重要发祥地、中国红色文化摇篮，坚持"以人为本、改善民生，政府推动、市场运作，问题导向、量力而行"的原则，全力推进宜居城市、绿色城市、韧性城市、智慧城市、人文城市建设。

（2）做好调研记录：我国的历史文化以各种方式被保留在城乡各地，在每个时期都发挥了不可替代的作用，"望山见水，乡愁可寄"，体现了城市建设的人文理念。调研小组根据调研计划分阶段做好城市调研记录，重点挖掘当地独特的文化魅力，同时讲好本地的红色故事，为城市发展做好红色宣传。例如，湘潭市是红色文化高地，红色资源丰富，伟人、名人灿若星辰，这里传承着可歌可泣的革命故事，因此红色基因是湘潭市的精神坐标。

（3）撰写调研报告：调研小组在调研基础上，分析城市建设在传承历史文脉中的问题和不足，以问题为导向就加强历史文化保护、传承历史文脉提出好的建议，形成小组调研PPT（包含5个部分：团队介绍、研究情况综述、调研内容和成果、存在的问题与下一步研究设想、调研收获和体会），并将调研报告上传至线上课程教学平台。

（4）小组调研汇报：在"建设社会主义文化强国"理论教学之后，进行小组调研课堂汇报（每个小组成员均要上台展示），每组汇报时间不超过15分钟。

4. 活动评价

（1）学生自评：在调研小组长组织下，本着团结协作精神和实事求是原则，根据自己在调研活动中的具体表现给予自我评价。

（2）学生互评：学生通过在线上课程教学平台查阅其他小组的调研PPT，结合现场小组课堂汇报表现，投票评选出3个优胜调研小组。

（3）教师考评：对学生调研态度、调研方法、调研质量及调研成效等方面的表现进行客观评价，并结合学生自评、学生互评结果，根据评分标准给出调研小组最终实践成绩，评选出最佳调研小组。对于表现好的小组予以表扬，对于存在的不足应及时指出。

附件

"城市记忆，山水乡愁"实地调研汇报展示评分表

调研题目		
小组成员		
姓名	学号	组内分工

评分标准（100分）：

由调研小组各成员通过PPT进行汇报展示：第1名学生介绍研究团队和分工，第2名学生进行研究情况综述，第3名学生陈述调研成果，第4名学生陈述下一步调研设想，第5名学生陈述调研过程中的体会与收获。

1. 小组面貌（10分）：分工合理，表达流畅。
2. 调研综述（20分）：综述翔实，分析中肯。
3. 调研成果（40分）：成果丰富，论证充分。
4. 调研设想（15分）：设想合理，可行性强。
5. 调研体会（10分）：体会深刻，收获丰富。
6. 时间掌控（5分）：展示时间在15分钟之内。

教师评分：

年　　月　　日

四、实践参阅

1. 古城老巷中习近平这样谈文脉保护与传承

源浚者流长，根深者叶茂。中华民族的文化根脉一直牵动着习近平总书记的心。一次次触摸历史、一次次寻访传统，习近平总书记守护中华民族文化根脉的历史自觉和文化自信始终如一。

党的十八大以来，习近平总书记多次考察调研全国各地的古城老宅和传统街区，就历史文脉的保护与传承作出重要指示：城市规划和建设要高度重视历史文化保护，不急功近利，不大拆大建。要突出地方特色，注重人居环境改善，更多采用微改造这种"绣

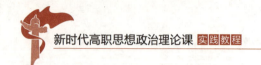

花"功夫，注重文明传承、文化延续，让城市留下记忆，让人们记住乡愁。

一个城市的历史遗迹、文化古迹、人文底蕴，是城市生命的一部分。文化底蕴毁掉了，城市建得再新再好，也是缺乏生命力的。要把老城区改造提升同保护历史遗迹、保存历史文脉统一起来，既要改善人居环境，又要保护历史文化底蕴，让历史文化和现代生活融为一体。

在改造老城、开发新城过程中，要保护好城市历史文化遗存，延续城市文脉，使历史和当代相得益彰。保护好传统街区，保护好古建筑，保护好文物，就是保存了城市的历史和文脉。对待古建筑、老宅子、老街区要有珍爱之心、尊崇之心。

观今宜鉴古，无古不成今。读懂并珍视文化根脉，成为中华民族的共同期许。登得上城楼、望得见古塔、记得住乡愁的文化长卷正在中华大地上徐徐展开。

资料来源：新华网，2022年1月28日

2. 湘潭万楼·青年码头"火出圈"的背后

数据说话：开市仅10天，游客就超过30万人次，目前节假日仍保持日均5万余人次的客流量；已入驻商户70余家，其中"销量冠军"单日销售额度超2万元，其火爆程度又吸引400多位商家前来咨询入驻事宜……

湘江岸、红土地，这个带着城市传说的文旅"新秀"，如今已崭露头角。然而，万楼·青年码头的"火出圈"绝非偶然，也并非一日之功。

万楼，又名文昌阁，始建于明朝万历四十三年（1615），历经400余年风雨洗礼，屡废屡建。2013年，湘潭市完成第6次重建，总高63.48米，其中主楼52.58米，为湘江沿岸最高的仿古建筑楼宇，是国家3A级旅游景区。

屹立于湘江之畔，这座湘潭历史名楼，以其雄伟磅礴的气势、深厚凝重的文化积淀，见证了湘潭社会、文化、经济的兴衰，逐渐成为湘潭的地标，也成为湘潭城市繁荣昌盛的时代象征和湘潭人民的精神归依。

然而，由于万楼周边配套设施不完善，游客较少，自2018年起，万楼景区开始关闭景观灯、封闭部分游道以节约支出。由于资产被闲置多年，而景区每年的保险、税费、人员成本、水电物业、维修维护等费用支出却达300万元，且无任何收益。万楼成为一座"文化空楼"，其境遇让人深感惋惜，颇受社会各界关注。

如何让沉寂多年的万楼"苏醒"？湘潭市政府与湖南电广传媒目光同在，擦出"联姻"火花。

2022年8月，湘潭市人民政府与湖南省电广传媒股份有限公司达成战略合作意向。湘潭城发集团、湘潭交发集团与湖南芒果文旅投资有限公司签订"万楼·青年码头项目投资合作协议"，三方共同约定按照"政府主导，国企合作，市场运作"的原则，紧密合作、优势互补，以万楼景区为依托，整合周边闲置土地资源，打造富有湖南娱乐气息的"万楼·青年码头"，让万楼在古与今的碰撞中、在文化旅游与区域发展的交融中，焕发全新活力。

万楼·青年码头项目将传统与时尚相结合，分两期实施。其中，一期以万楼主楼为核心，计划在主楼内布局"千年十八总"盛世长卷等"文化+科技"产品；在万楼前广场布局集装箱、大篷车等夜市，建设全省最大的摩天轮——"湘潭眼"。二期计划涵盖原"一馆五中心"功能需求而建设"芒果盒子"，打造青年酒店等场馆。

引青年"入圈"，揽青春"入怀"，这是万楼·青年码头项目的"灵魂"。湘潭文旅新名片、传统文化创意表达的国潮时尚聚集地、长株潭城市群新都市文旅地标、年轻人打卡湘潭的网红地，这是万楼·青年码头项目的"使命"。

蓝图甚是美好。然而，在当前地方财政和债务管控的双重压力下，资金从何而来？为此，湘潭市创新项目建设投融资模式，坚持"以资源换市场、以存量换增量"原则，完全采用市场化运作，用专业思维和力量突破困局。

2022年8月27日签约、2022年9月30日点亮万楼、2022年12月31日万人跨年、2023年3月3日开市……仅仅半年时间，一个国内最大的集装箱集市魔术般拔地而起、如约而来，引得人潮涌动、接踵而至。

万楼"苏醒"，"黄金万两"。据专家团队测算分析，万楼·青年码头项目不仅规避了新增政府性债务的风险，而且项目正式运营后，将新增就业岗位2 000余个，带动人流300余万人次/年，预计收入8 200万元/年，利润2 200万元/年。同时，其将提升周边3 000多亩开发用地至少50万元/亩的价值，实现土地增值约15亿元。"存量资产盘活新样板"，成了该项目的新"标签"。

拂去历史尘埃、把握时代脉搏、氤氲青春气息，满是人间烟火气的万楼如青年一般，心怀热爱、奔赴星海。由此，也开启了一个城市新的发展传奇……

资料来源：湖南日报网站，2023年3月14日

拓展阅读

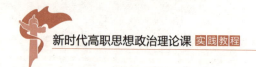

专题 4：自力更生，自主创新
——"国之重器，国之利器"课堂图片展

一、实践导入

科技是国家强盛之基，创新是民族进步之魂。习近平总书记在党的二十大报告中指出，我国"基础研究和原始创新不断加强，一些关键核心技术实现突破，战略性新兴产业发展壮大，载人航天、探月探火、深海深地探测、超级计算机、卫星导航、量子信息、核电技术、新能源技术、大飞机制造、生物医药等取得重大成果，进入创新型国家行列"。党的十八大以来，我国的大国重器亮点纷呈，创新成果世界瞩目，这些令人振奋的国之重器、国之利器背后既是我国装备工业的长足发展，也是我国制造能力和基础科学投入的大幅提升，彰显了中国实力，挺起了民族脊梁，托举了强国未来。

二、实践形式

小组讨论+课堂图片展

三、实践活动

1. 活动目标

通过组织"国之重器，国之利器"课堂图片展，阐释新时代伟大成就，展现新时代精神气象。让学生感悟习近平新时代中国特色社会主义思想实践伟力，激发其荣誉感和自豪感；引导学生进一步认识新科技革命和产业变革带来的技术革命，引领其爱国之情、强国之志和报国之行；让青年学生深入汲取科学技术、中国制造中饱含的精神品质，砥砺成长，激励其匠心筑梦、技能报国。

2. 活动准备

（1）教师层面：任课教师提前1～2周安排学生任务，根据班级人数划分小组，要求学生以小组为单位收集资料，整理制作PPT，准备好发言稿。指导学生收集资料的方法和方向，资料形式包括但不限于文字资料、图片资料、影像资料等，充分利用图书馆、互联网、调查访谈等资源尽可能多地占有第一手资料。

（2）学生层面：学生结合课程所学内容，收集整理国之重器、国之利器，包括图片、文字、影像资料等，做好展示学习成果的准备。

（3）班级层面：班委会负责课堂图片展的组织，制订活动计划，安排活动各环节责任人员，做好相关协调组织工作，确保课堂图片展顺利进行。

3. 活动过程

（1）图片制作：结合课程所学内容，小组成员讨论交流，确定展示图片，收集汇总相关素材，制作成精美图片。

（2）完善修改：任课教师对参赛小组的作品进行内容和形式方面的相关指导及培训，对内容不符合要求的可以要求其进一步完善。

（3）课堂展示：各参赛小组选派1名同学在课堂上依次上台分享国之重器图片，并从图片内容、典型意义、时代价值等方面进行阐述，内容需紧扣主题。

（4）作品提交：图片以"作品名称＋年级＋班级＋姓名"命名提交。获评优秀作品的由任课教师给予该组实践活动优秀等级评定。同时，选择一个时间段在校园内集中展示各班制作的大国重器图片展板，对本次展示活动进行拍照摄影，留存资料并及时开展宣传报道。

（5）活动心得：活动结束后，在附件中填写此次实践活动心得，谈一谈以科技强国为核心的时代精神在我国经济社会发展过程中起到的重要作用。

4. 活动评价

（1）学生自评：以小组为单位进行作品自评，填写附件。

（2）学生互评：学生对其他小组的作品进行点评，提出修改意见和建议，对修改后的作品进行评分。

（3）教师考评：教师根据作品内容、课堂展示、育人价值等方面的要求对小组作品进行评分，就学生表现给予评定，对本次实践活动进行总结，对表现好的小组及时给予表扬，对存在的不足及时指出。

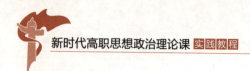

📇 附件

"国之重器，国之利器"课堂图片展

二级学院：_____   专业班级：_____

学生姓名：_____   学　　期：_____

实践活动考核				
考核评价项目	等级（在对应方框标√）			考核成绩
展板内容清晰、有条理	优□	良□	中□	合格□
展板制作精美、有吸引力	优□	良□	中□	合格□
展示活动丰富、有趣	优□	良□	中□	合格□
活动心得真实、深刻	优□	良□	中□	合格□
其他				

评分（100分）：

教师点评：

教师签名：
　　　　　　年　　　月　　　日

小组成员		
姓名	学号	组内分工

实践活动心得体会

四、实践参阅

1. 中国跨度

港珠澳大桥，被誉为"现代世界七大奇迹"之一，自开工以来就举世瞩目。大桥全长 55 公里，采用桥岛隧组合方案，是世界上最长的跨海大桥，也是世界公路建设史上技术最复杂、施工难度最高、工程规模最庞大的桥梁。港珠澳大桥的每一根钢筋、每一方混凝土，都书写着中国桥梁人钻研与突破的心路历程。在桥梁人工岛和隧道建设领域，港珠澳大桥获得的专利超过 1 000 项，达到世界级水平；是中国公路建设史上里程最长、投资最多、施工难度最大的跨海桥梁项目，创下世界最长跨海大桥、世界最长公路沉管海底隧道、世界唯一深埋沉管隧道等多项世界之最。

2. 中国精度

中国五矿所属企业成功研制出直径 0.01 毫米铣刀，使用这个极小径铣刀，可在一粒米上铣出 56 个汉字。"毫厘之功"见匠心。这种极小径铣刀仅为头发丝的 1/8，肉眼几乎看不到，在电子信息、汽车制造、光学仪器、生物工程、航空航天等领域大有作为。极小径单刃铣刀看似寻常，却内有乾坤，形态复杂。它需要在直径 0.01 毫米的硬质合金圆柱体上，磨削出端齿后角、侧隙角、螺旋槽等 6 个部分，其结构设计和加工难度不言而喻。

3. 中国高度

2020 年 4 月，中国移动在珠穆朗玛峰海拔 6 500 米前进营地，开通全球海拔最高的 5G 基站，实现珠峰峰顶 5G 网络覆盖。2020 珠峰高程测量登山队登顶测量的高清视频画面通过 5G 网络与全世界实时共享。中国高度，央企建造。山高人为峰，世界屋脊见证了央企人的责任与使命，汇聚了每一个普通人的奋斗与改变。央企建设者正在发挥所长，迎难而上、勇毅攀登，在建设世界一流企业的新征程上追逐更高的梦想。

4. 中国深度

2021 年 6 月 25 日，我国首个自营超深水气田"深海一号"成功投产，将依托海上天然气管网大动脉每年为粤港琼等地供应 30 亿立方米深海天然气，可以满足大湾区 1/4 的民生用气需求。"深海一号"能源站尺寸巨大，总重量超过 5 万吨，最大投影面积有两个标准足球场；总高度达 120 米，相当于 40 层楼；最大排水量达 11 万吨，相当于 3 艘中型航母。它是中国首个自主完成设计、建造和安装的大型深水项目，对中国海洋石油事业具有里程碑意义。这一最新海洋工程重大装备，实现了 3 项世界级创新、运用了 13 项国内首创技术，被誉为迄今我国相关领域技术集大成之作。

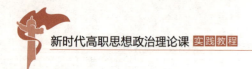

5. 中国力度

2022 年 7 月 24 日，长征五号 B 遥三运载火箭搭载当今世界最大单体载人航天器——中国空间站问天实验舱，点火起飞。长五 B 火箭是目前我国近地轨道运载能力最强的火箭，主要用于完成空间站舱段等近地轨道大型航天器发射任务。问天实验舱主要面向空间生命科学研究，总长 17.9 米，最大直径 4.2 米，由工作舱、气闸舱、资源舱 3 个舱段组成，具备空间站组合体统一管理和控制能力，将作为核心舱能源管理、信息管理、姿态轨道控制和载人环境关键平台功能的系统级备份。

6. 中国速度

2021 年 7 月 20 日，由中国中车承担研制、具有完全自主知识产权的我国时速 600 公里高速磁浮交通系统在青岛成功下线，这是世界首套设计时速达 600 公里的高速磁浮交通系统，标志着我国掌握了高速磁浮成套技术和工程化能力。它是当前可实现的速度最快的地面交通工具，按"门到门"实际旅行时间计算，是 1 500 公里运程范围内最快捷的交通模式。目前，我国高铁最高运营时速为 350 公里，飞机巡航时速为 800～900 公里。时速 600 公里的高速磁浮恰好可以填补高铁和航空之间这段速度的空白，可以助力形成航空、高铁、高速磁浮和城市交通多维立体交通构架，丰富我国交通运输速度谱系。

资料来源：编者根据相关资料整理编写

拓展阅读

专题 5：技能报国，职教春天
——"职业教育，大有作为"手抄报比赛

一、实践导入

职业教育前途广阔，大有可为。习近平总书记在党的二十大报告中提出，要实施科教兴国战略，强化现代化建设人才支撑。这深刻体现党和国家对教育、科技、人才与建设社会主义现代化国家之间的关系有了更加精准的把握，赋予科教兴国战略新的时代内涵。党的十八大以来，伴随科教兴国战略深入实施，我国职业教育迎来发展的春天。习近平总书记强调：职业教育是广大青年打开通往成功成才大门的重要途径，肩负着培养多样化人才、传承技术技能、促进就业创业的重要职责。因此，结合科教兴国战略开展"职业教育，大有作为"实践教学，培养高素质技术技能人才、能工巧匠、大国工匠。

二、实践形式

制作主题手抄报+实践小结+班级展示

三、实践活动

1. 活动目标

把握党的二十大报告中关于科教兴国战略的论述，在实践中深入贯彻落实党中央关于职业教育工作决策部署和习近平总书记有关重要批示精神，提升高职学生的职教自信。通过制作主题手抄报，引导学生谋划职业美好蓝图，增强对传承匠心的认同感和践行度，促进学生立志、立德、立技，坚定走技能报国之路，用实际行动筑牢国家强盛之基，为加快建设教育强国、科技强国、人才强国，为全面建设社会主义现代化国家不懈奋斗。

2. 活动准备

（1）教师层面：任课教师布置实践任务，向学生介绍手抄报主题及内容，明确实践要求，说明手抄报评价标准。在线上课程教学平台上传习近平总书记在党的二十大报告中关于教育、科技、人才在国家现代化建设全局中的重要性的学习资料，提升学生对科教兴国战略重大意义的领悟力。

（2）学生层面：学生主动关注职业教育和国家发展的关系，通过网络搜集党的十八大以来我国职业教育相关资料，深刻认识职业教育对于国家发展的重要作用，并在线上课程教学平台阅读教师上传的学习资料，为手抄报制作打好基础。同时，每位学生自行准备用于手抄报制作的水性彩笔、铅笔、绘图笔等用具。

（3）班级层面：班委会落实用于手抄报制作的活动室，在班级教室规划进行手抄报展示的宣传栏。统一为班级同学购买用于制作手抄报的A3绘图纸，并强调实践纪律。

3. 活动过程

（1）手抄报制作：手抄报内容包括"我心中的职业教育""传承工匠精神""我的未来不是梦"三大板块。每个板块应分别体现以下内容：①我心中的职业教育。职业教育提供了多样化的成长成才路径。本板块让学生主动关注职业教育，对自身定位有清晰认知，把个人发展融入国家发展之中。②传承工匠精神。我国的工匠精神源远流长。本板块通过学生搜集古代工匠伟大成就及如今一线技术技能人才成长的典型事迹，领悟工匠精神的强大力量。③我的未来不是梦。本板块旨在促进学生思考如何在专业学习中秉承科教兴国理念，弘扬工匠精神，走技能报国之路，成就出彩人生。

（2）手抄报提交：每位学生在规定时间内提交一份主题手抄报，并填写好活动评分表上传至线上课程教学平台。

（3）手抄报展示：教师根据综合评价结果选取优秀作品进行班级展示，深化学生对科教兴国和职业教育的理解，在潜移默化中使学生传承工匠精神，深化实践效果。

4. 活动评价

（1）学生自评：完成主题手抄报后，从手抄报内容、手抄报形式等方面进行自我评价，并修改完善。

（2）学生互评：班委会成员对每份手抄报进行评价，采取民主集中制原则，即去掉最高分和最低分，取平均值作为每份手抄报的互评分数。

（3）教师考评：教师根据评分标准，结合学生互评结果给予每份手抄报最终实践成绩，并针对学生实践态度、手抄报制作质量及存在的问题进行实践小结。在小结中应进一步强调为推进中国制造向中国创造转变、中国速度向中国质量转变、制造大国向制造强国转变，我们必须建设一支高素质的产业工人队伍，学生要牢记使命，走技能报国之路。

附件

"职业教育，大有作为"手抄评分表

班级		姓名		学号	
手抄报 扫描					

评分标准（100 分）：

1. 手抄报版面（35 分）：绘图纸规范，设计新颖，书写工整，字迹清晰，绘图美观。
2. 手抄报内容（60 分）：符合主题，选材巧妙，内容丰富，可读性强。
3. 时间掌控（5 分）：按要求在规定地点集中制作，按时提交。

教师评分：

年　　月　　日

四、实践参阅

1. 大国工匠艾爱国

1968 年，株洲攸县黄丰桥公社，18 岁的艾爱国在该地当知青。19 岁那年，作为上山下乡的知识青年，艾爱国收到湘潭钢铁厂（以下简称湘钢）的聘用通知。当时，当工人是一件"光宗耀祖"的事情。临行的前一晚，父亲找到艾爱国说："你要记住，当工人就一定要当个好工人。"时间飞逝，2015 年，在焊接岗位上干了近半个世纪的艾爱国退休了。不过，他并未选择回家享天伦之乐，而是通过返聘继续留在湘钢，战斗在生产科研第一线。作为大国工匠，艾爱国在湘钢工作一辈子，最高职务是焊接班班长。在接受采访中，他对焊接工作的热情感染着在场的每一个人。作为一直扎根生产一线的工人，艾爱国认为工匠精神就是一种敬业和专业精神。谈起现在的年轻人在技能大赛上有不少展现出不俗的实力，艾爱国说："这些年轻人在大赛的技能方面可以说已经达到了'登峰造极'的水平。但他们吃的都是'青春饭'，如果不学习，未来也会被产业和行业所淘汰。"采访过程中，艾爱国重复最多的就是"学习"这两个字。他对徒弟们的要求也是学习，并且要求学精。用"活到老学到老"来形容艾爱国恰如其分。58 岁时，他开始学习电脑，从打字学起，不停地向周围的同事学习。遇到不懂的英文，艾爱国还用中文谐音标注其音译名。这样陆续学了 3 个多月，艾爱国终于会用 CAD 软件绘制工程图，并能通过电脑和智能手机学习国内外最先进的焊接工艺。2021 年 6 月 29 日，艾爱国被授予"七一勋章"荣誉。2021年11月,艾爱国被授予第八届"全国道德模范(敬业奉献)"称号。

资料来源:郭志强.大国工匠艾爱国[J].中国经济周刊,2022(8)

2. 中国"小木匠"如何"炼"成世界技能大赛金牌获得者

22岁,是大学生走出校园、走向社会的年纪。在赣南山区有一位青年,在22岁这一年,他留校任教,成为一名高职院校青年教师;同样是在这一年,他代表中国参加世界技能大赛,并在家具制作项目中获得金牌。今天,就让我们走近青年李德鑫,听一听他的故事。李德鑫告诉记者,获得世界技能大赛的冠军并不容易。例如,在比赛现场制作一个柜体时,其评分点多达144个,每个角的误差都不能超过0.5毫米,要求极其严苛。为了达到超高的技术水准,在过去的4年里,李德鑫每年训练都超过300天,每天训练10多个小时,手上的茧从掌心直到指尖。在李德鑫看来,他赶上了国家对职业教育越来越重视的时代。4年超过1.2万个小时的刻苦训练,让他收获了成长和荣耀,也见证着技能人才的社会地位在不断提高。

资料来源:新华网,2023年3月14日

3. 职教学生与普通学生享有同等待遇

长久以来,不少人对职业教育有着"低人一等"的刻板印象。职教毕业生升学通道狭窄,面临较多就业壁垒,入职后还有着"同工不同酬"的窘境。这也是很多学生和家长不愿意选择职业教育的主要原因。"从身边的事例来看,大多数职教生读不了大学,入职后待遇不高,晋升机会也不多,感觉让孩子读职教就会耽误孩子的一辈子。"长沙市民刘齐铭说。《中华人民共和国职业教育法》的修订,着力扭转这一歧视局面,明确"职业学校学生在升学、就业、职业发展等方面与同层次普通学校学生享有平等机会"。为打破职教毕业生的隐形就业壁垒,新职教法还明确规定,用人单位不得设置妨碍职业学校毕业生平等就业、公平竞争的报考、录用、聘用条件。机关、事业单位、国有企业在招录、招聘技术技能岗位人员时,应当明确技术技能要求,将技术技能水平作为录用、聘用的重要条件。"将职教学生与普教学生放至同等地位,从法律上为其'撑腰',这将让职教学生更有底气,也将大大鼓励职教学生潜心钻研技能,力争学有所成,拥有出彩人生。"

资料来源:新职教法即将实施,将给职教发展带来哪些变化?[N].湖南日报,
2022-05-02

4. 薪火相传,楚怡情怀

职教薪火,生生不息!湖南省教育厅拍摄的作为献礼党的二十大的纪录片《楚怡·百年荣光》自上映以来广受好评，开创了全国讲好职教故事之先河，引发社会各界和群众对"楚怡精神"的广泛热议与关注。回顾湖南省新化县楚怡工业学校的创办与发展，是一段不该被遗忘的历史，浓缩着湖南职业教育的前世、今生与未来。中华民族从来就是一个自尊、自强、自立的民族，历来有仁人志士为了国家前途、民族振兴而奋斗。著名教育家陈润霖一生秉承"教育救国、实业救国"的办学理念，创立了特色鲜明的楚怡"三校一园"教育体系，培养了一大批经世致用之才，成为职教救国的典范。楚怡师生为国、为民铸就的每一段历程被永载史册，是湖南职业教育发展史上不朽的红色记忆。百年来，楚怡精神薪火相传，激励一代又一代湖南职教人勇毅前行，一批批楚工校友扎根各行各业发光发热，有的成为新中国建设的重要参与者及国家领导人。毛泽东作为陈润霖先生的学生给予恩师高度评价："东方的曙光，空谷的足音。"精神的力量是无穷的，"爱国、求知、创业、兴工"，陈润霖一辈子只做了一件事，他是教育界的杰出代表，其职教情怀令人动容。有情怀的人生值得敬佩，有情怀的人生必定永恒。楚怡情怀凝聚着职教先辈的价值追求，是我们学之不尽、用之不竭的精神财富。时代在变，追求不变！湖南守正创新，把"楚怡行动计划"作为职教高地建设的突破口；2022年，湖南又将"实施职业教育楚怡行动计划"纳入十大重点民生实事项目，力图打造"楚怡职教品牌"这张湖南独有的职业教育文化名片。

资料来源：湖南日报网，2022年4月14日

拓展阅读

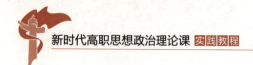

专题6：乡村振兴，功成有我
——"服务乡村，虽苦犹乐"志愿活动分享会

一、实践导入

民族要复兴，乡村必振兴。习近平总书记在党的二十大报告中擘画了以中国式现代化全面推进中华民族伟大复兴的宏伟蓝图，激励广大青年学生在新征程上投身全面建成社会主义现代化强国、实现民族复兴伟业。青年是乡村振兴的先锋队，志愿服务是社会文明进步的重要标志。大学生要深入学习贯彻习近平新时代中国特色社会主义思想，特别是习近平总书记关于青年工作的重要思想，以志愿服务聚焦乡村振兴，巩固脱贫攻坚成果，让青春在全面建设社会主义现代化国家的火热实践中绽放绚丽之花。

二、实践形式

学长分享+交流互动+志愿实践

三、实践活动

1. 活动目标

"建设什么样的乡村、怎么建设乡村"是一个历史性课题，乡村是广阔的舞台，乡村振兴是推进中国式现代化建设的重要举措，党的二十大报告对青年提出殷切期望。通过实践活动促进高职学生知行合一，弘扬时代新风，推进文明实践，使其怀抱梦想又脚踏实地、敢想敢为又善作善成，思考在中国式现代化进程中扮演什么角色；激发大学生为乡村振兴、为民族复兴不懈奋斗的澎湃力量，进一步提高其社会实践能力，做有理想、敢担当、能吃苦、肯奋斗的新时代好青年。

2. 活动准备

（1）教师层面：任课教师要求学生认真学习和领悟党的二十大报告精神。从学校选取3名最美志愿者参与分享会，教师提前沟通和进行任务安排，指导最美志愿者按要求制作PPT，做好分享前的各项准备。

（2）学生层面：学生温习中国式现代化建设的历史进程、中国特色、本质要求、战略安排、目标任务和重大原则，为实践活动打牢理论基础。学生查找资料了解志愿服务的意义，明白志愿服务彰显了中国特色社会主义核心价值观所倡导的理想信念、爱心善意和责任担当。

（3）班级层面：班委会协助教师落实分享会活动场地，购买和制作会场布置所需的宣传横幅、彩色气球等用品，并在会场宣传栏张贴学生"三下乡"活动照片。

3. 活动过程

（1）心得分享：首先播放最美志愿者制作的"三下乡"活动宣传视频，然后由最美志愿者分享"三下乡"活动中的收获与体会。从个人思想认知、对新农村现状和存在的问题的思考及个人和国家发展之间的关系等方面，分享对扎根基层、服务人民的理解与感悟。

（2）提问交流：学生采取提问方式与最美志愿者面对面探讨，增强学生对于所学专业助力现代化建设的认同感。通过解答问题，使学生沉下心来聚焦专业学习，思考在现代化建设中如何发挥自己的作用。

（3）合影留念：最美志愿者与学生、教师合影留念，定格美好瞬间，充分利用学生之间的影响力和感召力。

（4）作品提交：课后至少参加1次志愿服务活动，认真填写志愿者活动考核表，并上传至线上课程教学平台。

4. 活动评价

（1）学生自评：学生以志愿者考核表中的收获体会作为自评的主要依据，以最美志愿者为榜样，争做学习型志愿者、文明型志愿者、创新型志愿者。

（2）学生互评：根据分享会的现场表现，学生在线上课程教学平台投票选出1名分享会最佳参与者。

（3）教师考评：教师及时审核学生提交的志愿者考核表，根据评分标准（见下表）给出实践成绩。同时进行活动总结，结合学校近年来围绕"乡村振兴""美化乡村"等主题开展的活动，有针对性地引导学生在社会课堂中受教育、长才干、作贡献，为乡村振兴工作、为现代化建设贡献青春力量。

评分标准

成绩等级	评定依据	备注
0分	出现下列情况之一均计0分：①在规定的时间内没有按要求参加志愿活动；②没有按要求提交"思政课程志愿者活动考核表"；③参与的志愿活动无佐证材料	①学生在规定时间提交"思政课程志愿者活动考核表"

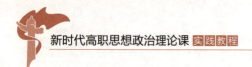

续表

成绩等级		评定依据	备注
70分	在规定时间内参加1次志愿活动	①认真填写"思政课程志愿者活动考核表",信息不全的酌情扣1～3分。②志愿活动的主要收获过于简单、提交态度不端正的酌情扣3～5分。③任课教师根据学生参加志愿活动的质量、效果酌情加1～5分。	②任课教师应认真审核学生志愿者活动的真实性
85分	在规定时间内参加2次志愿活动		
95分	在规定时间内参加3次志愿活动		
100分	在规定时间内参加4次或以上志愿活动,志愿活动质量高、效果好,认真总结志愿活动的主要收获体会。		

📌 附件1

思政课程志愿者活动考核表

学期:_____   指导教师:_____   成绩:_____

班级		姓名及学号		
活动次数	第1次	第2次	第3次	第4次
活动时间				
活动主题				
志愿活动收获与体会				
佐证材料	说明:①可直接附上有效的志愿者证复印件、活动照片,或相关教师、志愿服务对象直接在本表上签字证明。②集体志愿活动可由志愿团队负责人提供一份佐证材料。			

四、实践参阅

1. "把志愿精神一代代传递下去"

2019 年 1 月 17 日，习近平总书记在京津冀考察期间，来到天津市和平区新兴街朝阳里社区，同社区志愿服务者亲切交流，听他们讲述自己的"志愿故事"，被居民称为"阳光奶奶"的吕文霞就在其中。那天，75 岁的吕文霞特意穿上了红色的毛衣。她告诉总书记："奉献着、快乐着。您带我们走进了新时代，追梦路上我们决不掉队！"

天津市和平区新兴街朝阳里社区，有一块志愿者服务"老字号"招牌。30 多年前，13 位热心服务邻里的老人，如星星之火点亮了社区志愿服务。习近平总书记为社区志愿者点赞，称赞他们是为社会作出贡献的前行者、引领者。他说，志愿服务是社会文明进步的重要标志，是广大志愿者奉献爱心的重要渠道。"志愿者事业要同'两个一百年'奋斗目标、同建设社会主义现代化国家同行。"

3 年多时间一晃而过，总书记的话一直温暖着志愿者的心窝，激励着吕文霞和志愿服务队的老伙伴们践行"奉献、友爱、互助、进步"的志愿精神，在助人中享受快乐。吕文霞还特意编排了一段山东柳琴，名字叫《总书记来到咱身边》："渤海之滨暖如春，九河下梢天津卫，总书记来到咱身边……"她要用这首歌唱出志愿者的心声：请总书记放心，我们会把志愿精神一代代传递下去！

总书记说，你们所做的事业会载入史册。这句话沉甸甸的分量，让吕文霞重新思考如何更好地传承志愿精神，让更多的人了解社区志愿服务，让这个社会更温暖。吕文霞就是一名普普通通的退休职工，因为热心肠、好帮人，邻居们就叫她"阳光奶奶"。这几年虽然赶上疫情，可她还是积累了 400 多小时的志愿服务时间。这几天，社区里一些老人出门不方便，她就上门给他们剪发。还有一件重要的事情，就是向他们宣传打疫苗的意义，呼吁大家一起筑牢防疫屏障，早日战胜新冠肺炎疫情。吕文霞最高兴的事，是越来越多的年轻志愿者加入了志愿服务队伍。父子兵、夫妻档，甚至全家总动员。从 1989 年全国第一个社区服务志愿者协会在街道成立时的"送煤""送菜""送炉具"，到现在"送快乐""送品牌""送服务"，这里头折射出的是时代的进步。

资料来源：新华网，2022 年 5 月 12 日

2. 青年大学生"三下乡"助力乡村振兴

2022 年 7 月 2 日至 10 日，湖南理工职业技术学院暑期"三下乡"社会实践团来到湘西州花垣县龙潭镇双坪村，开展主题为"喜迎二十大，永远跟党走，奋进新征程"的"三下乡"活动，助力乡村振兴。

　　"红船破浪聚精英，搏雨击风百载行。党史重温获真谛，初心不改再长征……"教室里传来朗朗的读书声。这是一堂小学生党史课，志愿者成锋正在给他们讲述中共党史，学生们听得津津有味。"在给他们上党史课前，有点担心他们的积极性不高。在课堂上，大部分同学都能很积极地回应我，让之前的担忧紧张情绪逐渐消散，同时给后面的课程开了个好头。"实践团成员成锋说道。本次"三下乡"活动精心设计了党史、安全教育、书法、舞蹈、体育、普通话、科普、普法等多种课程，围绕"益智、手工、技能"等主题，大力提升课程趣味性和学生参与度，寓教于乐，让孩子们在娱乐中学到有用有趣的知识，进一步提高其德、智、体、美、劳等综合素养。

　　7月9日，龙潭镇政府一楼会议室内热闹非凡。在师生的期盼下，"青春献礼二十大，强国有我新征程"文艺汇演正在火热上演，演出包括朗诵《青春中国》、手势舞《名字叫中国》等10个节目。理工职院的志愿者和双坪村、土地村的小朋友们通过多种表演形式，礼赞了中国共产党的光辉历程，弘扬了文化自信，歌颂了劳动人民的聪明才智和勤劳勇敢精神，表达了对党的无限热爱，展示了当代青少年的青春活力。

　　此外，志愿者还围绕乡村文化振兴主题，以墙为布，通过形象生动的墙绘作品，将绿水青山和田园美景绘入乡间，以丰富的文化内涵促进乡风文明建设。光影彩绘被"搬上"白墙，浓厚的文化气息和新鲜的时代感让文化墙成为乡村振兴的"代言人"和乡风文明的"传播者"。经过实践团连续6天的绘制，一面面以"倡导文明和谐、健康向上新风尚，助力乡村振兴、民族团结一家亲"为主要内容的文化墙映入人们的眼帘，以丰富的文化内涵促进了乡风文明建设。

　　本次"三下乡"活动为期9天，湖南理工职业技术学院实践团紧紧围绕"乡村振兴、美育教育、美化乡村"等主题，在湖南省发改委驻村工作队的带领下开展了一系列丰富多彩的活动。

资料来源：红网，2022 年 7 月 19 日

拓展阅读

专题 7：全时待战，随时能战
——"请党放心，强军有我"故事会

一、实践导入

强国必须强军，军强才能国安。中共中央总书记、国家主席、中央军委主席习近平在庆祝中国共产党成立 100 周年大会上指出："人民军队为党和人民建立了不朽功勋，是保卫红色江山、维护民族尊严的坚强柱石，也是维护地区和世界和平的强大力量。"在习近平强军思想指引下，中国人民军队贯彻新时代军事战略方针，坚持党的绝对领导、坚持走中国特色强军之路。全军将士正以饱满的热情、坚定的信念、过硬的能力，在各自战位许下铿锵誓言："强军有我，请党放心！"通过实践活动加强青年学生对习近平新时代中国特色社会主义强军思想的领悟，了解富国与强军相统一，积极推动军民融合实践，引导学生全面理解建设强大的人民军队是我们党的不懈追求，懂得人民解放军在巩固国防、保卫祖国和参加社会主义现代化建设中的重要作用。

二、实践形式

故事会

三、实践活动

1. 活动目标

通过讲述人民军队的英雄故事和英雄事迹，生动展示有灵魂、有本事、有血性、有品德的军人英雄形象。我国新时代强军建设迫切需要一大批有责任、敢担当的有志青年报效祖国，通过故事分享活动让学生明白，部队是青年学生成长成才的大学校，积极引导广大青年为党和国家事业贡献青春、建立功勋。

2. 活动准备

（1）教师层面：任课教师安排学生根据班级人数分组，指导学生借助图书馆、教材、网络资源搜集和查阅相关文献资料，引导其发现身边的军人典型，搜集英雄人物故事。

（2）学生层面：学生根据搜集汇总的素材，自我构思形成文稿（字数在 500 字左右），根据搜集汇总的典型英雄人物谈体会，准备故事分享。

（3）班级层面：班委会做好故事会的组织活动，制订活动计划，安排活动各环节责

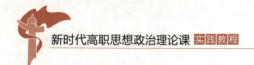

任人员，做好相关协调组织工作，确保故事会顺利进行。

3. 活动过程

（1）准备文稿：结合课程所学内容，以小组为单位讨论交流，搜集汇总相关英雄故事和英雄事迹，准备演讲文稿。

（2）完善修改：任课教师对故事分享文稿的内容负责指导把关，对不符合要求的可以要求其进一步完善。

（3）故事分享：各参赛小组选派一名学生代表在课堂上上台分享，并从英雄事迹、故事情节、典型意义、时代价值等方面进行阐述。

（4）作品提交：文稿以"作品名称+年级+班级+姓名"命名提交。教师对作品进行实践活动等级评定。

4. 活动评价

（1）学生自评：以小组为单位提交文稿，并参加自评，填写附件中的表格。

（2）学生互评：学生对其他小组作品进行点评，提出修改意见和建议，对修改后的作品评分。

（3）教师考评：教师根据作品内容、课堂展示、育人价值等方面给予小组作品评分，就学生表现给予综合评定。评选出的优秀作品由任课教师给予实践活动优秀等级评定。

附件

"请党放心，强军有我"故事会

故事名称		
小组成员		
姓名	学号	组内分工
故事内容概述		
活动心得		

四、实践参阅

1. 陈祥榕："清澈的爱，只为中国"

战斗结束清理战场时，有人发现一名战士紧紧趴在营长身上，保持着护住营长的姿势。这名战士，正是陈祥榕。

2021 年 2 月 19 日，《解放军报》发表长篇通讯《英雄屹立喀喇昆仑》，该文章首次披露 2020 年 6 月中印边境对峙事件的详细过程。中央军委授予祁发宝"卫国戍边英雄团长"荣誉称号，追授陈红军"卫国戍边英雄"荣誉称号，给陈祥榕、肖思远、王焯冉追记一等功。烈士陈祥榕的家乡在宁德屏南，他 18 岁入伍时便写下值得人们此生铭记的战斗口号——"清澈的爱，只为中国"。

2019 年，陈祥榕高中毕业后报名参军。为了通过体能测试，他每天早上 5 点就起床，沿着公路跑步，最终靠着自己的努力顺利入伍。他对小叔说，要去就去最艰苦的地方，要到前线去。当得知在新疆的部队能够上前线，他便动了去新疆的心思。从福建到新疆，千里迢迢、山高路远，家人都舍不得他去那么远的地方当兵。只有陈祥榕自己在较劲，他跟小叔说："苦怕什么，去部队不吃苦难道还要享福？"

《解放军报》这样写道：清晨，当哨声响彻营房，班长李确祥又想起了一笑就露出两颗小虎牙的陈祥榕，想起了那个新兵的第一次冲锋。那是 2020 年 5 月初，外军越线寻衅滋事，李确祥和陈祥榕等紧急前出处置。李确祥问年轻的战友："要上一线了，你怕不怕？"陈祥榕回答："使命所系、义不容辞！"

他们赶到前沿后与对手殊死搏斗，坚决逼退越线人员。陈祥榕在日记中自豪地写道："面对人数远远多于我方的外军，我们不但没有任何一个人退缩，还顶着石头攻击，将他们赶了出去。"

"清澈的爱，只为中国。"这是 18 岁的陈祥榕写下的战斗口号。班长孙涛问他："你一个'00 后'的新兵，口号这么'大'？""班长，这跟年龄没关系，我就是这么想的，也会这么做的。"他坚定地说，他也的确做到了。

2020 年 6 月，外军公然违背与我方达成的共识，非法越线、率先挑衅、暴力攻击我方前出交涉人员，蓄意制造了加勒万河谷冲突。

宁洒热血，不失寸土！在忍无可忍的情况下，边防官兵对其暴力行径予以坚决回击。陈祥榕作为盾牌手战斗在最前面，毫不畏惧、英勇战斗，直至壮烈牺牲。

资料来源：陈祥榕："清澈的爱，只为中国"[N].闽东日报，2021-02-21

2. 宋玺："海军蓝"锻造的"国系 90 后"

宋玺，27 岁的山西姑娘，经历丰富得让人羡慕：考上北大、参军入伍、合唱夺冠、和习近平总书记交流对话、获"最美退役军人"称号、当选"2018 北京榜样"……几乎每一项都活成了"别人家的孩子",甚至有网友称其为"国系 90 后"。

2012 年 9 月,宋玺以艺术特长生身份考入北京大学。本科期间,她曾作为北京大学学生合唱团的骨干成员参与日常训练,并随团代表学校参加各项比赛。2014 年,作为合唱团领唱,宋玺参加了第八届世界合唱比赛,并为中国赢得两枚金牌。不仅如此,她热爱生活,也热爱运动,是校十佳歌手,也是校园运动达人。

由于父亲是一名军人,她从小在部队大院长大。在耳濡目染之下,宋玺自小就觉得"军人特别伟大、特别正直,是值得崇敬的职业",因此"参军入伍"一直是她的愿望。

刚上大一的时候,她就告诉父母,自己想去当兵。知道这个想法后,母亲立刻打电话给辅导员,通过老师的"力量"劝她放弃。到了大二,她参军的心思又一次"蠢蠢欲动"。为了达成自己的愿望,这个"90 后"女孩最终选择"先斩后奏"。大三那年,她独自将报名手续办妥,接到体检复检的通知后才告诉了家人。父母眼看着拦不住,只能选择妥协。2015 年 9 月,这个 21 岁的姑娘走进了梦寐以求的海军军营。

在部队,没有人会因为女生或是大学生的身份而获得额外的照顾,相反的,他们需要迎接的挑战更加严格。初入军队,宋玺就有了自己的目标——加入海军陆战队。这是一个对人员素质要求极高的兵种,要想成为海军陆战队队员就意味着要以更高的标准要求自己。宋玺每天都坚持高负荷训练,攀爬铁丝网、5 公里越野、实弹射击、擒拿格斗,这些对女生来说难度很大的训练科目,她都咬牙坚持了下来。2015 年 12 月,宋玺成功进入中国人民解放军海军陆战队,成为一名两栖侦察兵。2016 年 12 月,因表现优异,宋玺被评为优秀士兵,不仅获旅嘉奖,还被予以重任,加入中国海军第二十五批护航编队,赴亚丁湾、索马里执行护航任务。

2017 年 4 月,在亚丁湾索马里海域,一艘图瓦卢籍的商船被海盗袭击,他们向海军陆战队发出求救信号。中国 16 名海军陆战队队员迅速出击,经过 7 个多小时的舱室搜索,成功解救了 19 名人质。

回归学生身份后,宋玺除了安排好自己的学业外,还承担起更多的责任。她不仅担任北京大学心理与认知科学学院团委副书记,还担任了 2017 级本科生班辅导员、全校本科生军理课及相关专业课的助教。她积极配合老师,尽职尽责、用心用情地参与服务同学的工作,获得了师生的肯定。

2018 年 5 月 2 日,习近平总书记来到北京大学考察,参加了师生座谈会。宋玺作为唯一的学生代表在座谈会上发言,向总书记汇报了自己在军营锻造、校园学习中的成长感悟。"总书记说自己看过《红海行动》这部电影,并且对其中的女兵形象印象深刻,还说我有点像那位女兵。"宋玺回忆说,受到习近平总书记的亲切勉励,她感到责任重大。

宋玺主动利用专业优势，积极参与"鸿雁传心"等心理志愿服务项目，并赴新疆、西藏、贵州等地区参加"描红界碑"等爱国主义红色教育活动，用自己的行动讲述海军故事，希望为青年人传递出更多正能量。

资料来源：杨宝光.宋玺："海军蓝"锻造的"国系90后"[N].中国青年报，2020-08-06

3. 高职学生的"阅兵故事"

2019年10月1日上午，庆祝中华人民共和国成立70周年大会在北京天安门广场隆重举行，随后进行的国庆大阅兵，47个地面方队、12个空中梯队，从天安门前豪迈通过，接受祖国和人民的检阅。在这场盛大的、令14亿中国人激动自豪的国庆典礼上，有一个挺拔的身影，他就是湖南某高职院校2019级优秀大学生汤剑峰。

1块训练场地、4双磨破的皮鞋、30余次大小考核，成为他240余个日日夜夜的全部。这一串串意义非凡的数字也练就了他排山倒海、势如破竹的气质，更见证了他破茧成蝶的过程。从在营训练到选拔考核，直至最后登上阅兵场，"欲戴王冠，必承其重"。为了准备这次阅兵，汤剑峰"每一天的时间都安排得严密：6点准时起床训练，7点早饭，7：45继续训练，12点吃饭和午休，下午2：40开始下午的训练任务，傍晚6：20收操，7：30集训直到晚上9：30。7个月的时间已经形成一种本能习惯，规律又紧张"。

要想能力超越他人，便要比别人付出得更多。为了不辜负组织的期望，在阅兵场上展示自己最好的状态，汤剑峰努力克服自身的毛病，咬牙坚持完成了考核，最终顺利进入阅兵队伍。他经过多次考核的锤炼和不断的自我心理调节，最终站上阅兵场时已经从容不迫、意气风发。

"一次受阅，终生光荣。"阅兵训练极为辛苦，但在近距离听到习主席说"同志们辛苦了！"的一瞬间，他认为一切努力付出都是值得的。

阅兵虽已圆满结束，但人生之路才真正开始。重回校园，作为学生的他认为，学好专业技能，担起肩上的责任，对得起初心，也可以算是一种成功，并不是大富大贵、轰轰烈烈才是成功。每个人在自己平凡的岗位上做出不平凡的成绩就是成功，这样的成功汇集起来就能推动社会的发展和进步。

资料来源：湖南理工职业技术学院网站，2019年11月

拓展阅读

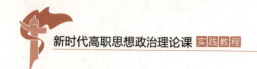

专题 8：法治思维，法治手段
——"法不容情，法亦有情"庭审旁听

一、实践导入

法安天下，律引人生。全面依法治国是国家治理的一场深刻革命，习近平法治思想为我国新发展阶段推进依法治国指明了方向，为世界法治文明建设贡献了中国经验。党的二十大报告第七部分，专门就推进法治中国建设进行了论述，这在全国党代会历史上是第一次，充分体现了我们党是信仰法治、坚守法治、建设法治的党。如何紧扣法治中国建设新形势，坚持不懈用习近平法治思想武装头脑、指导实践、推动工作，让法治精神入脑入心入行，是现代职业教育一项重要任务。

二、实践形式

庭审旁听+心得交流

三、实践活动

1. 活动目标

把思政小课堂同社会大课堂结合起来，创新高职院校第二课堂关于习近平法治思想教育新途径，使学生在实践中感知法律是正义、是良心、是有温度的，引导学生立德立技、遵法守纪，培养学生法治建设责任感，推进习近平法治思想从理论形态向实践形态转变，将法治精神内化于心、外化于行，并提高其在专业领域运用法律思维分析问题、解决问题的能力，服务学生成长与发展、服务法治中国建设，将法治教育走深走实。

2. 活动准备

（1）教师层面：任课教师与法院实践教学基地进行沟通，与地方法院聘请的实践导师一起创设实践教学环境；制定实践教学活动方案，向学生明确实践任务与要求，强调庭审旁听纪律。教师课前在线上课程教学平台向学生发布调查问卷，分析问卷结果。

（2）学生层面：学生完成任课教师发布的调查问卷，熟悉庭审旁听纪律。按照教师要求自愿组合学习小组，小组成员原则上不超过 5 人。组长组织小组成员搜集相关学习资料，了解与专业相关的法律法规，为法院庭审旁听实践做好充分准备。

（3）班级层面：班委会制定实践活动分工表，班长担任实践活动助理，协助教师发放庭审旁听证，副班长负责法院实践活动的考勤，学习委员负责主持学习小组心得分享会。

3. 活动过程

（1）组织旁听：班长协助任课教师组织学生集合，统一去法院实践教学基地开展庭审旁听活动。任课教师强调旁听纪律：不得擅自录音、录像、摄影、传播庭审情况；不得随意走动和进入审判区；不得发言、提问；不得鼓掌、喧哗、吵闹或实施其他妨碍审判活动的行为；不准吸烟和随地吐痰，必须关闭移动电话等通信器材的报警音。

（2）法治教育：由任课教师与法院实践指导教师共同组织，分三个环节。首先，进入"观庭审，知敬畏"环节。让学生通过案件庭审旁听形式，切实感受到公平正义的阳光司法就在身边，并选取3位同学作为代表谈谈旁听感想。其次，进入"学法规，明法理"环节。由聘请的法官（校外实践指导教师）为学生答疑解惑，重点介绍相关的法律法规。最后，进入"正三观，依法行"环节，结合案例分析引导学生树立正确的法治观，学会用法律武器维护合法权益。

（3）小组讨论：组长组织成员结合庭审内容进行习近平法治思想学习心得交流，形成共识，并推选出现场汇报的代表。

（4）安全返校：法院实践活动结束后，班长协助教师，清点人数后组织学生安全返校。

4. 活动评价

（1）学生自评：学习小组组长组织学生自评，组员在实践活动结束后进行自我总结与反思。组长代表本组成员提交1篇学习心得并上传至线上课程教学平台。

（2）学生互评：由每组推选出的代表综合本组学习情况进行汇报，要求紧扣主题、中心突出、语句通顺、逻辑严谨，时间在8分钟之内。学生通过线上课程教学平台对其他学习小组的心得分享投票，评选出1个最佳学习小组。

（3）教师考评：教师在对学习小组的汇报进行点评基础上进行实践教学小结，切实引导学生深学笃行习近平法治思想。教师根据学习小组汇报完成质量予以成绩评定。

➕ | **附件**

"法不容情，法亦有情"庭审旁听评分表

班级：_____   任课教师：_____   实践导师：_____   得分：_____

学 习 小 组	姓名	学号	法院考勤情况	组内分工
学 习 心 得	评分标准（100分）： 1. 心得内容（50分）：主题鲜明，观点正确，论证充分。 2. 汇报效果（35分）：声音洪亮，表达清晰，语速适当，富有真情实感。 3. 小组风貌（10分）：团结协作，全员参与，分工明确。 4. 时间掌控（5分）：汇报时间在8分钟以内。			

四、实践参阅

1. 关于依法打击恶意抢注"冰墩墩""谷爱凌"等商标注册的通告

第二十四届冬季奥林匹克运动会正在北京和张家口隆重举办，来自全球90多个国家的冬奥健儿们奋勇拼搏，诠释了"更快、更高、更强、更团结"的奥林匹克精神，传递着"一起向未来"的文明和谐进取的美好愿景。

国家知识产权局高度重视冬奥会和冬残奥会知识产权保护工作，并持续深入开展打击恶意商标注册专项行动，先后对"北京2022"、北京2022年冬奥会会徽和北京2022年冬残奥会会徽等予以特殊标志保护，对北京冬奥组委申请的"冰墩墩""雪容融"等予以商标注册保护，对其他适格主体申请的"谷爱凌"等冬奥健儿姓名商标予以注册保护。

然而，2019年以来，少数企业、自然人以牟取不当利益为目的，将北京2022年冬奥会和冬残奥会吉祥物、运动健儿姓名等冬奥热词进行恶意抢注，委托代理机构提交商标注册申请，非法利用奥运会和奥组委的声誉，侵害他人姓名权及其他合法权益，造成了重大社会不良影响，损害了我国严格保护知识产权的良好形象。

对此，国家知识产权局予以坚决打击，依据《奥林匹克标志保护条例》、《中华人民共和国商标法》第十条第一款第（八）项等规定，对第41128524号"冰墩墩"、第62453532号"谷爱凌"等429件商标注册申请予以驳回；依据《中华人民共和国商标法》第四十四条第一款规定，对已注册的第41126916号"雪墩墩"、第38770198号"谷爱凌"等43件商标依职权主动宣告无效。

办好北京 2022 年冬奥会和冬残奥会是中国政府对国际社会的庄严承诺，对相关知识产权实施全方位、立体化保护是国家知识产权局的职责所在。我局将一如既往地保持严厉打击商标恶意注册行为的高压态势，不断强化对包括冬奥吉祥物、运动健儿姓名在内的奥运热词进行严格保护，对违反诚实信用原则、恶意抢注商标图谋不当利益的申请人及其委托的商标代理机构依法依规进行严肃处理，持续为北京 2022 年冬奥会和冬残奥会保驾护航。欢迎社会公众对涉嫌恶意商标注册的行为进行监督和举报。

资料来源：国家知识产权局网站，2022 年 2 月 14 日

2. 以公益诉讼守护美好生活

习近平总书记强调："由检察机关提起公益诉讼，有利于优化司法职权配置、完善行政诉讼制度，也有利于推进法治政府建设。"近几年来，公益诉讼制度深入实施，捍卫公共利益，守护美好生活，取得显著成效。

四川省人民检察院副检察长罗春梅代表说："从最初的生态损害赔偿、食品药品安全等方面，逐步拓展到英烈保护、未成年人保护、文物保护等领域，检察机关围绕中心、服务大局、能动履职，将公益诉讼更广范围、更深层次地融入国家治理，办案力度越来越大，办案质效持续提升。"

"公益诉讼作为一项着眼于维护公共利益的司法制度，也是党和国家的一项重大民心工程。近年来，检察机关开展'保障千家万户舌尖上的安全''公益诉讼守护美好生活'专项监督活动，推动解决了一批群众操心事、揪心事、烦心事。"民建广西区委会副主委黄超代表说，"目前，安全生产法、反垄断法、妇女权益保障法等赋予检察机关在相应领域提起公益诉讼的职责，这是中国特色社会主义法律制度、司法制度创新发展的一个重大成果。我了解到，广西检察机关曾多次向东盟国家检察机关宣传介绍公益诉讼制度，受到广泛关注和好评，这项创新制度成为对外讲好中国法治故事的一张亮丽名片。"

为进一步完善公益诉讼制度，罗春梅代表说，将公益诉讼检察工作融入社会治理，在疏解社会矛盾、促进依法行政、服务保障民生等方面，与相关部门形成工作合力；要以专项活动为抓手，持续跟进监督，扎实开展"回头看"，巩固公益诉讼办案效果。

"要重视公益诉讼中的'诉讼'属性，提高证据固定的意识，形成证据链条，提高办案质量，有力有效保护国家利益和社会公共利益。"河北齐心律师事务所主任齐秀敏代表说，检察机关应进一步加强与政府部门的沟通协作，建立常态化线索、案件共享渠道，针对公益诉讼中发现的涉及人员多、多次重复发生的社会公益性问题，应通过磋商、制

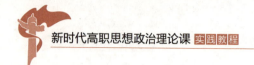

发检察建议等方式，督促政府部门开展"溯源"治理，着力根治问题。

资料来源：倪弋，王明峰，李纵，等.以公益诉讼守护美好生活[N].人民日报，
2023-03-10（10）

3. 一个案例胜过一沓文件（节选）

习近平总书记的这个总结立意高远、内容丰富，深刻指出了"案例"与"文件（法律、司法解释、司法规范性文件）"的关系，充分肯定了案例在立法、执法、司法、守法中的积极作用。

一是案例具有"补法""释法"功能。习近平总书记在强调立法质量时指出："人民群众对立法的期盼，已经不是有没有，而是好不好、管不管用、能不能解决实际问题；不是什么法都能治国，不是什么法都能治好国。"这就要求我们必须看到，制定法及其逻辑体系下的司法文件存在固有局限，不可能完全罗列或普遍适用于"总是变化"的社会关系，需要法官再解释。最高人民法院发布的指导性案例在法律缺失或者不明时发挥了拾遗补阙的作用，为下级法院审理类似案件提供了参照。在此意义上，案例来源于"文件"，但又不限于"文件"，并超越了"文件"。

二是案例具有"明法""统法"的功能。案例是法治从理想到现实的"临门一脚"和最后环节。优秀的司法判决是司法经验和智慧的结晶，既阐明了事理、释明了法理，也讲明了情理。一方面，法官可直接检索先前生效的案例，依照类似案件的类似处理作出裁决，无须重复烦琐的司法"三段论"过程，有利于节约司法资源；另一方面，类似案例可使当事人提前预测诉讼风险，形成理性判断，有利于预防和减少纠纷发生。此外，案例还是法治宣传和教育的重要资源。中国裁判文书网上的文书总量已经超过1亿篇，实现了案例让人民群众切实看得见、切身感受到的历史性跨越。在此意义上，案例作为"动态的法""现实的法"，超越了"静态的法""纸面上的法"，以"个案正义"推动了"整体正义"。

资料来源：尹治湘.习近平法治思想中的案例法治观[N].人民法院报，2021-03-03（2）

拓展阅读

专题 9：国家安全，人民防线
——"居安思危，有备无患"主题班会

一、实践导入

"安而不忘危，治而不忘乱。"维护国家安全，实现祖国完全统一，是新时代坚持和发展中国特色社会主义的必然要求。《中华人民共和国宪法》第五十四条规定："中华人民共和国公民有维护祖国的安全、荣誉和利益的义务，不得有危害祖国的安全、荣誉和利益的行为。"维护国家安全是每个公民应尽的法定义务和责任。青年学生应该从自我做起，保守国家秘密，维护国家安全，共同营造安定团结的社会环境。

二、实践形式

主题班会

三、实践活动

1. 活动目标

通过组织学生参加国家安全教育主题班会，增强学生国家安全意识和保密观念，提高学生维护国家安全的能力。

2. 活动准备

（1）教师层面：任课教师提前1周安排部署实践活动任务，指导学生充分利用图书馆、互联网等资源搜集与班会主题相关的资料。

（2）学生层面：学生自主学习《中华人民共和国国家安全法》等国家安全方面的法律法规，为主题班会做好知识储备。

（3）班级层面：班委会在班会召开当天提前布置会场，维持现场纪律，确保班会有序开展。

3. 活动过程

（1）制定方案：班委会制定主题班会方案，报任课教师审核。

（2）召开班会：班委会按照方案组织召开主题班会。

（3）观看影片：学生观看国家安全教育警示片。

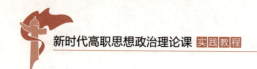

（4）小组发言：学生以实践活动学习小组为单位，围绕国家安全主题结合教育警示片进行交流讨论，并推荐1名组员代表小组在班上发表意见。

（5）写观后感：课后学生撰写观后感，并上传至线上课程教学平台。

4. 活动评价

（1）学生自评：学生对本组同学的发言进行评价。

（2）学生互评：学生对其他小组的发言内容进行评价。

（3）教师考评：任课教师对主题班会开展情况进行点评，肯定优点、指出不足。对在主题班会上积极发言，且发言内容科学合理的同学给予加分，纳入考核成绩；对学生撰写的观后感打分，纳入实践成绩。

附件

"居安思危，有备无患"主题班会评分表

班级		姓名		学号		成绩	
发言 主要内容							
评分标准 （100分）	1. 发言紧扣主题，态度积极（40分）。 2. 观点正确鲜明，说服力强（30分）。 3. 发言角度新颖，认可度高（30分）。						
教师点评						教师评分： 年 月 日	

四、实践参阅

1. 周恩来：严守机密的光辉典范

回忆周恩来注重保密工作的光辉事迹，既是一种缅怀，更是一种学习和提高。继承和发扬周恩来优良的保密工作精神和实践，对于各级领导干部和广大涉密人员强化保密意识、维护国家的安全和利益，都具有重要的借鉴意义。

恩爱情侣不知对方身份

周恩来、邓颖超夫妇从参加革命斗争的初期开始，就具有强烈的保密意识。他们入党的时间不同、地点各异，建党初期也没在一起工作，所以并不知道对方是什么时候入党的。恋爱期间，他们在通信中也从不涉及党的机密，只谈理想和情感。直到1924年9月，周恩来自欧洲回国后，经过组织沟通，他们才知道对方都是共产党员。1925年8月，两人结婚后经常相互提醒，在任何情况下都要严守党的纪律，保守党的机密。

1926年冬，党中央决定派周恩来去上海，组织领导上海工人举行第三次武装起义，而邓颖超仍留在广州。出行前，周恩来对去上海的任务守口如瓶。直到1927年3月22日，震惊中外的上海工人起义取得胜利，邓颖超才知道该起义是由周恩来领导的。

中华人民共和国成立后，周恩来担任了开国总理。自1949年9月起，他在中南海西花厅工作和居住了26年。他的办公室同时是一间小型会议室和保密室，除了工作需要以外，任何人不得随意进入。这间办公室和保险柜的钥匙他始终带在身上，睡觉时就压在枕头下，有外出任务时，他才把钥匙密封好交给邓颖超保管。有一次他走得匆忙，直到临上飞机时才发现钥匙还在口袋里，于是他把钥匙封好让一位同志转交邓颖超。而每次回来的时候，见到邓颖超的第一件事就是把钥匙取回来。

1964年10月16日，我国第一颗原子弹试验获得成功。此前，周恩来对主管负责人说：这次试验，全体工程技术人员都要注意绝对保守国家机密，只准参加试验的人员知道，不能告诉其他同志，包括自己的家属和亲友。他特别强调，邓颖超同志虽然是他的爱人、党的中央委员，但这件事同她的工作没有关系，也没有必要跟她说。直到当晚10时，中央人民广播电台播出了我国首次核试验成功的新闻公报，邓颖超才知道此事。

周恩来身患癌症后，有一次对邓颖超说："我肚子里还装着很多话没有说。"邓颖超回答："我肚子里也装着很多话没有说。"他们知道诀别即将到来，却都把不该让对方知道的秘密埋藏在各自心里，体现出高度的保密意识和责任心。

保密工作要为党的中心任务服务

南昌起义之后，1927年8月7日，党中央在汉口召开八七会议，要求全党转入秘密斗争，提出"工人运动、农民运动、学生运动都要做好保密工作"。此后，党中央成立了以周恩来为主要领导的秘密工作委员会，由他主持制定了《中共中央秘密工作条例》等保密工作文件，成为我党最早的保密工作文献之一。

1927年秋，为适应对敌斗争需要，中共中央常委会议决定成立中央特科，由军委主席周恩来直接领导。当时特科的主要工作是为党中央设立秘密办公地点。为保证党中央的安全，周恩来为特科制定了极其严格的保密纪律，如所有工作人员都是单线联系，一切活动内容必须严格保密，不能向包括自己亲属在内的任何人泄露。随后，特科为党中央建立了3个秘密工作地点。党中央机关迁到上海后召开的几次中央全会，均是由特

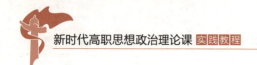

科布置的会场。

1940 年 1 月，国民党顽固派背信弃义，制造了震惊中外的皖南事变。消息传到八路军驻重庆办事处后，大家都义愤填膺。与此同时，党中央发来两次急电，特别要求周恩来尽快离渝。周恩来慎重考虑后，向党中央表示不能撤离。1 月 17 日，局势进一步恶化，周恩来召集办事处工作人员开会。他说："反动派搞突然袭击的可能性很大，他们的主要目的是想攫取我党机密，如密码、文件、地下党员名单等，破坏地下党组织，打击同情我们的爱国民主人士，我们决不能让其得手。如果我们被抓起来，要坚持不泄露党的机密。"遵照周恩来的指示，办事处立即成立了保密小组，制定保密条例，并严格执行。各部门迅速清理机密文件，全部焚毁；必须保存的密码写在薄纸上，可以随时销毁。办事处配备报警装置和石灰包、沙包，以便遇到突然袭击时可以一面抵抗、一面发出警报，以争取时间烧毁文件。

由于周恩来始终把保密工作放在极为重要的位置，在他的领导下，有力地维护了党的机密，为党夺取革命斗争的胜利作出了不可磨灭的巨大贡献。

要求秘书严守保密纪律

对于每个被安排到周恩来办公室工作的秘书，他与秘书的第一次谈话除了提出如何工作和学习外，还特别强调的就是遵守保密纪律。

他不仅要求秘书这样做，自己更是身体力行。平时涉及重要事项，他都使用专线电话。他的办公室和卧室都装有专线电话和加密机，有时加密机出现故障，他仍然坚持等能加密后再通话。对涉密会议，周恩来都会事先对参会人员、工作人员名单进行审查，并提出具体要求。例如，对工作人员可否在场、服务人员是否可以进入会场倒水等细节作出明确交代。他每次参加会议均自己做记录。去世后，他留下几大皮箱手迹，其中属于党和国家秘密的，他都分门别类放在保险柜里。对保密级别高、时间紧的文件，他都要求专人专送专办。

办理急件时，即使是深夜，他也把秘书找到身边亲自交代，并要求及时向他汇报办理结果。周恩来一直坚持不该知道的事情就不要知道。每次秘书跟随他乘车外出时，在车上他给秘书布置任务前，都先按下电动按钮，待玻璃隔断升上来将前后座位隔开后，才向秘书布置任务，之后再按电钮把隔断放下去。他这样做不是对司机和警卫人员不信任，而是尽量减少知悉者，缩小涉密范围。

周恩来虽注重保密工作，但从不搞神秘化，而是实事求是。有一位公安部门的负责人，在每次给周恩来报送材料的信封上都写上"亲启""特急""绝密"的字样。有一次，周恩来启封阅读后笑着对秘书说："这位同志亲自写报告、写信封是好的，字也写得十分工整用心，但每次都注上'特急''绝密'也没必要。如果没有轻重缓急，都是急事也就不急了，都是绝密也就没密了。"

1971 年 7 月，美国总统的安全顾问基辛格秘密访华，消息一经公布，世界为之震动。

周恩来和基辛格共同合作，并采取了极为严格的保密措施，是其秘密访华成功的关键。在严格的保密措施下，1971 年 7 月 1 日，基辛格一行从美国起程，途经西贡、曼谷、新德里，8 日抵达伊斯兰堡，然后采取"遁身术"，于 9 日凌晨 3 时秘密登上一架巴航飞机，在当天中午到达北京南苑机场。周恩来特别安排基辛格住到钓鱼台国宾馆，并亲自检查警卫、接待工作和保密措施，做到周到有礼、万无一失。

基辛格在北京逗留了 48 小时，周恩来与他举行了 6 次、总计 17 个小时的秘密会谈。之后，基辛格才悄然离京，重返巴基斯坦并经巴黎回国。直到 7 月 15 日，中美双方才同时公开发表基辛格访华公告，中美秘密接触这一震惊世界的大事才被公之于世。

后来，基辛格在回忆录中表示了对这次秘密访华行程深感满意，他对周恩来的过人才智、光辉品格、保密精神和保密措施，以及在改善中美关系中所起的特殊作用尤为钦佩。

资料来源：于晓奎.周恩来：严守机密的光辉典范［N］.学习时报，2019-04-29

2. "卫国戍边英雄"陈红军：新时代军人的杰出代表

加勒万河谷，这条位于西部边境喀喇昆仑山脉褶皱深处的细长峡谷，激流滔滔、乱石嶙峋。这里是祖国的西部边陲，也是守卫和平的一线，来自天南海北的一茬茬官兵扎进茫茫群山，挺立冰峰雪谷，用热血和青春筑起巍峨界碑。

在那场外军严重违反两国协定协议、蓄意挑起事端的斗争中，我边防官兵在忍无可忍的情况下，对其暴力行径予以坚决回击，取得重大胜利，有效捍卫了国家主权和领土完整。

33 岁的营长陈红军奉命带队前往一线紧急支援，在同外军战斗中，他英勇作战、誓死不屈，为捍卫祖国领土主权、维护国家核心利益壮烈牺牲，是把背影留给战友的"冲锋者"。

恢复了平静的加勒万河谷，河水缓缓流淌，群山沉静肃穆。然而，每当望见"大好河山，寸土不让"8 个大字时，中士何生盼还是忍不住想起营长陈红军，想起那个冲锋在前的背影。"很长一段时间，战友们聚在一起聊天时，总会不自觉地翻出他的照片来看。"何生盼红着眼眶说。照片里的陈红军脸膛黑黑，近一米八的个子穿上单兵防护装具，英气十足；他的鼻梁上架着一副无框眼镜，笑意盈盈中透着几分儒雅。"营长带我们上前线时，就穿着这一身。"何生盼记得那天傍晚，陈红军从指挥所匆匆跑回来，边跑

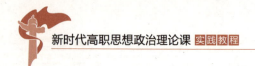

边喊："所有人备勤,准备登车!"

说好了要一个不少地回来,结果他自己却没兑现承诺

"那段路,感觉车都快飞起来了!"中士何俊发现,营长从来没有这么着急过,"后来道路不通,他就带头蹚河,不顾近 5 000 米的海拔跑着往前冲"。"保护团长!"中士陈伟听见一声高喊,只见陈红军带着两名盾牌手,迎着"石头雨""棍棒阵"冲上前去,用身体和盾牌隔开外军,掩护战友将团长救出。陈红军指挥部队向有利地形有序转移时,看到几名战士被对方围攻,他毫不犹豫地转身,带领官兵再次冲锋,只留下一个高大的背影。在很多官兵的记忆里,那个背影是营长留给他们的最后印象。

我方增援队伍赶到后,一举将来犯者击溃驱离。排长曲元钧清楚地记得,出发时陈红军打着手电,站在风雪中郑重承诺:"我要把你们安全地带上去,也要把你们一个不少地带下来!""说好了要一个不少地回来,结果他自己却没兑现承诺……"

祖国山河终无恙,守边护边志更坚。那场战斗之后,"宁将鲜血流尽,不失国土一寸"被很多官兵自发地写在了头盔里、衣服上,刻印在青春的胸膛里。捍卫着英雄誓死捍卫的国土,肩负着英雄用生命践行的使命,一股"学英雄、当英雄"的热潮涌动在喀喇昆仑高原。

敢于斗争、敢于胜利。"卫国戍边英雄"陈红军和他的战友们展现出的誓死捍卫祖国领土的赤胆忠诚和"一不怕苦、二不怕死"的战斗精神,彰显了新时代卫国戍边英雄官兵的昂扬风貌。

资料来源:新华网,2021 年 7 月 17 日

拓展阅读

专题 10：独立自主，和平外交
——"大道不孤，天下一家"演讲比赛

一、实践导入

命运与共行大道，胸怀天下谋大同。党的二十大报告中指出，"我们党立志于中华民族千秋伟业，致力于人类和平与发展崇高事业，责任无比重大，使命无上光荣"，并强调"中国共产党是为中国人民谋幸福、为中华民族谋复兴的党，也是为人类谋进步、为世界谋大同的党"。这些重要论述旗帜鲜明地阐释了中国共产党的本质属性和使命宗旨，明确了中国特色大国外交的政治立场和历史自觉。党的十八大以来，习近平总书记发挥引领作用，使中国特色大国外交在新时代展现出新担当新风范，开启了全新的外交之路，为中华民族伟大复兴和促进人类文明进步作出了新的重要贡献。通过实践活动，使青年学生加深对习近平外交思想中理论逻辑、历史逻辑和实践逻辑的理解和领悟，进一步从源远流长的中华优秀传统文化、博大精深的马克思主义思想理论中学思践悟习近平外交思想，感受其"大道不孤，天下一家"的大国胸襟、"和而不同，协和万邦"的天下情怀。

二、实践形式

演讲+答辩

三、实践活动

1. 活动目标

在新国际格局背景下，以习近平外交思想为重点，组织开展"大道不孤，天下一家"演讲比赛，宣传外交知识、传播外交理论，加强青年学生对于我国"独立自主、和平外交"政策的认知，培养青年学生"爱国关天下"的家国情怀，以爱中国、懂中国的青春之声传播中国特色大国外交的魅力。

2. 活动准备

（1）教师层面：任课教师提前 2 周安排实践活动任务，指导学生收集资料，要求学生以我国外交理念的历史由来、现实需要、未来前景为重点，根据"大道不孤，天下一

家"主题撰写演讲稿。任课教师选定比赛主持人、评委、记分员，指导主持人制定比赛流程，拟定评分标准和活动计划。

（2）学生层面：学生自由组队，原则上每5人一组，每组推选1名组长。由组长牵头，按时提交演讲稿，在教师指导下对其修改完善，做好参赛准备，并在指定时间内完成比赛顺序的抽签。

（3）班级层面：班委会积极协助任课教师，组织学生参赛、备赛，做好相关协调工作。

3. 活动过程

（1）开场致辞：主持人致开场词，介绍评委和比赛规则。

（2）学生演讲：参赛小组按抽签顺序依次上台演讲，演讲形式不限，演讲过程中可穿插朗诵、话剧等多种表现形式，鼓励创新。

（3）学生答辩：评委根据学生演讲内容现场提问，小组讨论后派1名代表答辩。

（4）修改完善：评委、教师就参赛小组的演讲内容、语言表达、个人形象、时间控制、综合印象等方面提出意见和建议，学生赛后进一步调整、完善演讲稿。

（5）作业提交：学生将完善后的演讲稿提交至线上课程教学平台。

4. 活动评价

（1）学生自评：以小组为单位，根据比赛得分情况，对小组内部分工、团结协作、作品质量、展示效果、答辩情况等方面进行自我评价。

（2）学生互评：学生对其他小组成员的演讲内容、台风、答辩情况等评分。

（3）教师考评：教师的成绩评定分为两部分，即在比赛过程中根据学生演讲、答辩情况给予评分；赛后根据学生提交的作业质量予以评分。

⊕ | 附件

"大道不孤，天下一家"演讲比赛评分表

演讲题目		
小组成员		
姓名	学号	组内分工

评分标准（100 分）：

1. 演讲内容（50 分）：主题鲜明，观点正确，选材得当，论证充分。
2. 演讲效果（40 分）：声音洪亮，语速适当，表达流畅，富有感情。
3. 时间掌控（5 分）：演讲时间控制在 5 ～ 8 分钟。
4. 创新（5 分）：演讲立新，有特色、有味道。

教师评分：

年　　月　　日

四、实践参阅

1. 习语用典：大道之行，天下为公

"大道之行也，天下为公"出自《礼记·礼运》，是孔子阐述自己理想的"大同"景象。习近平总书记在很多场合，都曾引用这句话，表达了共产党人"人民至上"的初心追求和"天下为公"的博大胸怀。

随着中国日益走近世界舞台中央，习近平总书记也以"大道为公"向国际社会宣示中国智慧、中国方案，彰显出中国共产党致力于打造共同繁荣的人类命运共同体的胸襟和视野。正如党的十九大报告中所指出的，中国发展不对任何国家构成威胁，中国共产党始终把为人类作出新的更大贡献作为自己的使命。世界命运掌握在各国人民手中，人

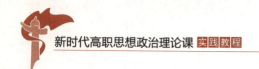

类前途系于各国人民的抉择。中国共产党和中国人民愿同各国人民一道，推动人类命运共同体建设，共同创造人类的美好未来。

资料来源：编者根据相关资料整理编写

2. 和而不同：天下大道的文化底蕴

当前，世界之变、时代之变、历史之变正以前所未有的方式展开，人类社会面临前所未有的挑战。当世界又一次站在历史的十字路口时，党的二十大向世界呼吁："构建人类命运共同体是世界各国人民前途所在。万物并育而不相害，道并行而不相悖。只有各国行天下之大道，和睦相处、合作共赢，繁荣才能持久，安全才有保障。"

"万物并育而不相害，道并行而不相悖"，语出《礼记·中庸》。这句中国经典，传承着中华传统的优秀文化，讲了几千年；展现着中国的文化自信和守正创新，要管一万年。

中华文化深深融入中国人民的骨子里和血液中，根植于中国人民的精神生活和物质生活。其生生不息、枝繁叶茂、百花齐放的秘诀，皆因有和而不同之"同"、合作共赢之"合"、美美与共之"共"。天下为公的大同理念，是中国建构"同心圆"的共识基础；民族复兴的家国情怀，是中国调动积极性的情感纽带；"允执厥中"的中道精神，是中国包容各种力量的方法和原则；得道多助的政治理念，是中国汇聚人心力量的精神底色。昔称"紫气东来"，今有"和气东来"；人叹"文明冲突"，我有"和风西送"。"东来"的，是实现中华民族伟大复兴而生长、凝聚的自强不息、和实生物之"和气"；"西送"的，是推动构建人类命运共同体而呼唤、弘扬的厚德载物、协和万邦的"和风"。

资料来源：叶子文.和而不同：天下大道的文化底蕴［N］.浙江日报，

2022-11-14，节选

3. 坚定奉行独立自主的和平外交政策

独立自主的和平外交政策是新时代中国特色大国外交的灵魂和旗帜，是习近平新时代中国特色社会主义思想和习近平外交思想的重要组成部分，是我们党立足实现中华民族伟大复兴全局和长远的战略选择。党的二十大报告再次郑重宣示：中国坚定奉行独立自主的和平外交政策。新形势下，必须坚持统筹中华民族伟大复兴战略全局和世界百年未有之大变局，深入推进中国特色大国外交，坚定不移维护国家主权、安全、发展利益，推动构建人类命运共同体，为全面建设社会主义现代化国家营造良好外部环境，为促进世界和平与发展的崇高事业而不懈努力。

学习强国平台于2021年上线的《当代中国外交》栏目提供了系统的外交知识学习内容。该栏目主要介绍中华人民共和国成立以来，中国对外关系发展的基本线索、重大外交事件的具体史实和前因后果、各个时期中国政府外交政策的内容和含义，解读新中国重大外交决策的内在逻辑与历史动力，打开新中国外交的恢宏画卷。

资料来源：学习强国平台，2021 年

拓展阅读

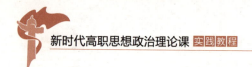

专题 11：刀刃向内，自我革命

——"刮骨疗毒，去腐生肌"警示观影

一、实践导入

"物必先腐也，而后虫生之。"习近平总书记在党的二十大报告中提出："全党必须牢记，全面从严治党永远在路上，党的自我革命永远在路上，决不能有松劲歇脚、疲劳厌战的情绪，必须持之以恒推进全面从严治党，深入推进新时代党的建设新的伟大工程，以党的自我革命引领社会革命。"勇于自我革命是中国共产党区别于其他政党的显著特征，我党不断增强自我净化、自我完善、自我革新、自我提高能力，全面推进党的建设新的伟大工程，努力建设成为长期执政的马克思主义政党。

二、实践形式

观看影片＋观后感

三、实践活动

1. 活动目标

通过组织学生观看反腐警示片，树立学生廉政意识，理解中国共产党持之以恒地推进全面从严治党的意义，坚信中国共产党惩治腐败的毅力和决心。

2. 活动准备

（1）教师层面：任课教师在中央纪委国家监委网站或"三湘风纪"微信公众号上选定反腐专题片，安排学生以小组为单位推选一位代表进行观影体会分享。

（2）学生层面：学生关注中央纪委国家监委网站和"三湘风纪"微信公众号，搜集反腐相关资料，了解反腐意义。

（3）班级层面：班委会负责协调、落实活动开展。活动开展前与任课教师核对地点、时间，维持观影纪律。

3. 活动过程

（1）安排任务：任课教师安排学生在"三湘风纪"微信公众号上观看中共湖南省纪律检查委员会湖南省监察委员会拍摄的反腐专题片《忠诚与背叛——2022湖南反腐警示录》

完成实践任务。

（2）观看影片：在指定地点集中学生观看该反腐专题片。

（3）写观后感：学生撰写观后感，以"作品名称+班级+姓名"命名提交至线上课程教学平台。

4．活动评价

（1）学生自评：观影结束后，学生在线上课程教学平台发表自己的观后感。

（2）学生互评：学生可以在线上课程教学平台对其他同学发表的观后感进行评价。

（3）教师考评：任课教师对学生撰写的观后感打分，计入实践考核成绩。

附件

"刮骨疗毒，去腐生肌"警示观影评分表

班级		姓名		学号		成绩	
观后感 主要内容							
评分标准 （100分）	1．内容紧扣主题，感情真切（40分）。 2．观点正确鲜明，层次明确（30分）。 3．文字简练新颖，叙述简洁（30分）。						
教师点评					教师评分： 　　年　　月　　日		

四、实践参阅

周恩来的"十条家规"

中国共产党是"一个有纪律的，有马克思列宁主义的理论武装的，采取自我批评方法的，联系人民群众的党"。周恩来认为，之所以特别把"有纪律"放在最前面，是因为"这是决定党能否坚持革命、战胜敌人、争取胜利的首要条件"。正是基于对纪律重要性的认识，周恩来始终遵守党的纪律，成为严守纪律的楷模。

周恩来常常教育领导干部，务必严于律己，廉洁奉公。1963年5月，他在中共中央和国务院直属机关负责干部会议上的报告中，批评了20种官僚主义的表现形式之后，语重心长地指出："官僚主义在我们执政的党内，在我们的国家机关内，的确是十分有害、非常危险的。"为此，必须坚决加以克服，绝不能容许官僚主义继续发展下去。周恩来还在报告中专门讲了领导干部要过好"五关"，即思想关、政治关、社会关、亲属关和生活关。

如何过好亲属关？这是周恩来一直在思考的问题。进入和平年代，周恩来家里失去联系的一些亲戚来找的多了，他们中有的纯粹出于亲情，也有一部分人想托周恩来帮助办一些事情，这让他很伤脑筋。同时，他收养的3位烈士的孩子在外面是不是像普通公民一样遵守国家法纪，不搞任何的特殊？在自己的亲戚和友人中，会不会有人利用自己的影响谋取一些个人私利？这些问题都让周恩来感到放心不下。于是，周恩来对这3个孩子提出要立个规矩，并说："这个规矩不光是给你们的，也是给我们周家所有亲戚朋友的。大家都得遵守，谁要不遵守你们也可帮我监督。"周恩来当场立下了"十条家规"，让孩子们一一记在纸上：

1. 晚辈不能丢下工作专程进京看望他，只能在出差路过时才可以去看看；
2. 外地亲属进京看望他，一律住国务院招待所，住宿费由他支付；
3. 一律到国务院机关食堂排队就餐，有工作的自付伙食费，没工作的由他代付；
4. 看戏以家属身份购票入场，不得享用招待券；
5. 不许请客送礼；
6. 不许动用公车；
7. 凡个人生活中自己能做的事，不要别人代劳，自我服务；
8. 生活要艰苦朴素；
9. 在任何场合都不能说出与他的关系，不要炫耀自己；
10. 不谋私利，不搞特殊化。

"十条家规"的内容涉及日常生活中吃饭、住宿、出行等方面，甚至连"排队就餐"都作了规定，可见细化到何等程度。家规虽为家事，却展现了周恩来严守党的纪律的崇高境界。"十条家规"的核心要义是不能搞特殊化。周恩来的侄女周秉德上学时住在学校，一到周末有的孩子有车去接，而她只能挤公交车，心里就有些不平衡，于是便向伯父抱怨。对此，周恩来明确说道："汽车是我为人民工作用的，我的工作需要才用车。你们是学生，不能够享用，只能够自个儿坐公共汽车、走路或骑自行车，不能够享用公家为我配的车辆。"周恩来不仅不让家人用车，即使他接待外宾前去理发的路程都让工作人员按里程付费。在他看来，理发属于私事，支付车费是理所当然的。

之所以要订立如此严格详尽的家规，因为在周恩来看来，管好亲属"这个问题十分重要"。他始终认为，"对干部子弟要求高、责备严是应该的，这样有好处，可以督促他们进步"；反之，则可能使干部子弟"成为国家和社会的包袱，阻碍我们的事业前进"。对此，他曾经举历史上的例子来说明其重要性。一个例子是秦始皇能够统一中国，可是却溺爱秦二世，结果秦王朝就亡在秦二世；另一个例子是清朝八旗子弟从小娇生惯养，不骑马要坐轿，整天提着鸟笼东游西逛、游手好闲、坐吃俸禄、不劳而获，以至于在帝国主义列强的侵略面前束手无策，一败涂地。

周恩来曾经说，"我身为总理，带一个好头，影响一大片；带一个坏头，也会影响一大片"。在他的革命生涯中，他始终严格遵守党的各项纪律，成为全党严守纪律的楷模。

资料来源：中国档案报，2018 年 3 月 30 日

拓展阅读

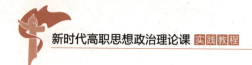

专题 12：群策群力，共建共享
——"民主集中，众望所归"班级民主恳谈会

一、实践导入

"民为邦本，本固邦宁。"党的二十大报告指出，"发展全过程人民民主，保障人民当家作主"，"我国是工人阶级领导的、以工农联盟为基础的人民民主专政的社会主义国家，国家一切权力属于人民"。我国社会主义民主是维护人民根本利益的最广泛、最真实、最管用的民主。发展全过程人民民主就是要体现人民意志、保障人民权益、激发人民创造活力。没有民主，就没有社会主义，就没有社会主义现代化，就没有中华民族的伟大复兴。

二、实践形式

班级民主恳谈会

三、实践活动

1. 活动目标

通过组织学生代表召开班级民主恳谈会，就班级开展重大活动进行民主协商，听取同学的意见和建议，促使班级管理民主化、科学化，让学生在参与活动中体验我国发展全过程人民民主的好处。

2. 活动准备

（1）教师层面：任课教师提前 1 周安排学生教学任务。

（2）学生层面：参会学生代表提前了解民主恳谈会的相关政策知识和与议题有关的内容。

（3）班级层面：班委会确定民主恳谈会的议题，应是涉及全班学生利益的实际问题，要具有公共性和利益关联性。

3. 活动过程

（1）制定方案：班委会制定班级民主恳谈会方案，报任课教师审核。

（2）发布信息：班委会在班级民主恳谈会举办前 3 天，通告议题、时间、地点、参与方式等相关信息。

（3）选举代表：以小组为单位，每个小组选举 2 名学生代表参与班级民主恳谈会。

（4）召开会议：班委会召开班级民主恳谈会，就议题进行充分的民主协商，求同存异，达成共识。

（5）集体决策：班委会集体研究，作出最终决策。

4. 活动评价

（1）学生自评：参会学生对班级民主恳谈会的组织开展情况进行点评，指出其中的优点和不足。

（2）学生互评：参会学生对其他同学发表的建议和意见进行点评。

（3）教师考评：任课教师对策划、组织活动的学生按照贡献大小点评加分，纳入考核成绩；对在民主恳谈会上积极发言，且发言内容科学合理的同学给予评价加分，纳入实践成绩。

附件

"民主集中，众望所归"班级民主恳谈会评分表

班级		姓名		学号		成绩	
议题 主要内容							
评分标准 （100 分）	1. 内容紧扣主题，态度认真（40 分）。 2. 观点正确鲜明，有理有据（30 分）。 3. 举措切合实际，科学可行（30 分）。						
教师点评						教师评分： 　　年　月　日	

四、实践参阅

1. 湖南省衡南县推行屋场恳谈会制度

2022 年 9 月 13 日，衡南县车江街道恒星村两委召开屋场恳谈会。

晚上 8 时，大塘角组肥子塘边上的屋场，几十把塑料椅围成一个圆圈，驻村工作队

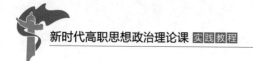

和村"两委"干部早已经在这里等候。随着 35 名村民代表陆续到场就座，恳谈会就开始了。

村民刘尤长第一个发言，他指向身后的山塘，开门见山地说："大家注意到了吗？肥子塘的另一端挨着杨梅山，山塘之间一直没有护坡和围栏。这几年来村里采摘杨梅的游客越来越多，有些还带着小孩，再不修建护坡围栏，保不齐会有人掉到塘里……""再说，塘里泥沙淤积、水面太浅，蓄不了多少水。硬化迎水面护坡，也有利于防洪抗旱。"原来，800 亩（1 亩约等于 66.67 平方米）杨梅山是恒星村集体产业，与肥子塘相连。这几天，刘尤长发现由于水土流失加剧，有十来棵杨梅树的树根已经紧挨岸边。

听到刘尤长的发言，大塘角组组长王元陆接着说："说到蓄水抗旱，肥子塘是我们村的骨干塘，管着下游 5 个组近 700 亩稻田。但是，从塘里引水的这条主干渠道还是'泥巴渠'，泥沙常常堵塞水渠。今年为了抗旱，村民每天都要清淤疏浚，村里能不能把这一段水渠硬化？""可不是吗！水从'泥巴渠'里走，边流边漏，很浪费。"种了 3 亩水稻田的刘尤长补充道。

他们俩说完话，村民代表纷纷发表自己的看法和意见——"村里家家户户养鸡鸭，散养的不少，对卫生环境造成影响。""游客多了，村里却没个像样的停车场。""我们去外地参观，人家村修了沥青路……"

面对村民代表的积极发言，驻村第一书记武国成将其仔细地记录了下来，"这些问题饱含着大家对恒星村发展的期待，也给我们下一步工作划出了重点"。他告诉大家，村里会尽快拿出关于肥子塘护坡和围栏的具体解决方案。

由于杨梅山和肥子塘都是村集体产业，因此将由村集体配套一部分资金，力争在 11 月完成迎水面护坡建设。针对肥子塘主干渠道的维修问题，村里早就开始谋划，目前已争取到县农业农村局的高标准农田建设项目，预计 10 月中旬完成招标，10 月底开始施工，将彻底解决灌溉的后顾之忧。

"村里的主干道有 8.85 公里，由于资金不够，眼下没法全部铺上沥青，今年我们争取铺设 1.5 公里。"武国成说，"按照村里的规划，接下来将建 3 个停车场，提供 40 多个车位"。

"关于圈养鸡鸭，村民还有不少顾虑。"武国成说出了眼前的困难，"有的担心圈养后鸡鸭不下蛋，有的担心圈养后鸡鸭的肉不好吃。我们将继续通过屋场恳谈会做村民工作，大家思想统一后再实施"。"如果需要，我可以去村民家做工作，讲讲圈养的好处。"刘尤长站起来说，在场的党员群众纷纷表示支持。

通过屋场恳谈会听取群众意见，凝心聚力解决群众生产生活困难。2019 年以来，恒星村共召开 65 次屋场恳谈会，解决了污水集中处理、路灯安装等问题，带动村民发展龙虾养殖、黄金贡柚种植等产业。"经过一次次集思广益，大家拧成一股绳、劲往一处使。"武国成说。2021 年恒星村人均可支配收入达 2.8 万元。衡南县委负责人表示，将继续利用好屋场恳谈会这一平台，不断激发人民群众参与基层社会治理的内生动力，不断提高基层社会治理效能。

近年来，衡南县通过推行屋场恳谈会制度，在群众家门口宣讲党和国家政策，听取群众意见和建议，化解社会矛盾，谋划经济社会发展。2019 年以来，共召开屋场恳谈会 12 928 场，收集群众意见和建议 10 293 条，解决问题 8 403 个。

资料来源：吴齐强，王云娜.屋场听民意，聚力解民忧［N］.人民日报，
2022-09-20（1）

2. 温岭："民主恳谈"

"民主恳谈"是浙江省温岭市干部群众在探索基层民主政治建设的实践中产生的具有原创性的一种基层民主形式，创办于 1999 年 6 月，2000 年 8 月开始在全市各乡镇（街道）、村、社区、非公企业和市政府职能部门全面推广。"民主恳谈"经过坚持不懈的推广、深化、规范和完善，已初步建立起了公众广泛参与的民主决策、民主管理、民主监督机制。

镇（街道）"民主恳谈"一年 4 次，定期召开，一期一个主题；召开前 5 天张贴通告，群众自愿参加、自由发言。恳谈会讨论、决策的事项主要是涉及群众利益的公共事务和公益事业，如城镇建设、重要工程项目、当地经济社会发展的政策、学校教育等。恳谈会上，镇政府提出决策事项的初步意见、方案，经群众充分讨论后，按多数群众的合理意见作出决定。市政府职能部门"民主恳谈"的内容主要包括：制定出台新的政策或调整原有的管理制度、管理方式和办事程序，调整或增加新的服务、收费项目，以及其他涉及公众权益的政务或公共事务。村"民主恳谈"一年两次以上，主要讨论、决定财务收支情况安排，集体资金使用安排，工程建设项目，以及其他与村民利益相关的重要村务。

"民主恳谈"解决的问题主要有三个方面：

一是解决了公众有序政治参与的渠道。按照我国现行的政治体制，基层群众的政治参与主要是通过乡镇人大实现，而乡镇人大代表人数一般仅有数十人，大镇也不过百余人，其他公众几乎没有参与社会公共事务决策和管理的机会。而"民主恳谈"的主体就是社会公众，他们可以自愿参加，自由阐发见解、表达意愿。因此，"民主恳谈"这种新型的基层民主形式，为公众广泛有序的政治参与提供了一种渠道和场所。

二是"民主恳谈"为农村群众民主监督乡镇政府的权力行使开辟了一条新途径。群众在民主恳谈会上对基层政府的政务进行公开监督，防止行政权力侵害公众利益，指出并纠正乡镇政府在公共事务决策和管理中的缺陷和失误，从而达到维护群众利益的目的。因此，"民主恳谈"解决了这样一个问题：在我国农村普遍建立村民自治和村委会直接选举的民主制度以后，基层民主化进程如何由此起步，稳健、广泛、深入地继续推进，在乡镇一级建立群众广泛参与的规范化、程序化、制度化的民主监督机制。

三是"民主恳谈"初步解决了基层党委和政府执政方式和领导方式转变的问题。基层党委和政府以"民主恳谈"的形式，就与群众利益关联度较大的重要公共事务与群众进行交流、沟通、协商，共同讨论研究解决问题的，实现了基层党委和政府执政方式和领导方式的创新。

资料来源：编者根据相关资料整理编写

拓展阅读

《思想道德与法治》

实践教学活动

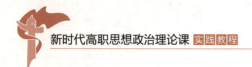

专题1: 凝聚价值共识
——"核心价值，指路明灯"感悟分享

一、实践导入

铸牢思想根基，凝聚奋进力量。当前世界思想文化交融，思想意识多元、多样、多变，积极培育和践行社会主义核心价值观，凝聚团结奋斗的共同思想基础，对于实现中华民族伟大复兴中国梦，具有重要的现实意义和深远的历史意义。社会主义核心价值观是社会主义核心价值体系的内核，反映了其丰富内涵和实践要求。作为新时代青年学生，应当作社会主义核心价值观的积极践行者，将其融入人生发展各阶段，把好人生之舵，扬起梦想之帆。

二、实践形式

制作PPT+课堂展示（PPT分享、小品、歌曲等多种形式）+感悟分享

三、实践活动

1. 活动目标

社会主义核心价值观是凝聚人心、汇聚民力的强大力量，必须深入开展社会主义核心价值观宣传教育。在课堂开展感悟分享，把社会主义核心价值观融入日常学习生活中，用社会主义核心价值观铸魂育人，展示中国共产党为什么"能"、马克思主义为什么"行"、中国特色社会主义为什么"好"，同时兼顾自己的人生规划，共同探讨人生问题。深化责任感、使命感教育，着力培养担当民族复兴大任的时代新人。

2. 活动准备

（1）教师层面：任课教师在学期开始的第一次课上布置任务，要求学生组成不超过5人的学习小组，指导学生收集资料。资料须体现出党的创新理论成果和社会热点话题，以社会主义核心价值观贯穿始终，包括文字资料、图片资料、影像资料等。

（2）学生层面：学生充分利用图书馆、互联网、调查访谈等资源，尽可能多地占有第一手资料，选取富有意义的故事、文章、诗歌、名人名言等，并根据资料整理制作PPT，准备好发言稿。

（3）班级层面：班委会组织全班学生分组，制订活动计划，要求各组按要求收集资料，填好"'核心价值，指路明灯'登记表"提交至任课教师处，安排好小组展示的顺序。

3. 活动过程

（1）小组展示：每次课前选派一个小组上台分享，时间不超过 5 分钟。通过 PPT 讲解、小品、歌曲等多种表现形式，启发学生的人生思考、指引人生方向。

（2）班级讨论：其他同学在小组展示完成后进行自由讨论，参与班级心得分享，谈一谈自己有哪些感悟。

（3）完善修改：活动完成后，各小组根据教师的课堂指导对 PPT 进行修改完善，上传至课程教学平台。

4. 活动评价

（1）学生自评：每个小组选派代表对本次表现进行总结，总结内容包括资料收集整理环节、PPT 制作环节、上台展示环节等的不足与改进。

（2）学生互评：各小组组长对该小组表现进行点评，其他同学在课程教学平台上评分。

（3）教师考评：教师根据该组同学的表现进行点评，在课程教学平台上评分。参与活动的同学每次酌情加 1 ～ 3 分，未参加的扣 2 分，计入考核成绩。

由教师指定专人负责填写活动登记表，并于期末上传至课程教学平台，登记表文档以"班级 + 核心价值，指路明灯"命名。

附件

×× 年 × 学期 ×× 班"核心价值，指路明灯"登记表

序号	小组成员（组长排第一）	活动内容及形式	完成时间	完成情况
1				
2				
3				
4				
5				
6				

注：完成情况分为：优（加 3 分）、良（加 2 分）、合格（加 1 分）、未参加（扣 2 分）。

四、实践参阅

2022 年度感动中国十大人物事迹（节选）

【人物事迹 1】

陆鸿，男，1979 年 4 月生，苏州市缘跃纸制品有限公司负责人，现居吴江区平望镇。

因幼时发高烧导致小脑神经受损，身体残疾的他中专毕业后却找不到工作。父亲病重逝世，家庭的困顿使得他下定决心自主创业。经历了无数底层职业的摸爬滚打，他靠着自强拼搏，将生意从开照相馆、做电子相册加工，逐渐拓展到纸质影集生产。又从 6 人的家庭小作坊，发展到目前拥有 35 名员工的实体相册加工厂。他不但用自己残疾的身躯挑起了养家的重担，还为 21 名残疾人提供了就业岗位。在陆鸿的带领下，相册工厂 2022 年的营业额近 1 400 万元，比疫情前翻了整整一倍。现如今，陆鸿的工厂已经成为远近闻名的残疾人扶贫创业基地。

幼年不幸遭遇，求职屡屡受挫

1975 年，陆鸿的母亲盛文娟从盛泽嫁到了平望。因为丈夫患有先天性气管炎，这个刚成立的小家庭日子过得并不宽裕。几年后，陆鸿的降生虽然给这个家庭带来了许多欢乐，但是命运却给他们开了一个残酷的玩笑。陆鸿 10 个多月时，因高烧不退被送去医院诊治，医生诊断后，说是菌痢引起的中毒性脑炎，即便救活也会留下严重的残疾。在母亲的坚持下，陆鸿终于被救活，但是却如医生所言，留下了严重的后遗症——小脑指挥精神失常。到了该走路的年龄，他仍旧跌跌撞撞走不好，言语交流也很不流畅。

童年时代，他常常被小伙伴嘲笑为"傻子"，也没有人愿意跟他一起玩。陆鸿虽然心里难过，但他一直很努力地读书。因为生病导致手指功能受损，他写字特别慢，每次考试常常来不及在规定的时间内完成试题。但是他以顽强的毅力，付出了比常人更加多的时间和精力学习，最终顺利考入了一所承诺包分配的中专。然而毕业时，现实又和他开了无情的玩笑，全班五十几个人都被用工单位接收了，唯独他因为残疾被拒之门外。

没有手艺、没有本钱，陆鸿就选择去跟亲戚学门手艺。他先是去了芦墟的叔叔那里，跟着学"敲白铁皮"。两年学徒期满后，陆鸿回到家乡，母子两个在自家门口摆起了自行车修理摊。半年后，他们又借钱买了个小门面，添置了锅炉，做起烧开水的生意。这以后，陆鸿一边烧开水卖，一边敲白铁皮，而盛文娟则利用这个小店面起早贪黑地做早点买卖。无论是学敲白铁皮、修自行车，还是烧锅炉、做开水房的小本经营，陆鸿都非常用心。他明白自己已经在起跑线输了，必须要加倍地努力才能得到平常人轻轻松松就能得到的东西。

努力拼搏迎来事业转机

陆鸿的事业出现转机是源于一台旧电脑。为了锻炼他的脑力，陆鸿的妈妈花了 300 元给他买了一台旧电脑。没想到，陆鸿在玩网络游戏时，结识了中央电视台一名电视特效后期制作主编。

这位主编教给他一些后期制作的知识，陆鸿对此产生了浓厚的兴趣。于是，从学习后期制作开始，他慢慢接触到了电子模板。之后，看到电商的发展形势一片大好，嗅到了商机的他便大胆地在淘宝网上开出了自己的"模板"店，因为价廉物美服务好，销量还不错。

一次，苏州的一位老教授找到陆鸿制作电子相册，说要送给老伴，作为 50 周年结婚纪念日的礼物。陆鸿看到老教授行动不便，还跑那么远的路来，说什么也不肯收他的钱。陆鸿的真诚打动了老教授，他们成为朋友。有次他问陆鸿有什么梦想，陆鸿说想开一个影楼。巧合的是，这名老教授是苏州老年大学的一名摄影培训师，得知陆鸿的心愿后他便提出，可以免费为他提供培训。陆鸿喜出望外，便跟着这位老教授从头学起，刻苦钻研、勤加练习，很快便上手了。此后，他试着开了一家名为"天使乐园"的照相馆。因为他虚心谦让的性格和人性化服务，陆鸿赢得了无数的回头客，照相馆的生意也越做越好，逐步走入正轨。

为了给家人和员工以更好的生活，陆鸿觉得不能只守着照相馆和网店，而是要不断拓展和延伸业务。于是，陆鸿尝试着经营制作影集相册的加工厂。他不断根据市场的需求，调整着自己的经营理念，并亲手设计制作，慢慢地在市场站稳了脚跟，相册品种从十几个发展到目前的 1 000 多个；从 6 人的小作坊，发展到有 35 人的小工厂。由于陆鸿在招收工人的时候优先考虑残疾人，他的工厂里现在共有 21 个残疾人。这个暖心的举动，也为他赢得了"苏州市残疾人创业之星"的光荣称号。

2016 年，陆鸿关闭了经营多年的实体照相馆，把更多的精力投入精品相册的生产中。2017 年，在区、镇残联的大力支持下，陆鸿的小工厂搬迁到新的厂址。在这里，他拥有了近千平方米的厂房，每天都有几百本手工相册从这里发往全国各地，公司年净利润几十万元。他的工厂也俨然成了一个集残疾人生产、生活、文体活动于一体的残疾人之家。陆鸿说，我的理想就是让所有像我一样有理想的残疾人，都能有发光发热的地方。在他的工厂里，这些残疾朋友相互鼓励、互相支撑，像一家人一样共同面对生活的困厄。还有不少残疾人慕名前来拜师学艺，如横扇的残疾人小陆、吴江的聋人朋友、盛泽的肢残人士等，陆鸿都毫无保留地将技术传授给他们。

【人物事迹2】

杨宁，女，苗族，1985年10月出生，中共党员，硕士研究生学历，现任广西壮族自治区柳州市融水苗族自治县江门村党总支部书记、村民委员会主任、十三届全国青联常委。

2010年，杨宁大学毕业后毅然回到家乡——国家扶贫开发工作重点县融水苗族自治县的安陲乡江门村，当起了大学生村官，在村里一干就是6年，用心为村里的老人、残疾人、瘫痪病人、留守儿童等解决生活中的种种困难，赢得了群众的真情拥护。

2016年，杨宁决定通过网络渠道推广销售村子里的农副产品，分享大苗山的美食和文化。很快，杨宁和6名大学生村官成立了融水县大学生村官创业联盟，共同建立起"苗村倌"农产品电商服务中心和微信公众号，并通过大学生村官们的微信朋友圈做起了微商。

2017年，杨宁被群众一致推选为村委会主任。她全心全意为群众、一心一意谋发展，带领328户贫困户发展高山泉水西瓜、高山水稻等特色产业，并创办了"苗阿嫂"品牌，通过品牌销售农产品，使户均收入增加3 200多元。成立的"苗村倌"农产品电商服务中心3年销售贫困户特色农产品900多万元，带领江门村94户326人成功脱贫，贫困发生率从20%降低到0.05%，最终实现整村脱贫。

杨宁在6年大学生村官任期结束后选择留在基层，期间带领村里94户326人成功脱贫，实现整村摘帽，带领贫困户发展高山泉水西瓜、高山水稻等特色产业，成立泗维河生态农业有限公司和"苗村倌"农产品电商服务中心销售农产品900多万元。

【人物事迹3】

他们是一群退休的教师，有学识渊博的两院院士，也有职业中学的电工教师，还有匠心独运的艺术大师。虽然他们身处不同的地方，涉足着不同的领域，但同样借助短视频、直播这些新兴的传播方式，将自己的所学所思、所悟所感，传播给课堂之外更广大的人群，见下表。

"银发知播"群体成员

姓名	年龄（2023年）	职务（职业）
欧阳自远	88岁	中国月球探测工程首席科学家、中国科学院院士
汪品先	86岁	同济大学教授、海洋地质学家、中国科学院院士
王广杰	82岁	退休电工教师

续表

姓名	年龄（2023 年）	职务（职业）
王渝生	80 岁	中国科技馆原馆长、中国科学院博士
柳冠中	79 岁	清华大学首批文科资深教授、博士生导师
褚君浩	78 岁	中国科学院上海技术物理研究所研究员、复旦大学光电研究院院长、中国科学院院士
郑纬民	77 岁	清华大学教授、中国工程院院士
舒德干	77 岁	古生物学家、中国科学院院士
薄慕明	74 岁	神经生物学家、中国科学院院士
吴於人	73 岁	同济大学退休物理教授
杨维云	73 岁	退休小学语文老师
戴建业	67 岁	华中师范大学文学院教授
唐守平	62 岁	退休物理教师

当一群充满智慧与人生阅历的老人，退休之后依然在发挥余热，积极触网，不怕辛苦和烦琐，将毕生所学与年轻的网友们分享，让知识的种子乘着网络"东风"，飘散得更远更广，撒落在更多人的梦田。甘于奉献躬自厚，静水流深行且坚。不约而同的默契，不计回报的启迪，虽然不是惊天动地的壮举，却依然让人热血沸腾，感铭深刻。

这批退休教师，如今以各种方式活跃在抖音平台上：科普问答、专题讲座、公开课等，为那些渴求知识，对大千世界兴致勃勃，却由于条件所限无法进入科研院所、学校听大师课的人们，开启了一扇扇流光溢彩的科学之门。

中科院地球化学研究所的欧阳自远院士在抖音短视频中为青少年解答了"我们能联系到外星人吗？"这一经典问题，有超过 110 万网友点赞；海洋地质学家、中国科学院院士汪品先通过《十万个为什么》官方抖音账号，讲解"为什么海水是蓝色的，海浪是白色的"，引发人们对海洋科学的绮丽幻想；中科院上海技术物理研究所的褚君浩院士，在抖音畅聊人们日常生活中"看不见的光"，培养青少年的科学好奇心；有 50 年教龄的语文教师杨维云，在抖音直播间教授拼音，在声韵相拼中帮助沉默的人们弥补"不识字"的遗憾；更不用说，早就出圈的"不刷题的吴姥姥"吴於人、中国工业设计之父柳冠中，早已习惯用抖音公开课、短视频等方式，向网友分享他们的学识和观点。

银发教师们的坚持和努力，建造起了一间间没有墙壁的教室，一所所不设门槛的大学，既能用最通俗易懂的语言传播最高精尖的知识，也能不厌其烦地教授汉语拼音这样

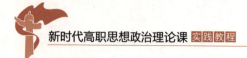

的基础课程。白发人创造的流量汇聚成积极而磅礴的能量，推动着更多人去拥抱知识、探索未知，享受学习的快乐！而每一个因银发教育者的努力而受益的人，都借助着新兴的传播方式与他们在知识的世界里相遇，都会感受到他们无私奉献的热情。这种相遇和感受本身就有着震撼心灵、令人感动的能量！

资料来源：编者根据相关资料整理编写

拓展阅读

专题2: 激发青春潜能
——"诗以言志，文以载道"经典诵读

一、实践导入

雅言传承文明，经典浸润人生。"诗以言志，文以载道"经典诵读大赛以诠释中华优秀文化内涵、彰显中华语言文化魅力、弘扬中国精神为目标，提升广大青年学生的语言文字应用能力和语言文化素养，营造亲近中华经典、热爱中华经典的社会氛围，构筑中华民族共有的精神家园，增强民族自信心和自豪感，培养学生良好的道德情操和健康的审美情趣。

二、实践形式

诗文朗诵比赛

三、实践活动

1. 活动目标

通过"诗以言志，文以载道"经典诵读大赛，弘扬中华优秀语言文化，从中华经典中汲取智慧力量、坚定理想信念、彰显时代精神，展现青年学生对中华经典的传承与创新；进一步增强学生的民族自豪感和文化自信力，推进社会主义核心价值体系建设；营造富有激情、富有青春气息的校园文化氛围，推动校园文化建设；展现当代学生风采，提高学生人文素质和道德情操。

2. 活动准备

（1）教师层面：任课教师布置任务，明确活动要求。教师提前两周布置该活动教学任务，将学生分成若干小组（5～8人），并选定1人为组长，负责组内各项工作。教师指导学生收集资料，资料包括但不限于文字资料、图片资料、影像资料，学生根据收集到的资料选择与主题相关的素材，开始撰写朗诵稿。

（2）学生层面：学生以小组为单位，确定资料查阅方向，充分利用图书馆、互联网等资源收集经典诗篇，并结合课程所学内容、中华传统文化内容及人生感悟自我构思，形成文稿，分组演练。

（3）班级层面：班委会根据学生分组情况，安排确定每个小组的展示顺序及展示时

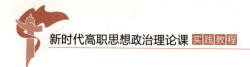

间，并做好相关协调组织工作。

3. 活动过程

（1）课堂展示：选择教学实践活动时间，各组选派 1 名同学在课堂上对经典诗篇开展有感情的诵读。展示形式不限，演讲中可穿插情景剧等，鼓励创新。

（2）课堂指导：教师针对小组展示情况，从展示内容、技巧、分工等方面进行点评，对于优秀作品予以肯定，对于良好作品提出修改意见。

（3）总结完善：学习小组根据其他同学和教师的意见和建议，课后对诵读稿进行修改和完善，提交至课程教学平台，并填写评分表。

4. 活动评价

（1）学生自评：学习小组根据活动参与情况，对小组内部分工情况、团结协作情况、诵读作品质量、展示效果等方面进行自我评价，以更好地认识自我、提升自我。

（2）学生互评：所有同学开展互评，投票选出综合表现最优小组。

（3）教师考评：教师根据学生展示效果、修改完善情况及提交至课程教学平台上的作品进行评分，小组得分情况纳入课程实践活动考核成绩。

附件

"诗以言志，文以载道"经典诵读评分表

诗篇成员		
小组成员		
姓名	学号	组内分工

评分标准（100 分）：

1. 诵读内容（50 分）：主题鲜明，观点正确，选材得当。

2. 展示效果（40 分）：声音洪亮，语速恰当，表达清晰，富有真情实感。

3. 时间掌控（5 分）：展示时间控制在 5 分钟内。

4. 创新（5 分）：有特色有味道。

教师评分：

年　　月　　日

四、实践参阅

1.《平"语"近人——习近平总书记用典》

由中共中央宣传部、中央广播电视总台联合创作的《百家讲坛》特别节目《平"语"近人——习近平总书记用典》在央视综合频道晚间播出。该节目以习近平总书记一系列重要讲话、文章、谈话中引用的古代典籍和经典名句为切入点，旨在推动习近平新时代中国特色社会主义思想的生动阐释与广泛传播。节目分为《一枝一叶总关情》《治国有常民为本》《国无德不兴》《国之本在家》《报得三春晖》《只留清气满乾坤》《绝知此事要躬行》《腹有诗书气自华》《恶竹应须斩万竿》《天下之治在人才》《咬定青山不放松》《天下为公行大道》12集，由"原声微视频""思想解读""经典释义""现场访谈""互动问答""经典诵读"6个环节构成。

资料来源：央视网，2018年10月10日

2.《经典咏流传》

《经典咏流传》是中央电视台综合频道和央视创造传媒有限公司联合制作推出的文化音乐节目。该节目响应落实中国共产党第十九次全国代表大会报告中"推动中华优秀传统文化创造性转化、创新性发展"的精神，用"和诗以歌"的形式将传统诗词经典与现代流行相融合，在注重节目时代化表达的同时，深度挖掘诗词背后的内涵，讲述文化知识、阐释人文价值、解读思想观念，为现代文明追本溯源，树立文化自信。

《经典咏流传》将中华经典的诗词文化与电视媒介、网络平台有机结合，兼顾诗词文化上的意境悠远和表现形式的通俗易懂。经典传唱人不仅有艺术名家，也有后起之秀，还有许多热爱生活的普通人。他们结合自身的音乐风格，将经典诗词转化为优美的歌曲，用现代唱法和曲调演绎传统经典。通过鉴赏团成员对传唱歌曲的专业点评，将经典和流行有机结合在一起，挖掘诗词背后的故事，以现代人更喜闻乐见的方式学习诗词，"推动中华优秀传统文化创造性转化、创新性发展"。

资料来源：编者根据相关资料整理编写

3.《中国诗词大会》

《中国诗词大会》是继《中国汉字听写大会》《中国成语大会》《中国谜语大会》之后，为贯彻落实习近平总书记关于弘扬中华优秀传统文化的指示精神，为了让古代经典诗词深深印在国民大众的脑中，成为"中华民族文化基因"，而由央视科教频道推出的一档大型文化类演播室益智竞赛节目。《中国诗词大会》以"赏中华诗词、寻文化基因、品生活之美"为宗旨，通过比赛的形式重温经典诗词，继承和发扬中华优秀传统文化，带动

全民重温那些学过的古诗词，分享诗词之美，感受诗词之趣。

资料来源：编者根据相关资料整理编写

拓展阅读

专题 3：厚植家国情怀
——"请党放心，强国有我"微视频比赛

一、实践导入

"未来属于青年，希望寄予青年。"为学习贯彻习近平总书记重要讲话精神，引导广大青年学生"立大志、明大德、成大才、担大任"，通过"请党放心，强国有我"微视频比赛，培养学生的爱国之情、砥砺强国之志、实践报国之行，用责任担当和勇毅前行彰显爱国主义情怀，不断练就过硬本领、锤炼高尚品德、矢志艰苦奋斗，自觉将个人价值与党和国家、人民的期望结合起来，肩负起建设社会主义现代化强国的时代重任。

二、实践形式

微视频拍摄与制作

三、实践活动

1. 活动目标

新时代爱国主义不仅是普遍意义上的基于地缘和血缘的爱国主义，也不仅是对土地、文化和习俗认同和热爱的爱国主义，而是在此基础上对国家、中国共产党和社会主义热爱及认同的爱国主义。学生结合专业、生活中的热点话题、身边人物的奋进故事等内容，开展"请党放心，强国有我"微视频拍摄比赛，探讨在新时代征程中自觉践行"请党放心，强国有我"的庄严承诺，在实现第二个百年奋斗目标和中华民族伟大复兴中国梦的征程中贡献青春力量。

2. 活动准备

（1）教师层面：任课教师提前 2～3 周布置微视频拍摄任务，搜集"请党放心，强国有我"微视频拍摄的素材。教师全程指导，确保作品内容积极向上，符合史实；确定分享会主持人、评委、评分标准等。

（2）学生层面：学生以小组为单位，明确分工、细化责任、团结协作，进行"请党放心，强国有我"微视频拍摄与制作。

（3）班级层面：班委负责微视频大赛的组织，制订活动计划，安排活动每个环节的

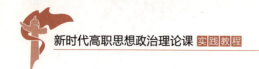

负责人员，做好相关协调组织工作，确保微视频大赛顺利进行。

3. 活动过程

（1）视频制作：学生结合课程所学内容及专业、党史百年历程中的革命故事、家乡红色革命人物等素材，用微视频方式取景拍摄。

具体要求：作品可通过摄像机、手机等拍摄设备进行创作实践，用影像的方式阐述新时代征程中自觉践行"请党放心，强国有我"的内容。视频画面要求清晰稳定、色彩自然，无明显噪声，时长一般不超过 5 分钟。作品内容须为原创，不得侵害任何其他方的版权、肖像权等合法权益。视频内容具有教育意义和推广价值。

（2）视频修改：由任课教师验收视频作品，并给予指导，对内容不符合要求的可以要求其进一步完善。

（3）视频展示：选择教学实践活动时间，各组选派 1 名组员作为代表进行作品展示，并对拍摄过程进行详细阐述。视频内容须紧扣主题，采用新颖的视听表现形式。片头展示主题，作品画面不抖动、不倾斜，展示时间不超过 5 分钟。作品须有创意且富有表现力和感染力，拒绝低俗、恶搞、泛娱乐化内容。

（4）视频提交：作品以"作品名＋年级＋班级＋组长姓名"命名上传课程教学平台。

4. 活动评价

（1）学生自评：以小组为单位提交一份不超过 5 分钟的微视频作品，并进行作品自评，填写评分表。

（2）学生互评：每组选派学生评委现场评分，去掉最高分值和最低分值，取平均分值。

（3）教师考评：教师根据学生展示作品内容、视频质量、教育意义等给小组作品评分，对获得优秀等级认定的作品，择优宣传推介。

🔖 | 附件

"请党放心，强国有我"微视频拍摄评分表

短视频名称		
小组成员		
姓名	学号	组内分工

评分标准（100分）：
1. 视频内容（50分）：紧扣主题、立意鲜明、健康积极、富有感染力。
2. 视频效果（40分）：画面清晰、曝光准确、构图美观、镜头稳定。
3. 创新（10分）：剧本、摄像、编辑制作等方面具有新颖的角度和手法。

教师评分：
年　　月　　日

四、实践参阅

1. MV：请党放心　强国《有我》

该视频荣获北京教育系统精品网络视频制作传播支持计划优秀视频奖。为迎接党的二十大胜利召开，中国石油大学学子牢记习近平总书记回信嘱托，深情演绎歌曲《有我》，将"到祖国最需要的地方去"的青春理想、"不畏艰难险阻、勇担时代使命"的责任担当融入昂扬的旋律，以青春之我唱响能源报国最强音。

资料来源：学习强国，2023 年 4 月 11 日

2. MV：请党放心 《强国有我》

9 月 3 日，是中国人民抗日战争胜利纪念日，也是世界反法西斯战争胜利纪念日。所有中国人都必须铭记，征途如虹、初心永恒、使命传承！时代在变、环境在变，但

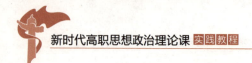

人民军队的热血和担当始终未变，一代代青年官兵在用生命诠释着：请党放心，强国有我！

资料来源：学习强国，2021 年 9 月 3 日

拓展阅读

专题 4：强化创新意识
——"××行业创新案例"分享会

一、实践导入

新时代是改革创新的时代，习近平总书记在党的二十大报告中强调："坚持创新在我国现代化建设全局中的核心地位。"惟创新者进，惟创新者强，惟创新者胜，创新被提升至国家新发展理念的首要位置。创新是一个民族的灵魂，是一个国家兴旺发达的不竭动力。青年学生是国家创新型人才的重要后备军，只有培养以改革创新为核心的时代精神，提升创新能力，发展创新思维，才能更好地适应高速发展变化的时代要求，担负起时代赋予的历史使命和社会责任。

二、实践形式

PPT 制作+课堂分享

三、实践活动

1. 活动目标

根据思政教育与专业学习同向同行的指导思想，大学生应结合所学专业内容，了解本行业在近 10 年的发展情况及创新典型案例。通过开展创新案例分享会，引导学生关注本行业的前沿理论及最新成就，培养学生创新意识、创新能力、创新思维，提升学生主动创新的强烈愿望和能力，树立正确的创新观，主动适应国家经济社会发展和人的全面发展需求，积极投身创新实践。

2. 活动准备

（1）教师层面：任课教师结合教材《思想道德与法治》上"专题 4 第 3 讲　让改革创新成为青春远航的动力"教学内容，布置活动任务要求。案例须紧扣所学专业，思政课教师与专业课教师及时沟通，共同指导学生收集资料的方法和方向。

（2）学生层面：学生及时向专业课教师请教，确保案例选取正确，制作好 PPT，以"作品名+班级+组长姓名"命名并上传至课程教学平台，填写分组登记表交至班长处，准备上台展示的发言稿。

（3）班级层面：班委会组织同学完成组队，每组不超过 5 人，建立组长负责制。班长负责收齐各小组的分组登记表后交给思政课教师。

3. 活动过程

（1）查阅资料：各小组搜集整理与所学专业相关的创新案例，制作成PPT，提交给专业课教师审核指导。

（2）课堂分享：各小组推选1名组员作为代表在课堂上进行案例分享，时间为3～5分钟。

（3）课堂讨论：思政课教师组织学生就"创新"这个话题展开讨论，让学生谈一谈心得体会，思考自己要如何培养创新意识。

（4）作品上交：按照教师的课堂指导修改和完善分享内容，将PPT上传至课程教学平台。

4. 活动评价

（1）学生自评：分享完成后，各小组总结PPT的内容选取是否得当、制作是否精美、分享时仪态是否自信大方、语言流畅等。

（2）学生互评：所有学生开展生生互评，在课程教学平台评分，选出综合表现最优小组。

（3）教师考评：思政课教师就各小组分享时的综合表现进行点评。专业课教师与思政课教师共同对各小组的综合表现给予评价，纳入实践考核成绩。评分标准见附件2。

附件 1

"××行业创新案例分享会"分组登记表

案例名称		
小组成员		
姓名	学号	组内分工
案例简介		
心得体会		

附件2

评分要求（100分）：

1. 案例内容（50分）：结合专业，主题鲜明，观点正确。

2. 展示效果（40分）：语言流畅，表现自然，形式创新。

3. PPT制作（10分）：图文并茂，资料丰富。

四、实践参阅

1. "软"技术革新"硬"制造——湖南工程机械行业智能化转型一线见闻

在位于湖南长沙的中联智慧产业城土方机械园备料车间内，智能切割机正加紧作业，激光与钢板碰撞出耀眼的火花，展现着工程机械行业的"硬核"气质，而这背后有一股智能化的力量尤为引人瞩目。

近年来，在工程机械制造大省湖南，以中联重科为代表的一批龙头企业积极推进智能化转型，用"软"技术加速"硬"制造的革新，让人们印象中笨重的工程机械焕发出新的活力。

中联重科智能制造中心负责人奉华说，工程机械零件种类多样，如何对每一块钢板合理切割、减少材料浪费是关键。为此，中联重科加大人员和资金投入，开始研发相关算法技术。2022年，中联重科自主研发的超级排料人工智能算法被正式投入使用。"以前一块钢板可能只是用于一个生产计划的零件生产，现在依托算法可以实现'一板多用'，做到生产计划和材料利用率的最佳平衡。"奉华告诉记者，在计划排产时，算法会自动分析客户计划需求所对应钢板的最优规格和数量，将多客户、多机型的生产计划进行合理排产，提升生产效能。

据了解，中联重科通过研发超级排料人工智能算法等多项智能制造技术，实现了材料利用率比同行业平均水平提升15%、年节约成本20%以上、年减少碳排放逾6万吨的效益。

资料来源：新华网，2023年1月7日，节选

2. 全球最大的水面漂浮光伏电站——中国三峡集团三峡新能源公司安徽淮南150兆瓦水面漂浮光伏项目正式并网发电

据三峡集团介绍，该项目位于安徽省淮南市潘集区，由中国三峡集团三峡新能源公司利用采煤沉陷区闲置水面建设，总投资约10亿元人民币，项目总装机容量150兆瓦，全部建成后年发电量约1.5亿千瓦时，相当于种植阔叶林约530公顷，年节约标准煤约5.3万吨，减少二氧化碳排放量约19.95万吨，减少森林砍伐面积约5.4万立方米，能够

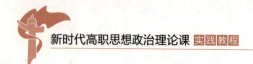

满足约 9.4 万户城乡家庭的用电需求。与传统光伏电站相比，漂浮式光伏电站将光伏发电组件安装在水面漂浮体上，具有不占用土地资源，减少水量蒸发，漂浮体遮挡阳光抑制藻类生长的作用，同时水体对光伏组件及电缆的降温冷却作用可明显提高发电效率。

中国三峡集团党组书记、董事长卢纯表示，水面光伏是新能源发展的新探索，也是很多资源型城市转型发展的有效路径之一。中国三峡集团率先在淮南布局水面光伏，探索降低光伏造价、降低运维成本的有效措施，为未来在全国推广应用打下坚实基础。项目建设中，中国三峡集团积极履行社会责任，利用淮南当地丰富的太阳能资源，建设与生态治理相结合的光伏基地，并积极探索"渔光互补"新模式，把沉陷区变成了绿色能源基地，并实现农民增收。

资料来源：今日头条，2022 年 11 月 2 日，节选

拓展阅读

专题 5：蓬勃青春朝气
——"以青春之名，为梦想而战"主题演讲

一、实践导入

青年强，则国家强。全面建设社会主义现代化国家、全面推进中华民族伟大复兴，需要广大青年的参与和奉献。新征程上，开展"以青春之名，为梦想而战"主题演讲，引导青年学生深刻领悟"两个确立"的决定性意义，引导其虚心学习养"大气"，潜心学习养"才气"，正心学习养"勇气"，坚定信念跟党走，勇做奋进者、开拓者、奉献者，让青春在全面建设社会主义现代化国家的火热实践中绽放绚丽之花。

二、实践形式

主题演讲+心得感悟

三、实践活动

1. 活动目标

青年是社会力量中最积极、最有生气的力量，国家的希望在青年、民族的未来在青年。通过"以青春之名，为梦想而战"主题演讲活动，引导青年学生深刻认识只要始终与党同心、跟党奋斗，中华民族伟大复兴的中国梦就一定能在自己的亲身实践中变为现实；鼓励青年学生积极投身人民群众的壮阔实践中，在民族复兴征程上勇当先锋、倾情奉献。

2. 活动准备

（1）教师层面：任课教师提前两周布置活动任务，将学生分成若干小组（5～8人），并选定1人作为组长，负责组内各项工作。教师指导学生收集资料，资料包括但不限于文字资料、图片资料、影像资料。学生根据收集到的资料选择与主题相关的素材，分任务撰写演讲稿。

（2）学生层面：学生以小组为单位，确定资料查阅方向，充分利用图书馆、互联网等资源，查找与青年梦想相关的资料，并结合自身奋斗历程进行自我感悟、自我构思，形成演讲文稿，分组演练。

（3）班级层面：班委会根据学生分组情况，根据课程安排确定每个小组的演讲顺序及时间，并做好相关协调组织工作。

3. 活动过程

（1）作品提交：演讲稿以"作品名＋年级＋班级＋组长姓名"命名。

（2）反馈完善：演讲稿撰写完成后交由任课教师验收并给予指导，进行相关调整和进一步完善。

（3）小组展示：选择教学实践活动时间，各组选派 1 名同学在课堂上进行主题演讲。展示形式不限，演讲中可穿插诗歌朗诵、歌曲、情景剧等，鼓励方式创新。

（4）课堂指导：教师针对小组展示情况，从内容、技巧、分工等方面进行点评，对于优秀作品予以肯定，对于良好作品提出修改意见。

（5）心得提交：任课教师布置任务，要求所有学生针对本次活动撰写一份心得，不少于 200 字，完成后提交到课程教学平台。

（6）总结完善：学习小组根据其他学生和教师的意见和建议，课后对演讲稿进行修改完善，并提交至课程教育平台，填写评分表。

4. 活动评价

（1）学生自评：学习小组根据活动参与情况，针对小组内部分工情况、团结协作情况、作品质量、展示效果等方面进行自我评价，以期更好地认识自我、提升自我。

（2）学生互评：学生依据"以青春之名，为梦想而战"主题演讲评分表，进行相互评价。

（3）教师考评：教师根据学生演讲效果、修改和完善情况及提交的作品质量和心得体会进行评分，小组得分情况纳入课程实践活动考核成绩。

📎 | 附件

"以青春之名，为梦想而战"主题演讲评分表

二级学院：＿＿＿＿＿＿＿＿＿＿＿　　专业班级：＿＿＿＿＿＿＿＿＿＿＿

学生姓名：＿＿＿＿＿＿＿＿＿＿＿　　学　　期：＿＿＿＿＿＿＿＿＿＿＿

考核评价内容	分值	评分
演讲内容：紧扣主题，主题鲜明、深刻，语言自然流畅，富有真情实感	40分	
语言表达：脱稿演讲，声音洪亮，口齿清晰，语速适当，表达流畅，激情昂扬	30分	
形象风度：衣着整洁，仪态大方，举止得体	20分	
综合印象：根据演讲选手的临场表现作出综合演讲素质的评价	10分	

教师点评：

教师评分：

年　　月　　日

小组成员

姓名	学号	组内分工

实践活动心得体会

四、实践参阅

《以青春之名》诠释"中国式青春"（节选）

百年恰风华，青春正当燃。值此中国共青团成立 100 周年之际，由共青团中央宣传部、北京市广播电视局指导的网络电影《以青春之名》全网上线。影片以"青春"之名，

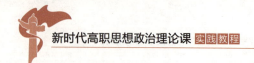

串联起跨越百年的青春力量、青春涌动、青春创造，带领观众回到一段段激情燃烧的岁月，在历史与现实、铭记与传承中描绘出一幅壮丽烂漫的青春画卷，礼赞百年征途，点赞中国青春。

从救亡图存的舍生取义到航天事业的筚路蓝缕，从改革开放的敢为人先到精准扶贫的担当有为、青年医生的热血仁心……影片在个体故事的演绎中映射青年奋斗的群像，在历史事件的殊相中聚焦青春气质的共相，向观众缓缓铺陈青年人奋发有为的精神风貌，诠释了鲜活明亮的"中国式青春"，也映衬出青春中国的意气风发、神采飞扬。

《以青春之名》是一部由青年人策划、青年人编创、青年人表达的作品，由来自全国高校共青团新媒体重点工作室（中国传媒大学站）、中国传媒大学戏剧影视学院的青年师生担任主创团队。他们作为"中国式青春"最真切的感受者、体悟者、践行者，充分结合亲身经历、切身体会及时代思考，以文艺力量践行新时代的青春答卷。

资料来源：人民网，2022 年 5 月 27 日

拓展阅读

专题 6：投身崇德向善
——青年志愿者社会服务

一、实践导入

"微光可成炬，大爱映苍穹。"志愿服务是指志愿贡献个人的时间和精力，在不求任何物质报酬的情况下，为改善社会、促进社会进步而提供的服务。志愿服务具有志愿性、无偿性、公益性等特征。参与志愿服务既是"助人"，也是"自助"；既是"乐人"，也是"乐己"；既是帮助他人、服务社会，也是传递爱心、传播文明。1993 年年底，共青团中央决定实施中国青年志愿者行动。1994 年 12 月，共青团中央确定成立中国青年志愿者协会，各级青年志愿者协会相继建立。如今，青年志愿者社会服务已覆盖到城市社区建设、环境保护、大型活动、抢险救灾、抗击疫情、社会公益等各个领域。

二、实践形式

志愿服务 + 报告分享

三、实践活动

1. 活动目标

将道德理论学习转化为积极的道德实践，做社会主义道德的践行者、示范者和引领者。通过志愿服务自觉加强道德修养，使学生明确志愿服务精神的重要作用，自觉弘扬"奉献、友爱、互助、进步"的志愿服务精神，帮助他人、服务社会、参与实践、练就本领、增长才干；增强奉献意识和社会责任感，传播青春正能量；树立正确的世界观、人生观、价值观、道德观；推动形成关爱他人、奉献社会的良好风尚。

2. 活动准备

（1）教师层面：任课教师引导学生明确志愿服务活动意义。使命在肩，奉献有我，积极参与志愿服务是青年学生奉献祖国、服务人民的生动实践。引导青年学生正确认识志愿服务精神，其中奉献精神是精髓。任课教师在教材"专题 1 担当复兴大任成就时代新人"讲授结束后布置志愿者社会服务任务。

（2）学生层面：学生从自身实际出发，确定参与青年志愿者社会服务的时间、形式

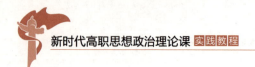

与内容。

（3）班级层面：班委会联系学生会、团委、志愿部等，确定青年志愿者社会服务的形式与内容。活动内容围绕文明城市建设、文明校园建设、环境保护、敬老爱幼、大型活动服务等社会公益活动的开展。

3. 活动过程

（1）志愿报名：学生在学校志愿服务平台上报名，自主选择开展青年志愿者社会服务的时间、形式与内容。

（2）收集资料：学生参与志愿服务活动并收集现场照片等资料，作为参与志愿服务的佐证材料。

（3）作业提交：活动结束后，学生填写"青年志愿者社会服务报告"，重点分享自己的认识、收获、体会，以"作品名+班级名+姓名"命名，并提交课程教学平台。

4. 活动评价

（1）学生自评：学生填写"青年志愿者社会服务报告"后客观评价自我。

（2）学生互评：依据"青年志愿者社会服务报告"，学生在课程教学平台上完成打分及评价。

（3）教师考评：任课教师依据学生参与青年志愿者社会服务的次数、时长、活动内容、心得体会等综合评定学生实践考核成绩。

附件

青年志愿者社会服务报告

班级：＿＿＿＿＿＿＿＿　　　学号：＿＿＿＿＿＿＿＿＿　　　姓名：＿＿＿＿＿＿＿＿＿

学生自评：＿＿＿＿＿＿＿＿＿＿＿＿＿＿＿＿＿＿＿＿＿＿＿＿＿＿＿＿＿＿＿＿＿＿＿

学生互评：＿＿＿＿＿＿＿＿＿＿＿＿＿＿＿＿＿＿＿＿＿＿＿＿＿＿＿＿＿＿＿＿＿＿＿

教师考评：＿＿＿＿＿＿＿＿＿＿＿＿＿＿＿＿＿＿＿＿＿＿＿＿＿＿＿＿＿＿＿＿＿＿＿

服务次数	第1次	第2次	第3次	第4次	第5次
服务时间					
服务地点					
服务主题					
心得体会					
活动照片					

四、实践参阅

北京 2022 年冬奥会和冬残奥会赛会志愿者

北京 2022 年冬奥运会和冬残奥会赛会志愿者全球招募启动仪式于 2019 年 12 月 5 日举行。本次赛会共设立 5 个志愿服务项目，包括：前期志愿者项目、测试赛志愿者项目、赛会志愿者项目、城市志愿者项目、志愿服务遗产转化项目。赛会志愿者主要有 6 类来源，包括：高校本专科生及研究生志愿者、中学生志愿者、各省区市志愿者、港澳台志愿者、海外华侨华人志愿者、国际志愿者。赛会志愿者会分布在北京、延庆、张家口 3 个赛区及其他场所、设施等提供服务，服务类别包括：对外联络服务、竞赛运行服

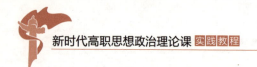

务、媒体运行与转播服务、场馆运行服务等12类。

在2022年北京冬奥会闭幕式上，6位志愿者代表走到舞台中央接受了对他们的感谢。国际奥委会主席巴赫在致辞中表示："我要对所有志愿者说，你们眼中的笑意温暖了我们的心田，你们的友好善意将永驻我们心中。"

2022年4月7日，国际奥委会主席托马斯·巴赫致信北京2022年冬奥会、冬残奥会志愿者，再次向他们表达感激与敬意。致信内容如下：

亲爱的志愿者们：

今天，你们各自冬奥志愿工作之后的隔离期都已结束。我能想象到，当你们重新投入家人怀抱，与好友久别后重逢，这样的场景是多么动人。请尽情地享受这一时刻，欢畅地与大家分享你的冬奥记忆。

北京冬奥会、冬残奥会的志愿者们，在此，我想向你们所有人致以最诚挚的感激和最深厚的敬意！

北京创造了历史，成为世界上首座既举办过夏奥会又举办过冬奥会的"双奥之城"！在奥林匹克运动的历史书写下这一伟大篇章的过程中，你们是至关重要、不可或缺的一分子。你们可以以此为豪！

是你们让北京冬奥会、冬残奥会成功、圆满举办！你们做到了！

你们为奥运会奉献了真情与激情，你们的表现和行为真正暖人心灵。运动员感受到了你们的温暖，我们在奥林匹克社会中的每一个人都感受到了你们的温暖。我们为此将永远感激你们！

正如运动员一样，你们同样向全世界展现，只有大家团结在一起，我们才能跑得更快、瞄得更高、变得更强！

亲爱的志愿者们，我代表全部奥林匹克社会，向你们道一声感谢，感谢你们为北京冬奥会、冬残奥会的伟大成功作出了自己的卓越贡献！你们的一张张笑脸温暖我们每个人的内心。

在此，我想再重复一次我在北京冬奥会闭幕式上所言：志愿者，谢谢你们！（Thank you, volunteers！）谢谢你们，中国朋友！（Thank you, our Chinese friends！）

资料来源：中国日报网，2022年4月7日

拓展阅读

专题 7：品悟良好家风
——"中华经典家书"诵读

一、实践导入

家书寄语，纸短情长。家书是一种悠久的通信方式，是亲人遥寄相思、沟通心灵的纽带，同时也是我国传统文化的重要载体。家书是家风文化体现的重要形式，其中所体现出的爱国情怀及奋进力量更是激励着一代又一代中华儿女为实现中华民族伟大复兴而接续前行。诵读家书，将家书中传达出的民族基因与时代内涵相结合，有利于增强民族文化自信，引导人们坚持中国道路、弘扬中国精神、凝聚中国力量。

二、实践形式

中华经典家书诵读＋视频制作

三、实践活动

1. 活动目标

中华民族是英雄辈出的伟大民族，其经典家书中蕴含的人生道理，是最真实的历史读物、最生动的教材，也是先辈们留给后人无比珍贵的精神财富。穿越时空隧道，与先辈们展开心灵对话，一起回忆古圣先贤、革命先烈的家国情怀，一起感受经典家书背后积极的价值追求。通过诵读经典家书，形成浓厚的读书氛围，体会先辈们对革命事业崇高的敬意、对人生目标的不懈追求及他们对亲朋的牵挂之情。

2. 活动准备

（1）教师层面：任课教师在课前布置活动任务要求，讲解实践方案；指导学生挑选诵读篇目，篇目不宜过长，时间不超过 3 分钟。

（2）学生层面：学生通过网络查找、图书馆查阅等方式挑选合适的诵读篇目，熟悉该篇目，设计诵读的形式、视频、背景音乐等，挑选合适的地点完成诵读视频拍摄。

（3）班级层面：班委会组织同学挑选合适的诵读篇目，每位同学的诵读篇目不能重复，安排好诵读的顺序，形成浓厚的诵读学习氛围。

3. 活动过程

（1）选取篇目：每位学生选择合适的篇目，与教师积极沟通，确定家书诵读的内容，做到流利诵读，并设计好视频拍摄的具体形式。

（2）视频拍摄：每位学生完成一个诵读视频的拍摄。

（3）视频展示：班级安排好诵读顺序，课堂上展示诵读视频。

（4）作品提交：每位同学将自己的诵读视频上传至课程教学平台，文件名为"班级+姓名+作品名称"。

4. 活动评价

（1）学生自评：课堂展示完成后，由学生进行总结评价，对作品的不足及改进完善之处、视频拍摄过程中的体悟进行分享，对自己的作品给出客观评价。

（2）学生互评：学生提交诵读视频后，由其他同学在课程教学平台上完成打分及评价。

（3）教师考评：教师根据作品内容、视频质量给出评价，综合师生评价结果，择优宣传推介。

附件

"中华经典家书"诵读评分表

专业班级：_____   学生姓名：_____

诵读项目：_____

考核评价内容	分值	自评得分	互评得分
选材紧扣主题，体现对中华优秀传统文化的继承和弘扬。内容蕴意深刻，引人思考	30分		
脱稿诵读、普通话标准、吐字清楚。语气、语调、节奏富于变化，激情昂扬有感染力	30分		
着装整洁得体，举止自然大方，精神饱满	10分		
姿态、手势、表情、眼神能准确自然地表达朗诵内容和思想感情	15分		
视频剪辑合理，效果自然，画面清晰，镜头稳定	15分		
教师点评：			

教师评分：

年　　月　　日

四、实践参阅

1. 曾国藩家书（节选）

> 致诸弟·读书必须有恒心

四位老弟足下：

前月寄信，想已接到。余蒙祖宗遗泽、祖父教训，幸得科名，内顾无所忧，外遇无不如意，一无所缺矣。所望者，再得诸弟强立，同心一力，何患令名之不显？何愁家运之不兴？欲别立课程，多讲规条，使诸弟遵而行之，又恐诸弟习见而生厌心；欲默默而不言，又非长兄督责之道，是以往年常示诸弟以课程，近来则只教以有恒二字。所望于诸弟者，但将诸弟每月功课写明告我，则我心大慰矣。

乃诸弟每次写信，从不将自己之业写明，乃好言家事及京中诸事。此时家中重庆，外事又有我照料，诸弟一概不管可也。以后写信，但将每月作诗几首，作文几首，看书几卷，详细告我，则我欢喜无量。诸弟或能为科名中人，或能为学问中人，其为父母之令子一也，我之欢喜一也。慎弗以科名稍迟，而遂谓无可自力也。如霞仙今日之身份，则比等闲之秀才高矣。若学问愈进，身份愈高，则等闲之举人、进士又不足论矣。

学问之道无穷，而总以有恒为主。兄往年极无恒，近年略好，而犹未纯熟。自七月初一起，至今则无一日间断，每日临帖百字，抄书百字，看书少亦须满二十页，多则不论。自七月起至今，已看过《王荆公全集》百卷，《归震川文集》四十卷，《诗经大全》二十卷，《后汉书》百卷，皆朱笔加圈批。虽极忙，亦须了本日功课，不以昨日耽搁而今日补做，不以明日有事而今日预做。诸弟若能有恒如此，则虽四弟中等之资，亦当有所成就，况六弟、九弟上等之资乎？

明年肄业之所，不知已有定否？或在家，或在外，无不可者。谓在家不好用功，此巧于卸责者也。吾今在京，日日事务纷冗，而犹可以不间断，况家中万万不可及此间之纷冗乎？树堂、筠仙自十月起，每十日作文一首，每日看书十五页，亦极有恒。诸弟试将朱子《纲目》过笔圈点，定以有恒，不过数月即圈完矣。若看注疏，每经亦不过数月即完，切勿以家中有事而间断看书之事，又弗以考试将近而间断看书之课。虽走路之日，到店亦可看；考试之日，出场亦可看也。

兄日夜悬望，独此有恒二字告诸弟，伏愿诸弟刻刻留心。幸甚幸甚。

兄国藩手草

道光二十四年十一月二十一日

资料来源：编者根据相关资料整理编写

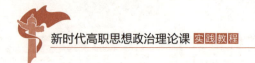

2. 陈觉家书

陈觉、赵云霄是一对革命伴侣，两人于 1925 年在苏联莫斯科中山大学学习期间相遇，后结为伉俪。学成后夫妇二人一同回国，投身革命。1928 年初秋，陈觉和已怀身孕的赵云霄在湖南先后被捕，面对国民党的威逼利诱，两人铁骨铮铮，誓不叛党。无计可施的敌人，残忍地判处了他们死刑。

这封家书是陈觉在就义前 4 天，给妻子留下的生离死别的信，饱含着"宁为玉碎、不为瓦全"的英雄气概，饱含着对妻子的绵绵深情，饱含着对父母无限的感恩和思念。1928 年 10 月 14 日，陈觉在给爱妻赵云霄留下一封满含深情的诀别信后，从容赴死，时年 25 岁。

云霄我的爱妻：

这是我给你的最后的信了，我即日便要处死了，你已有身（孕），不可因我死而过于悲伤。他日无论生男或生女，我的父母会来抚养他的。我的作品及我的衣物，你可以选择一些给他留作纪念。

你也迟早不免于死，我已请求父亲把我俩合葬。以前我们都不相信有鬼，现在则唯愿有鬼。"在天愿为比翼鸟，在地愿为并蒂莲，夫妻恩爱永，世世缔良缘。"回忆我俩在苏联求学时，互相切磋，互相勉励，课余时间闲谈琐事，共话桑麻，假期中或滑冰或避暑，或旅行或游历，形影相随。及去年返国后，你路过家门而不入，与我一路南下，共同工作。你在事业上、学业上所给我的帮助，是比任何教师任何同志都要大的，尤其是前年我本已病入膏肓，自度必为异国之鬼，而幸得你的殷勤看护，日夜不离，始得转危为安。那时若死，可说是轻于鸿毛；如今之死，则重于泰山了。

前日父亲来看我时还在设法营救我们，其诚是可感的，但我们宁愿玉碎却不愿瓦全。父母为我费了多少苦心才使我们成人，尤其是我那慈爱的母亲，我当年是瞒了他（她）出国的。我的妹妹时常写信告诉我，母亲天天为了惦念她的在异国的爱儿而流泪，我现在也懊悔此次在家乡工作时竟不去见他（她）老人家一面，到如今已是生死永别了。前日父亲来时我还活着，而他日来时只能看到他的爱儿的尸体了。我想起了我死后父母的悲伤，我也不觉流泪了。

云！谁无父母，谁无儿女，谁无情人！我们正是为了救助全中国人民的父母和妻儿，所以牺牲了自己的一切。我们虽然是死了，但我们的遗志自有未死的同志来完成。大丈夫不成功便成仁，死又何憾！

此祝健康

并问王同志好

觉手书

一九二八年十月十日

资料来源：湖南日报，2022 年 7 月 7 日

拓展阅读

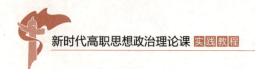

专题 8：注重榜样引领
——"我身边的道德模范"故事分享

一、实践导入

道德力量，时代精神。道德模范主要指思想和行为能够激励人们不断向善且为人们所崇敬、模仿的先进人物。他们是奋斗的前行者、社会的引领者。国无德不兴，人无德不立。党的十八大以来，习近平总书记高度重视道德建设，多次会见全国道德模范代表并为他们点赞，引导人们向道德模范学习，争做崇高道德的践行者、文明风尚的维护者、美好生活的创造者。聚焦青年群体，习近平总书记谆谆教诲，"青年要把正确的道德认知、自觉的道德养成、积极的道德实践紧密结合起来，不断修身立德，打牢道德根基"，号召青年学生尊崇道德模范、学习道德模范。

二、实践形式

小组故事分享+课堂讨论

三、实践活动

1. 活动目标

寻找身边的道德模范人物，了解和学习身边道德模范的先进事迹，发挥道德模范的榜样、标杆价值，挖掘道德模范思想和行为中诠释的道德内涵，展现道德的力量。深化道德教育与认知，把提高道德认知与躬行道德实践统一起来，引导青年学生学习道德模范助人为乐、见义勇为、诚实守信、敬业奉献、孝老爱亲等崇高品格，见贤思齐、崇德向善、身体力行、知行合一，促进将道德要求内化为个人的道德品质，外化为实际的道德行为，推动青年学生的道德素质和社会文明程度不断迈向更高水平。

2. 活动准备

（1）教师层面：在教材的"专题6遵守道德规范锤炼道德品格"课程结束后开展故事分享。任课教师提前1～2周布置活动任务，明确要求；将学生分成若干小组，每组5～8人，选定1人为组长；指导学生利用课余时间搜集、整理道德模范的先进事迹与视频，制作成PPT。

（2）学生层面：学生按照要求分小组，收集身边道德模范先进事迹及视频资料，并以故事分享形式,整理制作PPT,准备发言稿。PPT制作完成后,学生根据教师意见调整和完善。

(3)班级层面:班委会选拔两名主持人,主持人准备好台词。

3. 活动过程

(1)故事分享:课堂上学生分组讲述故事,分享身边道德模范的先进事迹,分析先进模范的思想和行为,传承中华传统美德,树立可以学、能够学的标杆。时间控制在6分钟以内。

(2)课堂讨论:发挥榜样作用,挖掘身边道德模范的业绩、精神、品质,引导学生见贤思齐。课堂上学生开展讨论、交流,提升道德认知;教师记录并适时点评,多激励肯定学生。

(3)传承与践行:学生对照自身行为,寻找差距。采取实际行动,从自我做起、从小事做起、从身边事做起,实现从现实自我向理想自我的飞跃。

4. 活动评价

(1)学生自评:小组分享后,学生对本小组的表现给予客观评价。

(2)学生互评:根据故事分享的选材、内容、现场表现力等给予客观评价。

(3)教师考评:教师对各小组故事分享情况给予客观评价,对主持人的表现给予正向激励。

附件

"我身边的道德模范"故事分享评价表

序号	小组成员(组长排第一)	展示内容及形式	评分
1			
2			
3			
4			
5			
6			

评分标准(100分):

1.PPT内容(50分):选材得当,主题突出,观点鲜明。

2.展示效果(40分):表现力强,语速适中,富有真情实感。

3.时间掌控(5分):时间控制在5分钟之内。

4.创新(5分):表现形式新颖,特色鲜明。

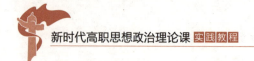
四、实践参阅

1. 全国助人为乐模范张桂梅

张桂梅，女，满族，1957年6月生，中共党员，云南省丽江华坪女子高级中学党支部书记、校长。

她膝下没有儿女，却是170多个孩子的"妈妈"；她推动创建了全国第一所免费女子高级中学，让越来越多的贫困山区女孩圆了大学梦；她倾心倾力帮助民族地区师生、困难群众，将积蓄全部用于兴教办学、扶贫济困。张桂梅用爱点亮乡村女孩的人生梦想。

张桂梅是一位从教40余年的资深老教师。2001年起，张桂梅一边在中学当教师，一边兼任了华坪县儿童福利院院长。福利院创办20年来，共计接收了172名孤儿，张桂梅一直义务担任院长。她将每一个孩子都视如己出，教他们读书识字，引导他们养成良好的卫生习惯，树立正确的人生观、价值观。

长期从事教书育人工作和儿童福利院的管理经历，让张桂梅认识到贫困山区的落后主要是教育落后，其中女孩受教育的程度更低，于是她决心帮助更多贫困山区女孩走出大山。2002年起，张桂梅开始为这个"很难实现"的梦想四处奔走，争取支持帮助。2008年8月，全国第一所全免费的女子高级中学——丽江华坪女子高级中学建成。

学校建成当年便招收了来自丽江市华坪、永胜、宁蒗等地区的100名女孩。可没多久，第一年招收的学生中就有6人提出退学。如何留住山区的女孩子？她又开启了艰难的家访路。很多学生的家位于路况极差的山区，两个假期里，张桂梅即便马不停蹄也只能走访一个年级学生的家，途中她摔断过肋骨、迷过路、发过高烧、旧疾复发晕倒过，但她从未放弃，一条家访路坚持了10多年。做通了家里人的思想工作，越来越多的女孩走进校园，用知识改变命运。建校以来，已有1 804名贫困山区女孩走进大学完成学业，在各行各业为社会作出贡献。

张桂梅扎根和服务在偏远地区，模范践行着共产党人的初心使命。她经常自掏腰包给群众治病、修路、建水窖，帮助群众协调纠纷、化解矛盾、发展产业。她艰苦朴素，对自己近乎"抠门"，却时时想着群众，把工资、奖金，甚至社会捐助的诊疗费累计100多万元都捐出来，用在了兴教办学、扶贫济困方面。2006年，云南省政府奖励的30万元，她全部捐给了一座山区小学用来改建校舍。

张桂梅被授予"七一勋章"，荣获全国脱贫攻坚楷模、全国优秀共产党员、"时代楷模"、"感动中国2020年度人物"、全国三八红旗手等荣誉。

资料来源：中国文明网，2021年8月28日

2. 全国见义勇为模范崔译文

崔译文，1999 年 2 月生，桂林电子科技大学 2018 级学生。2019 年 3 月 10 日晚，崔译文和同班女生小梁结伴回寝室的路上遇到持刀凶徒。面对凶徒手中冰冷的尖刀，为了保护同学，崔译文挺身而出。她身中 8 刀，胆囊和肝脏受伤，失血较多。同学身中 15 刀，受伤更严重，但如果不是崔译文的保护，后果不堪设想。经过医护人员的救治，两人最终都脱离了危险。回忆起自己当时的举动，崔译文说："我是军人的孩子。我知道，如果我不冲上去，她可能会死。"

崔译文见义勇为的壮举感动了全社会，她先后获得"最美大学生""全国三八红旗手""全国向上向善好青年"等荣誉。

资料来源：中国文明网，2022 年 1 月 11 日

3. 全国诚实守信模范支月英

支月英，女，汉族，1961 年 5 月生，中共党员，江西省奉新县澡下镇白洋教学点负责人。

支月英跋涉了许多路，但总是围绕大山；吃了很多苦，但给孩子们的都是甜。"坚守才有希望"，这是她的信念。41 年过去了，1 100 多名孩子走出了大山，支老师却一直守在原处，不曾离开，她是"梦想守护人"。

1980 年，年仅 19 岁的支月英不顾家里强烈反对，只身来到边远山村泥洋小学任教，后又辗转到更为偏远的白洋教学点。从此，她一干就是 41 年。从肩挑手提教学工具步行 20 里山路，到一个人骑坏 6 辆摩托车，她已记不清多少次浑身泥泞、雨中翻车，但为了孩子们，她无怨无悔。她常说："不是因为有希望才选择在山里坚守，而是因为坚守才能看到希望。我的一生就为了守护孩子们的梦想而来！"以支月英为原型的电影《一生只为一事来》感动了千千万万的中国人。

"不让一个孩子因贫失学、辍学"，这是多年来支月英孜孜以求的目标。有一年开学，由于发现学生刘强没来上学，支月英赶紧上门家访。一到刘强家，她就看见他的妈妈眉头紧锁，爸爸蹲在地上闷头抽着旱烟。见到支老师来了，刘强哭着喊着要去上学。刘强妈妈哽咽着说："谢谢支老师过来，可家里实在拿不出孩子的学费啊。"支月英马上从口袋里掏出刚发的工资递给她："你们拿去用吧，但是孩子绝对不能不读书。"刘强的父亲含着泪接过钱，深深地向她鞠了一躬……

这样的事情，支月英做了一次又一次。除了帮助本地贫困学生外，支月英还经常向外地贫困学生伸出援助之手。为了能够资助更多学生，她利用节假日，跟着壮劳力去山里扛木头、拉毛竹。有一次跟车装运出了车祸，支月英昏迷了很长时间才苏醒过来。支

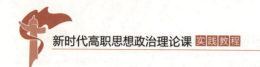

月英怕耽误上课没有及时下山就医，错过了最佳治疗时间，导致右耳失聪、右眼失明。

如今，不论是泥洋小学、白洋教学点，还是奉新县澡下镇的其他学校，办学条件都得到极大改善，受到支月英事迹的影响，这里也有了年轻的支教老师，教育均衡发展正在逐步实现。

支月英荣获全国脱贫攻坚先进个人、全国优秀共产党员、全国三八红旗手标兵、全国模范教师、最美奋斗者等荣誉。

资料来源：中国文明网，2022 年 9 月 10 日

4. 全国孝老爱亲模范陈重私

陈重私 4 岁时，父亲因病去世，那时弟弟才 1 岁；11 岁时，因小儿麻痹症导致双腿残疾的母亲，又不幸患上红斑狼疮。从那时起，照顾母亲和年幼弟弟的重任，就落在了陈重私稚嫩的肩膀上。

"上高三时，我有一次没来上学，请假到医院照顾生病住院的妈妈。老师和同学们知道后，特意为我召集了一场捐款，有 1 万多元钱。上大学以后，同学们也为我的母亲捐助过钱。这些情谊，我都放在心底！"陈重私接受采访时说。

在同学群里，陈重私回复了这样一段话："以前遇到困难的时候，多亏有老师和同学们的帮助，谢谢！每每想起过去的点滴都让我热泪盈眶。祝你们学业进步、工作顺利，我向你们学习助人为乐的精神，你们也是我的榜样！"

2018 年，为了照顾母亲，陈重私毅然放弃省外求学的理想，选择留在海南读书，并决定带着母亲上大学。他把妈妈安置在学校附近的出租屋里，每天"掐"着时间为妈妈喂水、做饭、按摩。妈妈偶尔病情加重时需要住院，陈重私就放弃休息，每天骑着电动自行车数次往返医院与学校之间。为了交学费，陈重私同时打了几份零工。平时，他用一辆二手电动车送快递。海口的夏天温度很高，他顶着高温送快递，被晒得黝黑，但一点也不觉得苦。"只要一下课，我就往外跑，总是在赶时间。"寒暑假期间，陈重私到出租屋附近的饭店当传菜工，盘子托着的菜品很重，身材瘦弱的他每一次都要很小心。"千万不能打碎了，否则妈妈下次看病的钱就没有了。"过年时，陈重私就去附近的超市当货物搬运工，把货物从仓库搬运到超市里。"所有的工作我只有一点要求，中午和晚上能回家，方便照顾妈妈就可以。"陈重私说。

为了让妈妈放心，陈重私在海南省工商职业学院读书期间刻苦求学、表现突出，先后获得国家级、校级奖学金和荣誉。学习之余，他还申请了学校的勤工俭学岗位。

陈重私有一个小本子，里面记录着他收到的每一笔捐款、遇到的每一位好人。"有一次，妈妈在医院住院，一个好心人趁我不注意时在妈妈床头放了几千块钱，不仅没有

留下手机号码，更没有留下姓名，我和母亲都非常感动！"2020年9月，母亲因为病重离世。在弥留之际，母亲叮嘱陈重私："照顾好弟弟，好好活着！……"

一路走来，陈重私内心充满感恩，"在今后的工作和生活中，我要尽力去帮助有需要的人，将爱和温暖传递下去！"

2021年6月，作为海南工商职业学院的推优人选，陈重私入职成为中建一局北京分公司海口市国际免税城项目的一名机电工长。海口市国际免税城是海南省重点建设项目，陈重私也正式成为一名海南自贸港的建设者。海口市国际免税城项目党支部副书记赵强说："工作中，陈重私吃苦耐劳、勤奋学习，细心钻研机电施工工艺及管理要领，在师傅的带领下，成长迅速。更值得一提的是，他在工作中发挥艰苦朴素、爱岗敬业、乐于助人的优良作风。"作为单位志愿服务队的一员，陈重私入职以来全程参与了单位组织的志愿活动11次。他在海南省2021年建设工程质量安全标准化观摩会上担任机电科技展厅专职讲解员，他独树一帜的讲解风格赢得了与会代表的赞扬。

资料来源：中国文明网，2021年11月17日

专题 9：坚持德法兼修
——"法治VS德治"课堂辩论赛

一、实践导入

法安天下，德润人心。习近平总书记强调，"实现法律和道德相辅相成、法治和德治相得益彰"。国家和社会治理需要法律和道德共同发挥作用，中华民族五千多年文明史一再证明了"为政以德"和"治国者，必以奉法为重"的深刻道理。发挥法治对道德的保障作用及道德对法治的支撑作用，坚持依法治国和以德治国相结合，是中国特色社会主义法治道路的鲜明特征，是建设社会主义法治国家必须遵循的基本原则。

二、实践形式

课堂辩论赛 + 心得分享

三、实践活动

1. 活动目标

立德树人是高校的根本任务，青年学生作为未来的国家建设者，承担着重要的历史使命。将法治教育与德治教育相融合不仅有利于提高学生道德水平、法治素养，同时有利于我国道德建设和精神文明建设。当代青年学生总体表现出积极向上的特点，但是部分学生受到外来文化的冲击和社会上一些不良现象的影响，表现出公德意识缺失、法治素养不高等行为，开展法治与德治的辩论，能更好地引导学生理解相关概念，关注社会中的热点话题，辨明其中的道理，树立正确的世界观、人生观、价值观。

2. 活动准备

（1）教师层面：任课教师在活动开始前 1～2 周布置任务，发布辩论赛流程，指导学生做好辩论赛的准备工作；指导班委会进行比赛流程制定，拟订评分标准和活动计划。

（2）学生层面：正反两方同学搜集资料准备辩论内容，其余同学分别作为正反双方后援团，协助正反两方准备资料。

（3）班级层面：班委会提交活动策划书，选出正反双方代表队，推选出 1 位同学担任主席，6 位同学担任评委，2 位同学担任计时员。

3. 活动过程

（1）课堂辩论：正反双方按辩论赛流程开展课堂辩论，由辩论赛主席全程把控。

（2）课内指导：任课教师就学生表现给予指导。

（3）课堂讨论：其他同学自由发言，谈谈对辩论赛的感悟和心得。

（4）活动总结：班委会对本次实践活动进行总结。

4. 活动评价

（1）学生自评：正反双方选出代表对辩论赛的准备和辩论过程进行自评，讲清楚有何优点和不足，哪些地方需要改进。

（2）学生互评：选出评委代表对本次课堂辩论赛进行点评。

（3）教师考评：教师依托课程教学平台发布问卷，由全体学生及教师参与问卷，共同评选出本次辩论赛的冠亚军、最佳辩手、最具人气辩手。

附件

辩论赛流程及规则

一、主席致辞

宣布辩题；介绍参赛代表队及其所持立场，介绍参赛队员；简单介绍比赛流程和规则；介绍评委及点评嘉宾。

二、比赛阶段

（一）开篇陈词

1. 正方一辩发言。（立论）（2分30秒）

2. 反方一辩发言。（立论）（2分30秒）

（注：每方队员在用时剩余30秒时，计时员提醒辩手；时间用完时，计时员举红牌宣布终止发言。）

（二）攻辩

1. 正方二辩针对反方二辩或三辩提问。

2. 正方三辩针对反方二辩或三辩提问。

3. 反方二辩针对正方二辩或三辩提问。

4. 反方三辩针对正方二辩或三辩提问。

（注：每一轮攻辩阶段为1分30秒，攻方每次提问不得超过10秒，每轮必须提出三个以上的问题。辩方每次回答不得超过20秒。用时满时，计时员举红牌宣布终止发言，不得再提问或回答。重复提问、回避问题均被适当扣分。）

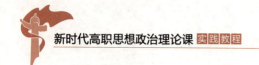

（注：攻辩双方必须正面回答对方问题，提问和回答都要简洁明确。重复提问和回避问题均被扣分。每一轮攻辩的攻辩角色不得互换，辩方不得反问，攻方也不得回答问题。）

（三）攻辩小结

1.正方一辩进行攻辩小结。（1分30秒）

2.反方一辩进行攻辩小结。（1分30秒）

（注：在攻辩小结阶段，每方用时剩余10秒时，计时员提醒辩手；时间用完时，计时员举红牌宣布终止发言。）

（四）自由辩论

正反双方辩手自动轮流发言。每方限时5分钟，双方总计10分钟。发言辩手落座为发言结束，也即另一方发言开始的计时标志，另一方辩手必须紧接着发言；若有间隙，累积计时照常进行。同一方辩手的发言次序不限。如果一方时间已经用完，另一方可以继续发言，也可向主席示意放弃发言。自由辩论提倡积极交锋，不能对重要问题回避交锋两次以上，对于对方已经明确回答的问题，不能纠缠不放。

（注：自由辩论阶段，每方使用时间剩余30秒时，计时员以一次短促的铃声提醒；用时满时，计时员举红牌宣布终止发言。）

（五）总结陈词

1.反方四辩总结陈词。（4分钟）

2.正方四辩总结陈词。（4分钟）

（注：应有针对性地对辩论会整体态势进行总结。每方队员在用时剩余30秒时，计时员提醒；时间用完时，计时员举红牌宣布终止发言。）

其他注意事项：

①在辩论时不要随意打断别人的话。

②不可进行人身攻击。

③尊重主席及评委的评判。

④普通话不标准的适量扣分。

⑤除辩论开始时一辩必须说"主席、评委、大家好"，其余皆可省去。

⑥在辩论中，辩手可以使用道具、图表和物品等作为辅助手段以强化自己的陈辞，但尺寸不能过大，以免遮挡。

⑦在每场比赛中，辩手的辩位都不能变动。

三、观众提问

观众可向正反双方各提问题，正反双方各回答两个观众提出的问题，双方除四辩外任意辩手作答。一个问题的回答时间为1分钟，如一位辩手的回答用时未满，其他辩手可以补充。

"法治VS德治"课堂辩论赛评分表

团队评分			
评分内容	评分要点	正方得分	反方得分
开篇立论 （20分）	立论逻辑清晰，论据充分恰当，体现正确的价值观，语言表达流畅		
攻辩 （20分）	表达清晰，回答问题准确		
自由辩论 （20分）	能把握论辩主动权，能针对对方论点、论据进行有力反驳		
总结陈词 （20分）	语言表达具有说服力和逻辑性，总结本方的立场及反驳对方的进攻有理有据		
团队配合 （20分）	团队配合良好，临场反应较强，有团队精神		
团队总分			

个人评分									
评分内容	评分要点	正方				反方			
		一辩	二辩	三辩	四辩	一辩	二辩	三辩	四辩
语言表达 （20分）	普通话标准，语速适中，表达流畅，措施得当								
逻辑推理 （20分）	推导过程清晰，论证结果有力								
辩驳能力 （20分）	反驳有理有据，引用实例恰当								
临场反应 （20分）	反应敏捷，语言和肢体动作配合良好								
团队意识 （20分）	分工合理，尊重对方辩友、评委和观众								
个人总分									

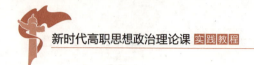

四、实践参阅

1. 全国首份"家庭教育令"

2020 年 8 月，原告胡某和被告陈某协议离婚，约定女儿胡小某由其母亲即被告陈某抚养，原告每月支付抚养费。一个月后，因被告再婚，有两三个星期未送胡小某去上学。自 2020 年 12 月 10 日起，原告以全托、找保姆的方式让当时年仅 7 岁的胡小某单独居住，原告住在距胡小某住处 20 公里的乡下别墅内，被告每周末去接孩子。原告胡某认为，离婚后被告陈某未按约履行抚养女儿的义务，遂将陈某诉至法院，请求法院判令将女儿胡小某的抚养权变更给原告。经法庭询问，胡小某表示更愿意和妈妈陈某在一起生活。法院经审理认为，原、被告离婚后，对未成年女儿胡小某仍负有抚养、教育和保护的义务。本案原、被告双方都存在怠于履行抚养义务和承担监护职责的行为，忽视了胡小某的生理、心理与情感需求。鉴于胡小某表达出更愿意和其母亲即被告一起共同生活的主观意愿，法院判决驳回原告的诉讼请求。同时，法院认为，被告陈某在无正当理由的情况下由原告委托保姆单独照护年幼的女儿，属于怠于履行监护职责和怠于承担家庭教育责任的行为，根据《中华人民共和国家庭教育促进法》（以下简称《家庭教育促进法》）的相关规定，应予以纠正。因此，在发出判决书的同时，法院向胡小某母亲即被告陈某发出了全国首份《家庭教育令》。该教育令要求陈某多关注胡小某的生理、心理状况和情感需求，与老师至少每周联系一次；并要求陈某与胡小某同住，由自己或近亲属亲自养育与陪伴胡小某，切实履行监护职责，承担起家庭教育的主体责任，不得让胡小某单独与保姆居住生活。

《家庭教育促进法》作为我国家庭教育领域的第一部专门立法，将家庭教育由传统的"家事"，上升为新时代的"国事"；全国首份《家庭教育令》的发出，让《家庭教育促进法》的落实落地有了强有力的抓手。《家庭教育促进法》的颁布与全国首份《家庭教育令》的发出，共同开启了"依法带娃"新时代，对于全面保护未成年人健康成长具有重大而深远的意义。全国首份《家庭教育令》的发出，是国家司法机关对儿童权利保护的重大创新，是儿童利益最大化原则在司法领域的生动实践。"家庭教育令"是人民法院落实家庭教育促进法的重要司法举措，是依法约束和惩戒家庭教育中"养而不教、监而不管"行为的有力司法手段。在法令中明确孩童的需求高于父母的需求，是社会进步的标志。

资料来源：连云港市中级人民法院，2023 年 2 月 2 日

2. 侵害袁隆平院士名誉、荣誉民事公益诉讼案

被告张某在袁隆平院士逝世之际，利用境外信息网络平台公然发表、转推侮辱、诋毁袁隆平院士的推文。原告天津市人民检察院第二分院认为，张某的上述行为不仅侵害了袁隆平院士的名誉和荣誉，而且有损社会主义核心价值观，损害了社会公共利益，故在征得袁隆平院士家属的同意下，向法院提起英烈保护民事公益诉讼。法院经审理认为，袁隆平院士系众所周知的杂交水稻之父、共和国勋章的获得者，毕生为解决中国人民的温饱、保障国家粮食安全、世界和平和社会进步等作出了卓越贡献，属于《中华人民共和国英雄烈士保护法》（以下简称《英雄烈士保护法》）保护的英雄模范人物。张某作为普通公民，对袁隆平院士所体现的民族精神和公众情感，应当具有普通民众所具有的认知和觉悟。其在袁隆平院士逝世后，利用境外信息网络平台发表及转推侮辱、诋毁袁隆平院士的推文，亵渎了袁隆平院士的事迹和精神，丑化其形象，贬损其名誉，超出了言论自由的合法范围，张某的行为不仅侵害了袁隆平院士的人格利益，也给其亲属造成精神痛苦，同时伤害了社会公众的民族和历史感情，损害了社会公共利益，故判决张某在国家级新闻媒体上公开赔礼道歉、消除影响。

袁隆平院士是著名的杂交水稻之父，其名誉及荣誉承载着社会主义核心价值观、民族精神等社会公共利益，本案审理受到社会各界广泛关注。案件的庭审和宣判邀请了人大代表、政协委员、高校师生及中央和天津市主流媒体记者旁听。通过公开庭审和当庭宣判，进一步加深了社会公众对袁隆平院士事迹及精神的了解，加强社会公众对《英雄烈士保护法》的学习与理解，警示社会公众禁止实施侵害英雄烈士人格利益的行为，引导广大民众崇尚英烈、捍卫英烈、学习英烈、关爱英烈，对传承和弘扬英雄烈士精神、爱国主义精神，培育和践行社会主义核心价值观具有积极意义。

资料来源：连云港市中级人民法院，2023 年 2 月 2 日

拓展阅读

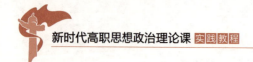

专题 10：提升法治素养
——法律知识答题比赛

一、实践导入

法治兴则民族兴，法治强则国家强。法律是治国之重器。法律知识包括法律、法规方面的知识和法律原理、原则方面的知识。学习和掌握基本的法律知识，是提升法治素养的前提。开展法律知识答题比赛是普及和激励青年学生学习法律知识，更好地领会法律精神，提升法治素养的重要途径。

二、实践形式

检测训练+答题比赛

三、实践活动

1. 活动目标

通过比赛使学生学习和掌握法律、法规方面的知识和法律原理、原则方面的知识，有目的地加强法律知识学习与积累，学习法治思想、培养法治思维、尊重法律权威、提高用法能力、提升法治素养；引导青年学生增强尊法、学法、守法、用法意识，做社会主义法治的忠实崇尚者、自觉遵守者、坚定捍卫者。

2. 活动准备

（1）教师层面：任课教师制定"法律知识答题比赛"活动方案，明确活动的目的、意义、规则、流程等，准备比赛活动奖状、奖品。提前2周安排学生任务并告知学生比赛规则：比赛设置初赛、复赛、决赛三个轮次，最终决出6名获奖选手。教师建立法律知识比赛题库，试题库内容包括宪法、刑法、民法典、劳动法、行政法、治安管理处罚法、道路交通安全法、刑事诉讼法、民事诉讼法等。题型分单选题、多选题、判断题等。

（2）学生层面：学生依据比赛规则，熟悉试题库，利用题库开展检测训练，做好备赛工作。

（3）班级层面：选出两名主持人，并布置任务准备主持台词。

3. 活动过程

（1）宣布规则：两名主持人宣布比赛规则和流程。比赛实行个人积分排名制。

（2）初赛选拔：利用题库随机组卷测试，排名前 10 位的学生进入第二轮复赛。

（3）复赛选拔：采取必答题与抢答题相结合的积分制，排名前 6 位的学生进入第三轮决赛。

（4）决赛规则：采取抽签与风险题相结合的方式，风险题答对的加分，答错的从积分中扣分。

（5）比赛评奖：进入第三轮的 6 名选手依据最后的积分排名给予奖励，设一等奖 1 名、二等奖 2 名、三等奖 3 名。

4. 活动评价

（1）学生自评：根据取得的成绩进行自我反思。

（2）学生互评：从没有进入复赛的学生中挑选若干名学生担任评委，协助教师现场计分。

（3）教师考评：教师对法律知识答题比赛进行点评，对优秀选手进行鼓励和褒奖。依据比赛结果及学生表现，综合评定本实践活动成绩。

参考试题库

一、单选题

1. 我国宪法明确规定，中华人民共和国（   ）在法律面前一律平等。

A. 人民　　　　　　　　　　　　B. 公民

C. 国民　　　　　　　　　　　　D. 群众

2. 我国现行宪法是中华人民共和国成立以来的第四部宪法，由第五届全国人民代表大会第五次会议于（   ）年通过。

A. 1954　　　　　　　　　　　　B. 1975

C. 1978　　　　　　　　　　　　D. 1982

3. 我国宪法规定，（   ）是我国的根本制度。

A. 人民民主专政制度　　　　　　B. 生产资料公有制

C. 社会主义制度　　　　　　　　D. 人民代表大会制

4. 根据《中华人民共和国民法典》的规定，民事主体从事民事活动应当遵循（   ），按照自己的意思设立、变更、终止民事法律关系。

A. 自愿原则　　　　　　　　　　B. 诚实原则

C. 等价有偿原则　　　　　　　　D. 合理原则

5. 根据《中华人民共和国民法典》的规定，民事主体从事民事活动，不得违反法律，不得违背（　　　）。

A. 合理合法原则　　　　　　　　B. 社会经济秩序

C. 善良风俗　　　　　　　　　　D. 公序良俗

6. 建设单位、物业公司在利用小区业主共有部分产生的收益，在扣除合理成本后，剩余收益归（　　　）共有。

A. 开发商　　　　　　　　　　　B. 物业公司

C. 居委会　　　　　　　　　　　D. 小区业主

7. 根据《中华人民共和国民法典》的规定，小明被高空抛物砸中，（　　　）应当依法及时调查并查清责任人。

A. 人民法院　　　　　　　　　　B. 公安机关

C. 人民检察院　　　　　　　　　D. 居委会

8. 根据《中华人民共和国民法典》的规定，下列项目中关于限制民事行为能力人的表述，（　　　）是正确的。

A. 8周岁以上的未成年人是限制民事行为能力人

B. 3周岁以上的未成年人是限制民事行为能力人

C. 16周岁以上的未成年人，以自己的劳动收入为主要生活来源的，依然是限制民事行为能力人

D. 只要是未满18周岁的未成年人，均是限制民事行为能力人

9. 我国宪法规定，中国人民政治协商会议是有广泛代表性的（　　　）。

A. 国家机关　　　　　　　　　　B. 一般社会团体

C. 党派联盟　　　　　　　　　　D. 统一战线组织

10. 公民的政治自由包括（　　　）。

A. 人身不受非法拘禁、逮捕、限制、搜查、侵害

B. 人格尊严不受侵犯

C. 通信自由

D. 言论、出版、集会、结社、游行、示威的自由

11. 我国的个人工资、薪金所得缴纳个人所得税采用的是（　　　）税率。

A. 比例税率　　　　　　　　　　B. 超额累进税率

C. 定额税率　　　　　　　　　　D. 超率累进税率

12. 根据《中华人民共和国国家安全法》规定，(　　)依照宪法规定，决定战争状态的宣布，决定全国总动员或局部动员，决定全国或个别省、自治区、直辖市进入紧急状态，行使宪法规定的和全国人民代表大会授予的涉及国家安全的其他职权。

A. 全国人民代表大会　　　　　　　B. 全国人民代表大会常务委员会

C. 中华人民共和国主席　　　　　　D. 国务院

13. 纳税人的子女接受全日制学历教育的相关支出，按照每个子女每月(　　)元的标准定额扣除。

A. 800　　　　　　　　　　　　　B. 1 000

C. 1 200　　　　　　　　　　　　D. 2 000

14. 饮酒后驾驶机动车的，一次记(　　)分。

A. 2　　　　　　　　　　　　　　B. 3

C. 6　　　　　　　　　　　　　　D. 12

15. 在我国，有权发布通缉令的是(　　)。

A. 国家监察委员会　　　　　　　　B. 公安机关

C. 人民检察院　　　　　　　　　　D. 人民法院

16. 根据《中华人民共和国野生植物保护条例》，(　　)出售、收购国家一级保护野生植物。

A. 禁止　　　　　　B. 限制　　　　　　C. 允许

17.《中华人民共和国老年人权益保障法》所称老年人是指(　　)周岁以上的公民。

A. 55　　　　　　　　　　　　　　B. 60

C. 65　　　　　　　　　　　　　　D. 70

18. 根据我国专利法，发明专利权的期限为(　　)，自申请日起计算。

A. 20 年　　　　　　　　　　　　B. 10 年

C. 15 年　　　　　　　　　　　　D. 5 年

19. 根据《中华人民共和国野生动物保护法》规定，因科学研究、种群调控、疫源疫病监测或其他特殊情况，需要猎捕国家一级保护野生动物的，应当向(　　)野生动物保护主管部门申请特许猎捕证。

A. 国务院　　　　　B. 省、自治区、直辖市人民政府　　　　　C. 县级人民政府

20. 根据《中华人民共和国消费者权益保护法》，经营者提供的商品或服务不符合质量要求的，消费者可以依照国家规定、当事人约定退货，或者要求经营者履行更换、修理等义务。没有国家规定和当事人约定的，消费者可以自收到商品之日起(　　)内

退货。

A. 5 日   B. 7 日

C. 3 日   D. 30 日

二、多选题

1. 我国宪法规定，中华人民共和国公民对于任何国家机关和国家工作人员的违法失职行为，都有向有关国家机关提出（   ）的权利。

A. 申诉   B. 上诉

C. 控告   D. 检举

2. 我国宪法规定，中华人民共和国公民的人格尊严不受侵犯，禁止用任何方法对公民进行（   ）。

A. 批评   B. 侮辱

C. 诽谤   D. 诬告陷害

3. 无民事行为能力或限制民事行为能力的成年人，由下列（   ）有监护能力的人按顺序担任监护人。

A. 配偶   B. 父母、子女   C. 其他近亲属

D. 其他愿意担任监护人的个人或组织，但是须经被监护人住所地的居民委员会、村民委员会或民政部门同意。

4. 下列各项中，由小区业主共同决定的是（   ）。

A. 制定和修改本小区的业主大会议事规则

B. 制定和修改本小区的管理规约

C. 决定本小区业主是否能够出租自有房屋

D. 决定本小区业主是否能够出售自有房屋

5. 下列各项中，可以抵押的是（   ）。

A. 甲享有所有权的自有商品房   B. 乙持有的医师资格证书

C. 丙享有所有权的机动车   D. 丁正在开发建造某商品楼

6. 甲将自己的房屋赠与儿子乙并办理过户登记，在符合（   ）情形下，甲可以撤销赠与。

A. 乙不履行对甲的赡养义务   B. 乙不履行甲乙之间赠与合同的约定义务

C. 甲因为要炒股筹集资金   D. 甲再婚后，配偶丙不同意该赠与

7. 甲承租乙的房屋，甲在（   ）情形下，可以解除该租赁关系。

A. 乙的房屋被某法院查封

B. 甲因工作变动，不想继续承租该房屋

C. 乙的房屋属于丙所有

D. 乙的房屋属于政府禁止出租的群租隔断房

8. 甲是一位影视明星，下列各项中，可以不经过甲同意，直接使用其肖像权的是（　　）。

A. 为个人学习、艺术欣赏、课堂教学或科学研究，在必要范围内使用甲已经公开的肖像

B. 为实施新闻报道，不可避免地制作、使用、公开甲的肖像

C. 为依法履行职责，国家机关在必要范围内制作、使用、公开甲的肖像

D. 为展示特定公共环境，不可避免地制作、使用、公开甲的肖像

9. 下列各项中，属于夫妻一方个人财产的是（　　）

A. 一方的婚前财产

B. 一方因受到人身损害获得的赔偿或补偿

C. 遗嘱或赠与合同中确定只归一方的财产

D. 一方专用的生活用品

10. 我国宪法规定，国家（　　）都由人民代表大会产生，对它负责、受它监督。

A. 行政机关　　　　　　　　　　B. 监察机关

C. 审判机关　　　　　　　　　　D. 检察机关

三、判断题

1. 2018年3月11日，第十三届全国人民代表大会第一次会议通过了第五次宪法修正案。　　　　　　　　　　　　　　　　　　　　　　　　　　　　（　　）

2. 2014年11月1日，第十二届全国人民代表大会常务委员会第十一次会议通过了关于设立国家宪法日的决定，将国家宪法日确定为10月4日。　　　　　（　　）

3. 城市和农村按居民居住地区设立的居民委员会或村民委员会是基层群众性自治组织。　　　　　　　　　　　　　　　　　　　　　　　　　　　　　（　　）

4. 民事主体的人身权利、财产权利及其他合法权益受法律保护，任何组织或个人不得侵犯。　　　　　　　　　　　　　　　　　　　　　　　　　　　　（　　）

5. 自然人从出生时起到死亡时止，具有民事权利能力，依法享有民事权利，承担民事义务。　　　　　　　　　　　　　　　　　　　　　　　　　　　　（　　）

6. 自然人的民事行为能力一律平等。　　　　　　　　　　　　　　　（　　）

7. 法人以其主要办事机构所在地为住所。依法需要办理法人登记的，应当将主要

办事机构所在地登记为住所。 （　　）

8. 侵害英雄烈士等的姓名、肖像、名誉、荣誉，损害社会公共利益的，应当承担民事责任。 （　　）

9. 居住权人有权按照合同约定，对他人的住宅享有占有、使用的用益物权，以满足生活居住的需要。 （　　）

10. 自婚姻登记机关收到离婚登记申请之日起三十日内，任何一方不愿意离婚的，可以向婚姻登记机关撤回离婚登记申请。 （　　）

参考答案：

一、单选题

1. B　2. D　3. C　4. A　5. D　6. D　7. B　8. A　9. D　10. D

11. B　12. B　13. B　14. D　15. B　16. A　17. B　18. A　19. A　20. B

二、多选题

1. ACD　2. BCD　3. ABCD　4. AB　5. ACD

6. AB　7. ACD　8. ABCD　9. ABCD　10. ABCD

三、判断题

1. √　2. ×　3. √　4. √　5. √　6. ×　7. √　8. √　9. √　10. √

四、实践参阅

第七届全国学生"学宪法 讲宪法"活动全国总决赛在北京启动

为认真学习宣传贯彻党的二十大精神，纪念现行宪法公布施行四十周年，深入学习贯彻习近平法治思想，推动青少年宪法学习宣传教育走深走实，根据中央依法治国办部署和教育系统"八五"普法规划，由教育部主办，北京外国语大学全国青少年法治教育中心与外语教学与研究出版社共同承办的第七届全国学生"学宪法 讲宪法"活动全国总决赛已于 2022 年 11 月 26 日正式启动，于 27 日至 30 日通过线上方式举行。

教育部在全国青少年普法网（以下简称普法网）设立"云端主会场"，在各地设立了线上分会场。来自全国 31 个省（区、市）及新疆生产建设兵团、香港、澳门特别行政区的 283 名选手参与了比赛。

总决赛分为演讲比赛和团队知识竞赛两个项目，设有高校、高中、初中、小学等组别。各学段优秀选手结合亲身经历和学习感悟，从青少年的独特视角，用生动的语言讲述宪法和法治的故事，普及宪法知识，弘扬宪法精神，彰显宪法伟力，影响和带动更多人感受宪法的温暖，维护宪法的权威。

总决赛是全国学生"学宪法 讲宪法"系列活动的组成部分，也是 2022 年教育系统"宪法宣传周"活动的重要内容。自 2016 年起，教育部每年组织开展全国学生"学宪法 讲宪法"系列活动。活动通过宪法网络学习、"宪法卫士"行动计划、演讲比赛、知识竞赛等多种形式，引导青少年深入学习宪法知识，厚植爱党爱国爱社会主义的情怀，坚定不移听党话、跟党走，努力成为社会主义法治的忠实崇尚者、自觉遵守者和坚定捍卫者。

　　截至目前，普法网"宪法卫士"行动计划专栏的访问量已经超过 70 亿人次，有 1.5 亿学生完成了宪法在线学习与测评。新疆生产建设兵团的学生参与率达到 96.8%、黑龙江、天津、上海、重庆、四川等地均超过 80%。

资料来源：中国教育新闻网，2022 年 11 月 29 日

拓展阅读

《毛泽东思想和中国特色社会主义理论体系概论》

实践教学活动

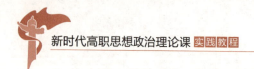

专题 1：历尽天华成此景
——"话历史，展未来"感悟分享

一、实践导入

不忘初心方能行稳致远，牢记使命才能开辟未来。习近平总书记指出："一切向前走，都不能忘记走过的路；走得再远、走到再光辉的未来，也不能忘记走过的过去，不能忘记为什么出发。"中国共产党的历史是一部不懈奋斗的历史，令人荡气回肠，给人奋进的力量；中国共产党的历史是一部理论探索史，折射着人类理性智慧的光芒；中国共产党的历史是一部精神传承史，跨越时空、历久弥新。无论是党史、新中国史、改革开放史、社会主义发展史，还是中华民族发展史（以下简称"五史"）都是构筑起中华民族精神丰碑的坚实基座。回顾历史、倾听历史，在坚定历史自信、掌握历史主动中汲取精神养分，确保红色血脉永远赓续传承。

二、实践形式

制作PPT+课堂展示+体会分享

三、实践活动

1. 活动目标

通过课前展示活动，提高学生的语言表达、历史思维和演讲等综合能力，帮助学生回顾历史、饮水思源、展望未来。深入了解中国共产党的奋斗历程，从革命人物、历史故事中汲取向上向善的精神力量，帮助学生树立正确的世界观、人生观、价值观，引导学生做到知史爱党、知史爱国，积极投身中华民族伟大复兴新征程。

2. 活动准备

（1）教师层面：任课教师在学期开始的第一次课上布置任务，学生自愿组成学习小组，小组成员原则上不超过5人，各小组确定一名组长。要求学生自选"五史"中的某一方面内容收集资料，并按照文字、图片、视频等方式分类整理，选取有价值的素材制作多媒体课件，做好课堂展示准备。

（2）学生层面：学生自行组成学习小组，明确各成员分工，自主加强对"五史"的学习，根据学习情况自主选择"五史"中某一方面的内容，按要求查阅资料，并根据资料整理制作多媒体课件，做好3分钟的课前展示准备。

（3）班级层面：班委会根据学生分组情况，确定小组的展示顺序及时间，做好协调组织工作。

3. 活动过程

（1）小组展示：各小组成员根据课前查找的资料制作多媒体课件，分角色、分任务展示，可采取讲授、诗歌朗诵、演讲、歌曲、情景剧等方式，形式不限，鼓励创新。

（2）心得分享：小组展示完，各小组组长对该小组表现进行点评，其他同学针对该小组展示进行自由讨论。在心得分享环节引导学生进一步理解我们的红色政权来之不易、新中国来之不易、中国特色社会主义来之不易。

（3）课堂指导：教师针对小组展示情况，从分享内容、展示技巧、课件制作、小组分工等方面进行指导，对优秀作品予以肯定表扬，对于良好作品提出修改建议，确保小组展示作品具有较高的价值引领作用。

（4）总结完善：课后，学习小组根据其他同学和教师的意见建议，修改完善小组的作品，提交作业至课程教学平台，并填写登记表。

4. 活动评价

（1）学生自评：各小组就小组内部分工情况、团结协作情况、作品质量、展示效果等方面进行自我评价。

（2）学生互评：其他同学对该小组的表现进行点评，并在课程教学平台评分。

（3）教师考评：学生以小组为单位提交展示课件，上传至课程教学平台。教师根据学生感悟分享效果、作品修改完善情况、作品总体质量等进行评分（附件2），小组得分情况纳入课程实践活动考核成绩。

📋 | **附件 1**

"话历史，展未来"感情分享登记表

序号	小组成员	活动内容及形式	完成时间	完成情况
1				
2				
3				
4				
5				
6				

📋 | **附件 2**

评分标准（100 分）：

（1）PPT 内容（50 分）：主题鲜明，观点正确，论证充分，选材得当。

（2）展示效果（40 分）：声音洪亮，表达清晰，语速适当，富有真情实感。

（3）时间掌控（5 分）：展示时间控制在 5 分钟之内。

（4）创新（5 分）：展示表现形式新颖，特色鲜明。

四、实践参阅

1. 红色人物篇：赵一曼

赵一曼，原名李坤泰，1905 年 10 月 25 日出生在四川宜宾的一个地主家庭。五四运动爆发后，赵一曼开始阅读《向导》《新青年》《妇女周报》等进步书刊，逐步接受革命新思想的洗礼。1923 年冬，赵一曼加入中国社会主义青年团。1926 年夏，赵一曼加入中国共产党。同年 11 月，她进入武汉中央军事政治学校学习。

1927 年 9 月，赵一曼前往苏联莫斯科中山大学学习。次年回国后，她在宜昌、南昌和上海等地秘密开展党的工作。

1931 年"九一八"事变后，赵一曼被派往东北地区发展抗日斗争。她先后任满洲总工会秘书、组织部长，中共滨江省珠河县中心县委特派员、铁北区委书记，领导工人进行罢工运动，组织青年农民反日游击队与敌人进行斗争。在一首《滨江述怀》的诗中她抒发了自己坚定的抗日意志："未惜头颅新故国，甘将热血沃中华。白山黑水除敌寇，笑看旌旗红似花。"

1935 年秋，赵一曼任东北抗日联军第 3 军 1 师 2 团政治委员。11 月间，第 2 团被日伪军围困于一座山间。赵一曼为掩护部队突围身负重伤。她在养伤期间被日军发现，在战斗中再度负伤，昏迷被俘。钢针、烙铁、电刑……日军极尽刑讯逼供之能事，想要威逼利诱赵一曼招供投降。但即便在日军看来已经是"超负荷的最大压力"下，她仍咬紧牙关，决不吐露半句。敌人见无计可施便恼羞成怒，决定把她送回珠河县处死"示众"。临刑前，她高唱《红旗歌》，"民众的旗，血红的旗，收殓着战士的尸体，尸体还没有僵硬，鲜血已染红了旗帜……"她高呼"打倒日本帝国主义！""中国共产党万岁！"壮烈牺牲，年仅 31 岁。

陈毅评价赵一曼道："生为人民干部，死为革命英雄。临敌大节不辱，永记人民心中。"赵一曼被哈尔滨人民尊称为"白山黑水"民族魂，"万民永忆女先锋"。

资料来源：人民网，2021 年 5 月 19 日

2. 红色档案篇：毛泽东题词"为人民服务"

毛泽东的"为人民服务"题词写于 1945 年 9 月 20 日，是在重庆谈判期间给《大公报》职工的题词。

1944 年 9 月 8 日，毛泽东在中共中央警备团追悼张思德时的讲演中，比较详细地阐述了"为人民服务"的问题。这篇题为《为人民服务》的讲演高度赞扬了张思德完全、彻底为人民服务的崇高思想境界和革命精神。从此，"张思德"这个名字和形象就与"为人民服务"紧紧地联系在一起。

张思德是四川省仪陇县人，1933 年，17 岁的他参加了红军，后随红四方面军参加过长征。1941 年后，抗战进入最艰苦的时期，为打破敌人和国民党经济封锁给陕甘宁边区造成的困难，党中央组织军队在南泥湾等地开荒种地，张思德白天积极参加生产任务，晚上加班完成送信和通信任务。1943 年，张思德被调到延安枣园，在毛泽东身边当警卫战士。1944 年初，张思德再次响应党中央大生产运动号召，主动到延安安塞县为中央机关烧制冬天取暖的木炭。9 月 5 日，在窑洞工作时遭遇窑顶坍塌意外，他奋力将战友推出窑外，自己却不幸牺牲，年仅 29 岁。1944 年 9 月 8 日，毛泽东参加张思德的追悼会，并书写挽联"向为人民利益而牺牲的张思德同志致敬"。追悼会上，毛泽东作了这篇著名的讲演。

张思德是践行为人民服务宗旨的一个光辉典范。毛泽东的这一题词，言简意赅、通俗易懂，它不但阐明了中国共产党人的根本宗旨，更唤起一代又一代共产党人为实现这个宗旨而不懈努力，甚至献出生命。这五个大字，蕴含着中国共产党人的初心和使

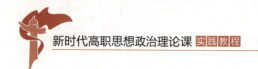

命——为中国人民谋幸福、为中华民族谋复兴。

资料来源："学习强国"学习平台，2021年12月6日

3. 红色故事篇：长征路上"父子兵"

袁任远，1898年出生于慈利县三官寺。他参加过五四运动，领导过与"桑植起义"齐名的石门"南乡起义"。而后在自己的家乡，他积极同当时十分活跃的游杂武装"哥老会"联系，给他们讲"红军为什么要革命"的道理。经过他的工作，大庸先后有十多股游杂武装1 600多人参加了红军。听到袁任远在大庸闹革命的消息后，在读中学的大儿子袁意奋竟然过来找他，坚决要求参加革命，并表示不怕吃苦、不怕牺牲，革命到底。袁意奋参加红军时只有17岁，被称为"红小鬼"。从此父子二人开始了并肩战斗的革命生涯。

由于国民党对湘鄂川黔革命根据地的围剿，红军开始长征。袁任远父子二人也跟随红军队伍冲破重重封锁，一路向前。红二方面军和红四方面军在四川甘孜会师后，袁任远担任红三十二军政委，他仍坚持让儿子袁意奋留在战斗一线。

长征途中，袁任远、袁意奋父子二人聚少离多，直到红军过草地时才相遇。队伍开拔前，袁任远将自己的一半干粮给了袁意奋，语气坚定地叮嘱他："孩子，你一定要坚强，要坚信革命一定会胜利。"袁意奋捧着干粮连连点头，泪水模糊了双眼。进入草地的第三天，袁意奋浑身疼痛发冷，接着又高烧不退，极度的疲倦和病痛使得他几度昏迷，他真想永远地睡在这片草地上，但望着身边相互搀扶前进的战友，他想起了父亲的嘱咐，并告诉自己不能掉队，再难再累也要前行。靠着强大的意志，袁意奋终于在走出草地的最后一天赶上了大部队。茫茫草地吞噬了多少战友的生命，能活下来，靠的是顽强的革命斗志和永不言弃的革命精神。

1936年10月22日，红一、红二方面军在甘肃会宁会师，红军长征胜利结束。随后，他们父子二人又投身抗日战争和解放战争。新中国成立后，袁任远历任青海省人民政府省长、中共青海省委书记、中共中央纪委副书记。袁意奋历任海军装备技术部政委，被授予少将军衔，父子二人都成为将军。袁任远父子一起长征的故事到今天依然闪耀着璀璨的光芒，他们可歌可泣的英雄事迹永远值得我们敬仰。

资料来源：张家界市委宣传部，2019年7月29日

拓展阅读

专题 2：品尝真理的味道
——"假如回到 100 年前"微视频比赛

一、实践导入

一个民族要走在时代前列，就一刻不能没有理论思维、一刻不能没有思想指引。1919 年，中国仍处于黎明前的漫漫长夜，五四运动像一把高高举起的火炬，在传播马克思主义过程中照亮了中国人民探索道路的征程，深刻影响了中国历史发展。马克思主义不仅深刻改变了世界，也深刻改变了中国。中国共产党的历史是一部不断推进马克思主义中国化时代化的历史，是一部不断推进理论创新、进行理论创造的历史。历史和现实反复证明，马克思主义只有中国化时代化才能在中国大地上闪耀真理光芒，也只有实现中国化时代化，才能救中国、发展中国，才能实现中华民族伟大复兴。

二、实践形式

微视频制作+优秀作品展示+心得提交

三、实践活动

1. 活动目标

通过穿越时空的想象，感受在那个战火纷飞的年代，中国共产党是如何立足中国国情和时代特点，推进马克思主义中国化时代化的。进一步运用影像传播等方式，践行社会主义核心价值观、传播中华优秀传统文化、营造良好社会氛围，帮助学生坚定马克思主义信仰和中国特色社会主义信念，激发学生爱党、爱国、爱社会主义的巨大热情，增强建设祖国的使命感和责任感，增强"四个意识"、坚定"四个自信"、做到"两个维护"。

2. 活动准备

（1）教师层面：任课教师提前 2～3 周布置学生拍摄任务，引导学生以马克思主义中国化时代化为主线，结合本地红色文化、红色旅游、红色故事，采集拍摄资料和拍摄素材。教师全程指导，确保作品内容积极向上，符合史实；确定作品分享会主持人、评委、评分标准等，全程对展示小组和主持人进行培训指导。

（2）学生层面：学生按要求分组（原则上 5 人一组），小组成员分工明确，责任细化，团结协作。学生要充分利用图书馆、互联网等资源查阅资料，做好知识储备。

（3）班级层面：班委会负责微视频大赛的组织，制订活动计划，安排活动每个环节的负责人员，做好相关协调组织工作，确保微视频比赛顺利进行。

3. 活动过程

（1）视频制作：结合课程所学内容、本土红色文化、所学专业等，用微视频方式设计情景。作品可通过摄像机、手机等设备进行创作实践，用影像的方式表达对马克思主义的信仰，对中国共产党的认知，以及在党的领导下当代大学生的生活故事与心灵感悟。视频画面要求清晰稳定、色彩自然，无明显噪声，时长一般不超过150秒。作品内容须为原创，不得侵害任何其他方的版权、肖像权等合法权益。视频内容要求具有教育意义和推广价值。

（2）完善修改：任课教师对参赛小组作品进行内容和形式方面的相关指导及培训，对内容不符合要求的可以要求其进一步完善。

（3）视频展示：参赛小组依次在课堂上分享微视频，并从作品构思、拍摄花絮、遇到的困难、收获等方面分享微视频。视频内容紧扣主题，情节设计饱含对中国共产党的感恩之情，坚定信仰马克思主义，流露出对革命前辈抛头颅洒热血的敬仰之情。作品须有创意且富有表现力和感染力，拒绝低俗、恶搞、泛娱乐化内容。

（4）作品提交：视频资料以作品名命名并上传课程教学平台。优秀作品由任课教师择优推荐。

4. 活动评价

（1）学生自评：以小组为单位提交一份不超过150秒的微视频作品，并对作品进行自我评价。

（2）学生互评：学生对其他小组的作品进行点评，提出修改意见和建议，对修改后的作品评分。

（3）教师考评：任课教师根据作品情节创作、故事内容、视频质量、教育价值等方面对小组作品评分。

附件

"假如回到 100 年前" 微视频比赛活动评价表

作品主题			
小组成员		班级	
作品简介 （100 字以内）			
自我评价标准	自评分数	自我评价
小组成员分工明确，团结协作（15 分）		
视频规格符合要求（15 分）		
视频内容丰富、立意深远（50 分）		
选题符合要求，内容积极向上，符合史实（20 分）		
总分（100 分）		
学生互评标准	互评分数	互评建议
选题符合要求，内容积极向上，符合史实（20 分）		
具有教育启示价值（10 分）		
视频内容丰富、立意深远（30 分）		
人物刻画形象、饱满（30 分）		
作品具有较大的传播力和感染力（10 分）		
总分（100 分）		
教师评价标准	评价分数	教师评语
选题符合要求，内容积极向上，符合史实（20 分）		
视频规格符合要求（10 分）		
视频内容丰富、立意深远（30 分）		
人物刻画形象、饱满（30 分）		
作品按时按要求提交（10 分）		
总分（100 分）		
活动收获和体会

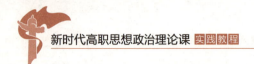

新时代高职思想政治理论课 实践教程

四、实践参阅

1. 微电影获奖作品推荐示例

湖南某高校作品《走在乡间大路上》

"我心中的思政课"全国高校大学生微电影展示活动特等奖。成峰是湖南某高校影视编导专业的一名学生。毕业之际，他决定返乡，利用直播带货的方式推销家乡农副产品，带领乡亲们走向致富之路。但他的想法遭到了父亲的强烈反对，一筹莫展的他在学校思政课教师和同学们的协助下，情况渐渐发生了变化。乡亲们的观念慢慢发生了改变，父亲对成峰的质疑也在慢慢改变。

湖南某高校作品《火种》

"我心中的思政课"全国高校大学生微电影展示活动特等奖。本片根据湖南某高校真人真事改编，以 2021 年学校组织优秀大学生志愿者开展暑期"三下乡"党史教育实践活动为背景，讲述了一名女大学生志愿者走进湘南第一个农村党支部所在地——湖南省衡阳县岣嵝乡开展关爱留守儿童支教活动。在教孩子们唱国歌过程中，她遭遇一个调皮聋哑儿童的数次捣乱，感受到了挫折、无力，甚至委屈。思政课教师及时用老校长徐特立与田汉之间的教育故事启发她，坚定了她心中的教育信念。她开始教聋哑孩子用手语唱国歌，在实现思政教育路上，让所有孩子同向同行，让爱国主义的种子在他们心中生根发芽，从而圆满完成了暑期支教任务。

武汉某高校作品《一家》

"我心中的思政课"全国高校大学生微电影展示活动特等奖。本片以武汉某高校"功勋矿丰碑永驻，石榴籽亲如一家"理论宣讲暑期社会实践队的视角展开。实践队带着朱教授给老朋友巴勒格儿的一封信来到可可托海，通过社会实践加深了对可可托海精神"吃苦耐劳、艰苦奋斗、无私奉献、为国争光"的理解。在哈萨克族学生阿依波拉提的帮助下，实践队在"找人送信"的过程中逐渐揭开了朱教授与巴勒格儿的奋斗青春岁月。两代人虽处在不同的时代背景下，但相同的是民族间的相互尊敬、相互学习、相互协助。各民族团结一心曾铸就了可可托海卓越的历史功勋和辉煌，在新时代的今天，中华民族伟大复兴的实现仍离不开各族人民共同努力，各民族大团结的中国一定是无往而不胜的。

成都某高校作品《匠心·初心》

"我心中的思政课"全国高校大学生微电影展示活动一等奖。匠，制器者，巧人也；初，万物之始，孕育新生。身为汽车工人的父辈坚定着一方信念，用实干成就事业，在劳动中创造幸福。他们的初心源自眼前的奋斗事，将奉献之道洒向人间，在平凡里孕育出伟大，也潜移默化地影响着孩子们。无论是做基层工人，还是志在工程师，不同的选择，相同的归途，都是落到实处，扎根基层，实现人生价值，任何一份职业都光荣。唯盼后来者能持有初心、秉承匠心，谱写时代新征程。

资料来源：编者根据相关资料整理

2. 习近平谈开辟马克思主义中国化时代化新境界

习近平在党的二十大报告中强调，不断谱写马克思主义中国化时代化新篇章，是当代中国共产党人的庄严历史责任。

他说，实践告诉我们，中国共产党为什么能，中国特色社会主义为什么好，归根结底是马克思主义行，是中国化时代化的马克思主义行。拥有马克思主义科学理论指导是我们党坚定信仰信念、把握历史主动的根本所在。

习近平在报告中指出，党的十八大以来，国内外形势新变化和实践新要求，迫切需要我们从理论和实践的结合上深入回答关系党和国家事业发展、党治国理政的一系列重大时代课题。我们党勇于进行理论探索和创新，以全新的视野深化对共产党执政规律、社会主义建设规律、人类社会发展规律的认识，取得重大理论创新成果，集中体现为新时代中国特色社会主义思想。党的十九大、十九届六中全会提出的"十个明确""十四个坚持""十三个方面成就"概括了这一思想的主要内容，必须长期坚持并不断丰富发展。

坚持和发展马克思主义，必须同中国具体实际相结合。一切从实际出发，着眼解决新时代改革开放和社会主义现代化建设的实际问题，不断回答中国之问、世界之问、人民之问、时代之问，作出符合中国实际和时代要求的正确回答，得出符合客观规律的科学认识，形成与时俱进的理论成果，更好地指导中国实践。

坚持和发展马克思主义，必须同中华优秀传统文化相结合。只有植根本国、本民族历史文化沃土，马克思主义真理之树才能根深叶茂；必须坚定历史自信、文化自信，坚持古为今用、推陈出新，把马克思主义思想精髓同中华优秀传统文化精华贯通起来、同人民群众日用而不觉的共同价值观念融通起来，不断赋予科学理论鲜明的中国特色，不断夯实马克思主义中国化时代化的历史基础和群众基础，让马克思主义在中国牢牢扎根。

习近平强调，不断谱写马克思主义中国化时代化新篇章，是当代中国共产党人的庄严历史责任。继续推进实践基础上的理论创新，首先要把握好新时代中国特色社会主义思想的世界观和方法论，坚持好、运用好贯穿其中的立场、观点和方法。

——必须坚持人民至上。一切脱离人民的理论都是苍白无力的，一切不为人民造福的理论都是没有生命力的。我们要站稳人民立场、把握人民愿望、尊重人民创造、集中人民智慧，形成为人民所喜爱、所认同、所拥有的理论。

——必须坚持自信自立。中国人民和中华民族从近代以后的深重苦难走向伟大复兴的光明前景，从来就没有教科书，更没有现成答案。党的百年奋斗成功道路是党领导人民独立自主地探索开辟出来的，马克思主义的中国篇章是中国共产党人依靠自身力量实践出来的，贯穿其中的一个基本点就是中国的问题必须从中国基本国情出发，由中国人自己来解答。

——必须坚持守正创新。要以科学的态度对待科学、以真理的精神追求真理，以满腔热忱对待一切新生事物，不断拓展认识的广度和深度，敢于说前人没有说过的新话，敢于干前人没有干过的事情，以新的理论指导新的实践。

——必须坚持问题导向。聚焦实践遇到的新问题、改革发展稳定存在的深层次问题、人民群众急难愁盼问题、国际变局中的重大问题、党的建设面临的突出问题，不断提出真正解决问题的新理念新思路新办法。

——必须坚持系统观念。不断提高战略思维、历史思维、辩证思维、系统思维、创新思维、法治思维、底线思维能力，为前瞻性思考、全局性谋划、整体性推进党和国家各项事业提供科学思想方法。

——必须坚持胸怀天下。拓展世界眼光，深刻洞察人类发展进步潮流，积极回应各国人民普遍关切，为解决人类面临的共同问题作出贡献，以海纳百川的宽阔胸襟借鉴吸收人类一切优秀文明成果，推动建设更加美好的世界。

资料来源："学习强国"学习平台，2022 年 10 月 16 日

拓展阅读

专题 3：而今迈步从头越
——"重走青年毛泽东求学路"现场教学

一、实践导入

"红色"是湖南最美的颜色，这里"十步之内必有芳草"，是一座没有围墙的红色博物馆。东山学校是一代伟人毛泽东的母校，位于湖南湘乡，他是 1910 年秋来这里求学的。东山学校给予了青年毛泽东全新的教育、全新的知识，为他打开了一扇认知中国与世界的全新窗口，给予了青年毛泽东求真务实精神和实事求是作风的熏陶。1958 年，毛泽东亲自题写了校名"东山学校"。东山学校办学历史悠久，秉持"公诚勤俭"校训，开湖南新式教育先河，培养了一大批英才俊杰，为中国革命作出了巨大贡献。

二、实践形式

现场参观＋感悟分享＋心得提交

三、实践活动

1. 活动目标

革命史料是思政课"教材"，英烈模范是思政课"教师"。通过师生"重走青年毛泽东求学路"现场教学活动，把思政小课堂同社会大课堂相结合，促进学生理论联系实际，让学生在亲身参与中认识国情、奉献社会，涵养学生的大气、才气、勇气，厚植爱党爱国爱社会主义的情怀，引导学生走好新时代的长征路，让思政课有高度、有深度、有温度。

2. 活动准备

（1）教师层面：任课教师在学期初进行活动宣传动员、布置任务，让学生提前了解青年毛泽东的求学故事，了解东山学校这所百年学府"实事求是""变通求新"的办学思想，做好活动准备。

（2）学生层面：学生自主了解东山学校的办学历史，了解青年毛泽东的成长经历和励志故事，以便在现场参观时增强情境体验感。活动期间，在东山学校组织学生现场宣誓，誓词为习近平总书记在纪念五四运动 100 周年大会对新时代青年的寄语：我们要树立远大理想、热爱伟大祖国、担当时代责任、勇于砥砺奋斗、练就过硬本领、锤炼品德修为，努力学习掌握科学知识，服务于国家的发展和民族的振兴。学生需要熟悉誓词，为实地探访做好知识储备和行为上的准备。

（3）学校层面：学校有关部门做好与思政课教师在出行时间、参与人员、天气情况、行程安排等方面的对接工作；与东山学校相关工作人员做好协调工作，确保活动顺利开展。

3. 活动过程

（1）实地探访：向往东山，情系家国。由学校统一组织学生前往东山学校：第一站，参观东山学校旧址，并在参观之后宣誓表态；第二站，参观毛泽东与东山学校陈列馆，深入聆听思政课教师现场教学，增强实践活动的实效性。在青年毛泽东曾经学习的教室，全体学生背诵毛泽东的《七绝·改诗赠父亲》："孩儿立志出乡关，学不成名誓不还。埋骨何须桑梓地，人生无处不青山"。陶铸群英、弦歌不辍，追寻革命先辈的东山足迹，使学生思想受到洗礼。

（2）现场体悟：追寻东山，明志成才。现场组织学生宣誓，激发学生的历史使命感和当代责任感，从而更加坚定历史自信，增强历史主动。誓词选自习近平总书记在党的二十大报告中寄语青年："要坚定不移听党话、跟党走，怀抱梦想又脚踏实地，敢想敢为又善作善成，立志做有理想、敢担当、能吃苦、肯奋斗的新时代好青年，让青春在全面建设社会主义现代化国家的火热实践中绽放绚丽之花。"

（3）交流分享：感悟东山，立志报国。参观结束后，学生代表现场分享感悟，将毛泽东在东山学校期间留下的许多刻苦学习、顽强锻炼、关心人民疾苦故事中的精神力量转化成自身成长的动力。让红色足迹更闪耀，让青年涵养英雄气，厚植爱党爱国情怀。

（4）心得提交：缅怀先辈，传承精神。活动结束一周内，学生将所见、所学、所感形成心得报告，总结提炼并提交课程教学平台，提升学生获得感和活动的有效性。

4. 活动评价

（1）学生自评：活动结束后，学生以小组为单位交流分享心得，由小组选代表发言。分享活动结束后，学生根据学习情况填写活动总结表。

（2）学生互评：学生根据其他小组分享心得的情况进行评价，相互交流，增强体验感，并对其他小组成员提交的活动总结表评分。

（3）教师考评：活动结束后一周内，每人提交一篇不少于800字的学习心得，教师根据学生的心得体会评分，选取优秀学习心得编辑成册，成为此类活动常态化开展的重要依托。

附件

"重走青年毛泽东求学路"实践活动总结表

实践主题			
专业		班级	
时间		小组成员	
收获体会			
学生互评分		教师评分	

评分标准（100 分）
（1）活动参与情况（10 分）：不迟到、不早退、严格遵守各项纪律。
（2）心得分享情况（40 分）：契合主题、声音洪亮、表达清晰、有真情实感。
（3）总结报告质量（50 分）：格式规范、总结到位、反思深入、有价值引领作用。

四、实践参阅

1. 湘乡东山学校旧址

1910 年秋，毛泽东来到东山学校求学。校长李元甫思想进步，教员多为维新派，受过日本明治维新的影响。李元浦对少年毛泽东的入学考卷非常赞赏，认为他的文章优美，"学校取了个建国才"。毛泽东在东山学校博览群书，对《盛世危言》《新民丛报》等宣传进步思想的书刊有着浓厚兴趣。毛泽东和同学们对当时的中国贫弱，遭受列强欺侮的现状愤慨激昂，为中国的前途担忧。少年毛泽东给自己取名"子任"，意即以天下革命大业为己任。他在走出韶山的第一步就立下雄心壮志，要"改革中国与世界"。毛泽东在东山学校期间留下了许许多多关于他刻苦学习、擅长作文、顽强锻炼、关心人民疾苦的故事。今天这些故事仍广为流传，并有部分实物被陈列在学校里。

东山学校校风朴实、学规严紧、学生勤奋，尚进取、崇艰苦、重劳动。学生关心国家大事，顺应时代潮流，积极开展社会活动，热情参加社会宣传。这里培养出了许多革命志士和知名人士，除毛泽东这样的伟人外，还有中国人民解放军代总参谋长、国防部

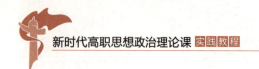

副部长陈赓大将，原总政治部主任、国防部副部长谭政大将，杰出的无产阶级文化战士、国际著名诗人萧三，革命烈士毛泽覃，以及肖子升、柳宗陶、易礼容等。

新中国成立后，东山学校得到较大的发展，占地面积是始建时的 3 倍，教职员是始建时的 8 倍。学校始终保持和发扬关心国家命运，服务人民大众，艰苦奋斗，刻苦学习的优良传统。

资料来源：湖南日报，2013 年 7 月 10 日

2. 湖南省立第一师范学校旧址

湖南省立第一师范学校的前身是南宋理学家张栻创办的城南书院。1903 年清政府设立湖南师范馆，1911 年校址迁建长沙书院坪"城南书院"旧址后，改称湖南省立第一师范学校。毛泽东、蔡和森、何叔衡、任弼时、李维汉、徐特立、杨昌济、谢觉哉、黎锦熙、周谷城等曾在此学习或工作。1913—1922 年，毛泽东在这里求学、执教，并从事早期革命活动。"修学储能"，是这位有志青年在校期间的座右铭。第八班寝室里，他和同窗确立了"不谈金钱，不谈家庭琐事，不谈男女问题"的"三不谈"室规；校园水井旁，每日清晨他都在此用冷水洗浴，强健体魄，磨炼意志。得益于在此任教的徐特立的教诲，青年毛泽东养成了"不动笔墨不读书"的习惯；得益于杨昌济的引导，毛泽东逐渐深谙"知行合一"的要义。在这里，毛泽东打下了坚实的学问基础、身体基础、思想基础和实践基础。同时，其所结交的志同道合之人，为日后从事早期革命活动打下了根基。

在校期间，毛泽东不忘关心国家大事，经常利用休息时间到附近的工农群众中走访调查，并主办工人夜学，免费教书，提高工农的觉悟和知识水平。1918 年 4 月，毛泽东、蔡和森等 13 位有志青年组织成立新民学会。受其影响，全国各地也纷纷成立青年进步团体，成为革命的重要力量。忆当年，毛泽东曾感慨，"我的知识，我的学问，是在一师打下的基础，一师是个好学校"。1950 年，他为母校题写校训"要做人民的先生，先要做人民的学生"。

青年毛泽东在这里立下的"身无分文、心忧天下"伟大志向，激励着一代代青年学生前赴后继，投身于中国革命和社会主义建设的伟大进程中。看今朝，湖南第一师范以红色基因立德树人，厚植学子的职业理想与爱国情怀。当年那批有志青年点燃的"星星之火"早已"燎原"。

资料来源：湖南日报，2021 年 3 月 15 日

3. 新民学会旧址

新民学会旧址暨蔡和森、蔡畅故居位于长沙市岳麓山东北山脚周家台子，是一处具

有湖南民间特色的传统建筑。100多年前，以毛泽东、蔡和森和萧子升为主的13名热血青年共同成立了新民学会。

新民学会是一个组织严密、有政治抱负的革命团体，它是在新文化运动中涌现出来的。辛亥革命后，一些人继续追求民主共和，另一些思想进步的知识分子则在意识形态领域掀起了一场以反对旧思想、旧道德、旧文化为主要内容的新文化运动。1915年陈独秀在上海创办了《新青年》杂志。该杂志高举"民主"与"科学"的旗帜，大力宣传新思想、新道德、新文化，倡导个性解放和思想解放。新民学会的主要发起人毛泽东，当时就读于湖南省立第一师范。目睹当时的社会现状，在《新青年》及老师杨昌济的影响下，他逐渐认识到，要救国就必须要有救国的本领，要有丰富的学问、高尚的情操、坚强的意志，要有一批有志青年组织起来，相互鼓励。1915年9月，毛泽东发出了《征友启事》。其大意是：今日祖国正处在危急存亡之际，特邀请存志于爱国工作的青年组织团体，砥砺品行，储蓄才能，共同寻求救国之道。《征友启事》得到了蔡和森、萧子升、邹彝鼎、罗学瓒、张昆等一批志同道合之士的积极响应。于是，他们吸收陈独秀改造国民性的思想，将其与中国古代、近代的"新民"观念融合为一体，酝酿成立新民学会。新民学会虽然只存在3年，但有一半左右会员先后加入中国共产党，为中国共产党的成立做了思想理论和干部队伍上的准备，因此被誉为"建党先声"。

1938年，新民学会旧址曾在一场大火中被焚毁，如今的旧址是根据1984年新建馆翻修而成的。时过境迁，它的留续不仅是革命青年唤醒为国家救亡而奋斗的见证，也用历史证明了当时中国共产党成立的必然趋势。

资料来源：编者根据相关资料整理编写

4.《湘江评论》：一份"爆款"刊物发出的时代强音

1919年4月，26岁的青年毛泽东结束"北漂"回到长沙，成为修业学校的一名教员。五四运动随即爆发，并席卷全国。在这场大潮中，毛泽东觉得湖南急需创办一个刊物，以提高群众的政治觉悟，巩固群众的革命热情，发表自己的政见，推动五四运动的深入发展。在与湖南学生联合会会长彭璜等商议后，毛泽东决定创办《湘江评论》。

1919年7月14日，《湘江评论》创刊号正式出版。刊物使用白话文，以宣传最新思潮为主旨。《湘江评论》创刊号刊登了署名毛泽东的创刊宣言，"世界上什么问题最大？吃饭问题最大。什么力量最强？民众联合的力量最强"。

《湘江评论》刚一面世便以"文风新颖，通俗易懂，笔调尖锐，气势磅礴，切中封建统治的要害"，受到广大青年人的欢迎。创刊号发行的2 000份当天全部售出，第二天又增印2 000份仍不够，于是第2期改印5 000份。这个发行量，在当时可谓"爆款"。《湘

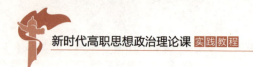
江评论》的文字通俗而富有激情，对于热门话题更是从不缺席，从呼吁北洋军阀释放因批判时局而被捕的陈独秀，到号召妇女解放、歌颂俄国的十月革命等。

但是，《湘江评论》第五期小样刚刚打出来还未及发行，湖南督军张敬尧便派军警查禁了该杂志。在《湘江评论》的影响下，一大批青年投身救国革命事业。比如，郭亮、向警予就是受到其影响才投身革命的洪流之中，后来他们均成为我党早期的杰出领导人。

资料来源：湖南日报，2021 年 1 月 2 日

拓展阅读

专题 4：为有牺牲多壮志
——"毛泽东诗词里的革命故事"分享会

一、实践导入

"诗有史，词亦有史。"毛泽东在革命的峥嵘岁月里创作了大量诗词，其字里行间洋溢着他的雄才大略。他用古诗词的隽永，记录下人间正道的沧桑；他用从头越的豪迈，赋予笔下气吞山河的豁达。毛泽东作为伟大的诗人，他的诗词与中国革命紧密相连。他用诗词描绘了一个个气壮山河的历史画面，做到了诗、史合一。毛泽东的个人诗兴与中国革命紧密相连，他用诗词定格了一个个令中国人民铭刻于心的历史画面，写就了一部鲜活的中国革命史。

二、实践形式

诗词分享＋感悟分享

三、实践活动

1. 活动目标

通过诵读毛泽东诗词，分享其背后的革命故事，带领学生回到革命的峥嵘岁月，深刻感受老一辈革命家在生死斗争中百折不挠、奋勇拼搏的强大力量。重温无产阶级革命家坚定的理想信念和豪迈的英雄气概。这些强大的精神力量激励着青年学生踔厉奋发、勇毅前行，并用老一辈无产阶级革命家的品德风范指导日常生活、学习和工作，增强责任担当意识。

2. 活动准备

（1）教师层面：任课教师提前两周布置实践任务，学生分组（5人一组）并收集资料，根据整理资料了解毛泽东诗词的创作主要分为哪几个阶段、代表作有哪些，并以一系列问题为向导，了解"诗有史，词亦有史"。

（2）学生层面：小组成员学习收集资料的方法，确定资料查阅方向，充分利用图书馆、互联网等资源，查找关于毛泽东及其诗词相关资料。资料包括毛泽东的个人生平事迹、革命事业、诗词创作、伟大成就等。小组成员分享时，需制作多媒体课件以辅助分

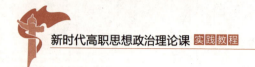

享内容。

（3）班级层面：班委会负责统筹、组织协调。班干部负责活动策划，确定活动开展的时间、地点等相关事宜。

3. 活动过程

（1）分享诗词原文：学生以小组为单位，自行选取毛泽东诗词进行分享，回顾党的峥嵘岁月。分享形式可以是朗诵、情景剧、歌曲演唱等，形式不限，鼓励创新。通过传诵毛泽东诗词，感受伟人情怀、坚定社会主义信念和顽强不屈的革命精神，从而进一步引导学生在实现"中国梦"的征程中踔厉奋发，勇毅前行。

（2）讲述创作背景：学生分享毛泽东诗词创作的心路历程，了解毛泽东领导中央红军和中国革命辗转曲折的行动轨迹，再现中国革命历经困苦走向胜利的光辉图景。毛泽东诗词是中国革命和建设事业的宏伟史诗，也是他辉煌人生和心路历程的壮丽画卷。讲述毛泽东诗词创作背景，从侧面深入走近毛泽东，感受伟人风范。

（3）分享革命故事：从三个方面挖掘毛泽东诗词背后的革命故事（长征东渡、枪林弹雨、踏遍青山）。学生通过诗词分享来挖掘革命故事，创新红色故事分享形式，深入了解毛泽东用诗绘就的中国革命波澜壮阔的宏伟画卷，了解中国共产党产生、发展、壮大的历史轨迹。

（4）作品提交：以小组为单位提交一份毛泽东诗词诵读视频，形式为小组齐诵、有层次诵读，或为情景剧诵读等，鼓励创新，并提交至课程教学平台。

4. 活动评价

（1）学生自评：分享会结束后，每人分享实践活动感悟，填写总结表，收获体会不少于300字，并对自己参与活动的情况进行评价。

（2）学生互评：其他学生针对其他小组分享情况进行点评，提出修改意见和建议，并在课程教学平台上评分。

（3）教师考评：任课教师根据分享会展示情况，对每个小组在题材选取、任务分工、课件制作、仪态仪表等方面进行评价，并及时与学生交流，巩固实践成果。

➕ | 附件

"毛泽东诗词里的革命故事"分享会总结表

诗词名称			
小组成员		班级	
诗词内容简介（不超过100字）			
收获体会（不少于300字）			

四、实践参阅

1.《七律·长征》

红军不怕远征难，万水千山只等闲。

五岭逶迤腾细浪，乌蒙磅礴走泥丸。

金沙水拍云崖暖，大渡桥横铁索寒。

更喜岷山千里雪，三军过后尽开颜。

故事简介：1934年10月，中国工农红军为粉碎国民政府的"围剿"，保存自己的实力，也为了北上抗日，挽救民族危亡，决定从江西瑞金出发，开始了举世闻名的长征。这首七律创作于红军战士越过岷山后，长征胜利结束前不久的途中。作为红军的领导人，毛泽东在经受了无数次考验后，如今，曙光在前、胜利在望，他心潮澎湃，满怀豪情地写下了这首壮丽的诗篇。《七律·长征》写于1935年9月下旬，10月定稿。

资料来源：编者根据相关资料整理

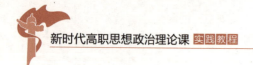

2.《忆秦娥·娄山关》

西风烈，长空雁叫霜晨月。霜晨月，马蹄声碎，喇叭声咽。

雄关漫道真如铁，而今迈步从头越。从头越，苍山如海，残阳如血。

故事简介：1935年1月的遵义会议，确立了毛泽东的领导地位，会后由毛泽东、周恩来、王稼祥组成了军事指挥小组。为了继续长征，红军经娄山关北上，准备于泸州与宜宾之间渡过长江，但遇到阻碍。毛泽东果断决定二渡赤水，折回遵义，于是再次跨越娄山关。2月25日凌晨，红军向娄山关挺进，在红花园与黔军遭遇，黔军仓皇应战，败退关口。红军沿盘山道猛烈攻击，傍晚时分终于把这座雄关控制在手中，使大部队顺利通过，踏上胜利的征程。由于这一仗的意义重大，所以诗人的心情无比激动，在战斗结束不久即挥笔写下此词。

资料来源：编者根据相关资料整理编写

3.《清平乐·六盘山》

天高云淡，望断南飞雁。不到长城非好汉，屈指行程二万。

六盘山上高峰，红旗漫卷西风。今日长缨在手，何时缚住苍龙？

故事简介：1935年8月，毛泽东粉碎了张国焘分裂党、分裂红军的路线后，率红一方面军继续向陕北根据地挺进。9月中旬，红军攻克天险腊子口，奇迹般越过岷山草地，进入甘肃南部。10月7日，红军在宁夏六盘山的青石嘴，击败了前来堵截的敌骑兵团，扫清了阻碍、摆脱了追敌，当天下午，一鼓作气翻越了六盘山。此词即作者翻越六盘山时的咏怀之作。

资料来源：编者根据相关资料整理编写

4. 毛泽东诗词里的党史定格了一个个铭刻于心的历史画面

日出东方、星火燎原、继往开来。100年来，波澜壮阔的党史早已被铭刻进文学、影视、戏曲、歌舞、书画等众多体裁的文艺作品中。《七律·长征》、舞剧《努力餐》、《江姐在川大》……这些优秀的作品力图以不同视角、思考、形式，深入挖掘党史中那些可歌可泣的故事背后的历史价值及现实意义。牢记历史、饮水思源、不忘初心，在庆祝中国共产党成立100周年之际，天府周末推出"文艺作品中的党史"系列报道，从书籍、画作、影视、舞台等角度，聚焦文艺作品中的党史，引领当代读者一起重温中国共产党矢志践行初心使命的100年、筚路蓝缕奠基立业的100年、创造辉煌开辟未来的100年。

长征东渡，伟大历史成就经典诗作

1957 年 1 月，刊载于《诗刊》创刊号上的 18 首毛泽东诗词，是中国革命画卷中的浓墨重彩。这 18 首中，最经典的当数《七律·长征》和《沁园春·雪》，毛泽东以其万丈豪情，记录了伟大的历史。

1935 年 9 月，毛泽东和中共中央率领红一方面军历尽千辛万苦，终于翻越岷山，攻克天险腊子口。通过红军侦察连缴获的几份报纸，聂荣臻看到了徐海东红军和陕北刘志丹红军会合的消息，便立即把报纸送到毛泽东手中。毛泽东高兴地说："好了！好了！我们快到陕北根据地了！"遂率领陕甘支队昼夜兼程向陕北进发。9 月 29 日，红军到达通渭，进行两三天休整和动员。毛泽东在干部会上的讲话中即兴朗诵了自翻过终年积雪的岷山后就酝酿在心中的诗篇《七律·长征》。

《沁园春·雪》则是 1936 年 2 月，毛泽东亲自率领东征红军到达延长县，准备东渡黄河，进入山西西部。这时，下起了一场大雪，纷纷扬扬的雪花覆盖了莽莽苍苍的秦晋高原，黄河上下一片银白。长征之壮烈仍历历在目，而今红军又要东渡黄河，再次留下前所未有的历史足印。毛泽东心潮澎湃，写下了千古绝唱《沁园春·雪》。"俱往矣，数风流人物，还看今朝。"

枪林弹雨，化为笔下金句

毛泽东那些写于枪林弹雨中的军旅诗词，堪称中国革命的史诗华章。在人们耳熟能详的经典中，战场的硝烟和瞬息万变的敌情，都化作了他笔下豪迈浪漫、雄健奔放的金句，传诵至今。

1930 年 1 月，在赣南，红军分兵发动群众开展游击战争，促进了赣南根据地的发展。敌人的"三省会剿"计划归于破产。当年春节期间，毛泽东将行军闽西至赣南途中的所见写成了一首词《如梦令·元旦》。

1933 年 5 月，毛泽东路过瑞金附近的大柏地，回忆起 1929 年 2 月他和朱德刚下井冈山来到江西，在这里指挥红军打的一次大胜仗。忆昔抚今，毛泽东写下了一首《菩萨蛮·大柏地》。

1934 年 4 月，毛泽东到苏区南部的会昌调查和指导时写下了词《清平乐·会昌》。这首词背后的故事得追溯到 1933 年 11 月，国民党十九路军将领蔡廷锴、陈铭枢、蒋光鼐因不满蒋介石的不抵抗政策，联合李济深等人发动了"福建事变"。毛泽东建议红军深入江苏、浙江、安徽，粉碎敌人的进攻。但他的统一战线思想只在会昌得到了一次试验机会，南线红军因此基本没有消耗，反而有所扩大。所以，毛泽东写下"指看南粤"，确实是"风景这边独好""更加郁郁葱葱"。

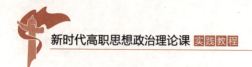

踏遍青山，以山记史言志

山在毛泽东诗词中几乎无处不在，如《西江月·井冈山》《忆秦娥·娄山关》《念奴娇·昆仑》《清平乐·六盘山》等。他从韶山走出，上了井冈山，在长征中咏诵过岷山、昆仑山、六盘山，终于到达延安清凉山。以此为新的起点，向更高的峰巅攀登……一座座大山，贯穿起来就是毛泽东上下求索的奋斗人生史，跌宕起伏的中国革命史。

《西江月·井冈山》是 1928 年 9 月，毛泽东在听到留守军民保卫井冈山取得胜利的消息时写下的，他兴奋异常，当即挥毫泼墨，就有了"敌军围困万千重，我自岿然不动"的泰然自若。

1935 年，红军来到娄山关。毛泽东立马勒缰，远望落日余晖，吟诵出《忆秦娥·娄山关》。

1935 年 10 月写下的《念奴娇·昆仑》则是毛泽东境界超过以往的诗词。

资料来源：人民网，2021 年 3 月 26 日

拓展阅读

专题 5：风流人物看今朝
——"寻找红色革命人物"访谈

一、实践导入

"崇尚英雄才会产生英雄，争做英雄才能英雄辈出。"在湖南，一步一景皆蕴藏着发人深省的革命故事，堪比鲜活生动的红色教育课堂。毛泽东、彭德怀、陈赓、谭政、黄公略、罗亦农等老一辈革命家从这里起航，形成了百年中国看湖南的独特魅力。这里充盈着壮怀激烈的革命精神，传承着可歌可泣的革命故事。重温峥嵘岁月，回顾党一路走过的艰难历程，我们脚下的每一寸土地都浸透了革命先辈为和平付出的血汗，这份红色印记成为湖南独特的精神坐标，历久弥新。

二、实践形式

调查访谈 + 实地探访 + 撰写报告

三、实践活动

1. 活动目标

引导学生通过踏上寻访英雄之路，挖掘红色故事、聆听英雄事迹，发掘革命先烈留给我们的宝贵精神财富，从历史事件、历史人物中汲取力量与智慧。沿着革命先烈开辟的光辉道路，重温光辉岁月，了解本土革命人物和红色文化，进一步贯彻落实党史学习教育，强化青年学生的思想武装，引导青年学生传承红色基因、赓续共产党人的精神血脉。在了解党的历史中，增强历史自信，把握历史主动，涵养爱国情感，让学生以更加饱满的姿态投入社会主义现代化强国建设中。

2. 活动准备

（1）教师层面：任课教师在活动开始前 3 ～ 4 周进行活动宣传，明确活动要求（具体活动形式见附件 1），积极动员学生，营造活动氛围。引导学生利用图书馆、互联网等资源，做好前期知识储备，查找本土红色遗址、革命人物、革命后代等。充分了解本土红色文化，制定实际操作方案，有效地开展实践活动。

（2）学生层面：学生分成小组，小组成员做好分工，分别负责本次活动的联络、宣传、财务等，确保充分调动小组成员的积极性和能动性，对于寻访活动中需要的问卷及访谈提纲要事先准备好，保障活动顺利进行。

（3）班级层面：在实践活动前班委会负责学生分组，可自行组成实践小分队（原则上5人一组）。班委会提醒实践小分队详细查阅寻访地点的情况，包括交通、天气、住宿等，做好具有高度可执行的活动计划和应急预案。

3. 活动过程

（1）活动策划：学生自行分组，组成实践小分队，并在前期查阅资料，做好实践活动计划。实践小分队进行任务分工，明确各自职责，发挥团队合力，指定每一个环节的负责人。

（2）实地探访：在实地探访过程中，实践小分队可以根据自身情况选择"参观一个革命教育基地、寻访一位老党员、采访一位革命后代"中的任意一项开展调研走访。寻访过程中做好问卷调查、访谈和录制采访视频工作，收集重要、有价值的素材，为总结报告的撰写提供素材，并在寻访过程中感受革命前辈的丰功伟绩和大无畏精神。

（3）总结提炼：寻访结束后，实践小分队根据收集的问卷及访谈内容进行分析总结，形成问卷访谈调研报告，并分享寻访感悟。

（4）撰写报告：通过实地寻访，撰写一份采访资料文稿，主要内容涉及寻访过程、寻访困难、寻访收获等，确保实践活动取得实效。

4. 活动评价

（1）学生自评：学生根据活动情况分享感悟，并进行自我评价。与此同时，实践小分队提交一份问卷分析报告和活动总结表（附件2）。

（2）学生互评：学生对其他小组的调研报告进行点评，并提出修改意见和建议，进行评分。

（3）教师考评：教师根据学生提交的调研报告进行评价，对寻访过程、调查访谈、报告提炼等方面评分，并提出修改意见和建议。优秀实践小分队将所收获的资料结合自身体会，在学院大礼堂开展内容丰富、形式多样的宣讲会，用青春解读红色故事，用热情弘扬红色精神。

附件 1

具体活动形式

分为以下三个系列：

一是走访革命历史遗址、革命历史博物馆、革命先辈纪念馆、烈士陵园等场所，了解中国革命史、伟大的革命人物和事迹，加深革命传统教育和对革命精神的感悟，感受红色文化，传承红色基因。

二是走访老党员，对他们进行采访，感受老一辈共产党员身上爱国、奉献和大无畏的革命精神，在采访中了解革命人物、回顾革命历史、体会革命精神。

三是走访革命后代，阅读英雄模范人物事迹和红色家书，铭记英雄、崇尚英雄、捍卫英雄、学习英雄、关爱英雄，传承和弘扬无私无畏、精忠报国的英雄精神。

附件2

"寻找红色革命人物"实践活动总结表

红色人物		活动地点	
活动时间		活动形式	
问卷调查、访谈分析报告要点			
简要阐述调查问卷、个人访谈等结果，总结出符合活动主题且有意义、有价值的结论			
活动收获和体会			
以下提纲仅供参考：1. 寻访内容；2. 寻访过程；3. 遇到的困难；4. 收获和体会			

四、实践参阅

1. 湘潭革命人物简介示例

罗亦农（1902—1928），出生于湖南省湘潭县易俗河雷公塘，原名罗善扬，字慎斋，后改为亦农，是中国无产阶级革命家。他曾领导上海工人第三次武装起义，是中国共产党早期重要领导人之一。1916年，罗亦农考入美国人在湘潭创办的教会学堂，后在陈独秀的启迪下加入社会主义青年团。在莫斯科东方大学学习时，他加入中国共产党。回国后罗亦农参与领导五卅运动、省港大罢工和上海工人三次武装起义，并先后任中共中央长江局书记、临时中央政治局常委、中央组织局主任。1928年4月15日，因叛徒出卖，罗亦农在上海公共租界内戈登路望德里被租界巡捕逮捕，21日英勇就义于上海龙华，年仅26岁。2009年，罗亦农被中央宣传部、中央组织部等11个部门评为"100

位为新中国成立作出突出贡献的英雄模范人物"。

陈赓（1903—1961），原名陈庶康，出生于湖南湘乡，其祖父为湘军将领。中国无产阶级革命家、军事家，中国人民解放军大将，国家和中国人民解放军的优秀领导者。新中国国防科技、教育事业的奠基者之一。陈赓 1922 年加入中国共产党；1924 年黄埔军校第一期毕业，曾留校任连长、副队长；1926 年赴苏联学习，翌年回国并参加南昌起义；1928 年在上海中共中央特科工作；1931 年任红四方面军第十二师师长；1932 年负伤到上海就医；1933 年 3 月因叛徒出卖被捕，5 月经中共组织和宋庆龄等人营救脱险，转到中央革命根据地，任中国工农红军第一步兵学校校长。他在长征中任中央纵队干部团团长，到陕北后任红一军团第一师师长。抗日战争全面爆发后，陈赓先后任八路军第一二九师三八六旅旅长，太岳军区、太岳纵队、晋冀鲁豫军区第四纵队、中原野战军第四纵队司令员，第二野战军第四兵团司令员兼政治委员，西南军区副司令员兼云南军区司令员，云南省人民政府主席。1950 年 7 月，作为中共中央代表陈赓应邀赴越南，帮助越南军民进行抗法战争。1951 年陈赓任中国人民志愿军副司令员兼第三兵团司令员、政治委员，后代理彭德怀在志愿军的职务。1952 年 7 月起，他担任解放军军事工程学院院长兼政治委员、解放军副总参谋长、国防科委副主任，国防部副部长等职。1955 年被授予大将军衔。陈赓曾获一级八一勋章、一级独立自由勋章、一级解放勋章，是中共第七届中央候补委员、第八届中央委员，第一、第二届国防委员会委员。1961 年 3 月 16 日，陈赓在上海逝世，终年 58 岁。

资料来源：湘潭市人民政府网，2023 年 2 月 6 日

2. 湘潭红色文化之气韵

南朝画家谢赫在其著作《古画品录》中提出绘画"六法"，第一即"气韵生动"。气韵在我国传统艺术中居首要地位。"气"是指自然宇宙生生不息的生命力，"韵"是指事物所具有的某种情态，也可将气韵理解为气势和灵韵，是艺术世界中独特的风格、意境和韵味。如果把湘潭红色文化看作一幅宏大的艺术卷轴，就可以品读出其独特、生动的气韵。要继承发展湘潭的红色文化，就需要加深认识、激发活力，彰显出具有时代风采和现实感染力的红色文化气韵。

湘潭红色文化之气韵具有如下特点。一是明艳如阳。"天上的太阳红彤彤、心中的太阳是毛泽东。"除了北京，毛泽东生活时间最长的地方就是他的家乡湘潭，几乎整个青少年时代都是在此度过的。湘潭头顶绚丽华彩，在我国的历史长河中永放光芒。二是浓烈如酒。湘潭革命英雄不胜枚举，共和国 20 位开国元帅大将中湘潭有 3 位，中央军委认定的 36 名军事家中湘潭有 5 位。追忆纷纭红色人物，可歌可泣；品读经典红色故事，如痴如醉。三是幽深如林。湘潭红色文化贯穿革命各个领域、各个时期。从井冈山

时期"红一角"的黄公略，到延安时期"横刀立马"的彭德怀；从英年早逝的中共早期领导人罗亦农，到长征中走得最远的军团级指挥员李卓然；从黄埔三杰之一、哈军工之父陈赓，到他家的长工之子、牧童将军卢冬生；从政工大将谭政，到独臂上将彭绍辉……湘潭红色文化资源就像茂密的森林，体系完整、琳琅满目，取之不尽、用之不竭。四是亲和如家。亿万人们对毛泽东怀着质朴的崇敬爱戴之情，他永远是乡亲们最亲切的"石三伢子""毛家大爹""老人家"，念叨着这样的称呼，亲切和温暖从广大群众的心中油然而生。一首《七律·到韶山》，把伟人对故园的深厚情感融化成回荡千古的豪放旋律。一尊乡情雕塑，把家乡的人们对伟人的深切思念镕铸成屹立风雨的不朽标识。

湘潭红色文化之气韵由这些构成。一是天下湘军的底蕴。"无湘不成军"的"湘"最初讲的就是湘潭所属的湘乡，然后才扩大到湘潭、湖南。高喊"若道中华国果亡，除非湖南人尽死"的是湘潭人杨度。近代以来，众多湘潭人自觉承担着拯救国家和民族于危难之中的使命。中央红军从苏区出发长征时，有 6 000 湘潭子弟，湘潭人为革命流下的殷殷鲜血，是湘潭红色文化画卷永远擦抹不去的厚重底色。二是一代伟人的辉煌。在湘潭红色文化的厚重底色之上，毛泽东划时代地闪耀着金光，打破革命低潮的沉闷，犹如春雷摧枯拉朽，春雨滋润万物。毛泽东是湘潭红色文化里最核心、最鲜活的主题，他呼啸而出，鼎定天下，震撼整个世界。不论伟人的世界如何波澜壮阔、多面复杂，终有一面永远属于湘潭，就像普通人那样落叶归根，在苍松翠柏中守望、陪伴父老乡亲。三是红色群星的映衬。湘潭的红色人物群星璀璨、个性鲜明。彭德怀有临阵对敌的雷霆之威，对党对人民的赤子之心，政治上的松柏之节，生活上的冰雪之操和作风上的朴实无华。罗亦农热烈的革命精神可为中国共产党全体党员的楷模，只可惜英年早逝，"慷慨登车去，相期一节全"。"飞将军"黄公略革命战争有功、游击战争有功，毕生何其奋勇……如果没有这些熠熠生辉的红色群星映衬烘托、生动点缀，湘潭红色文化可能有些单调寂寥。四是文化名人的弥氲。毛泽东深受本地文化名人的影响熏陶，"独服曾文正"，读《王湘绮全集》《湘军志》，神交杨度，从学黎锦熙。世界文化名人齐白石、"不克厥敌战则不止"的黎氏八骏，"左联新秀"张天翼，革命诗人萧三，人民音乐家吕骥……众多的文化名人好比缥缈如烟的云彩，弥氲于湘潭的红色天空，他们既是记录红色风云之人，也是红色风云中人。

资料来源：七一网，2021 年 9 月 19 日

拓展阅读

专题 6：遍地英雄下夕烟
——"追忆流金年代"观影会

一、实践导入

光影为纪，映照时代华章；银幕为画，镌刻征程如虹。红色影片以历史资料和真实人物事迹为蓝本，用真情讲述共产党人的故事。观看社会主义革命和建设时期的红色影片，重温那段奋发有为、自立自强、可歌可泣的峥嵘岁月，让大学生切身体会中国共产党筚路蓝缕、苦难辉煌的历史，不忘历史、勇往直前，谱写复兴中华的盛世华章。一部部红色影片就是一段段可歌可泣的历史，就是一面面催人奋进的旗帜。

二、实践形式

观影＋感悟分享

三、实践活动

1. 活动目标

通过组织学生观看关于社会主义革命和建设时期的红色影片，突出党的光辉历程，讴歌党的丰功伟绩，引导学生不断学习红色革命历史，深入推进党史学习教育，深化革命传统教育，激发爱国主义热情。通过光影铸魂活动，拓展思政育人载体，让红色经典影片成为思政教育的生动教材，将其与思政课程紧密结合，真正让红色基因根植于当代大学生心底。

2. 活动准备

（1）教师层面：任课教师提前 1 ～ 2 周布置活动任务，指导学生收集红色影片相关资料。任课教师落实活动开展的各项事宜，选定观影会的主持人，指导主持人进行活动流程和主持稿内容的制定。安排学生分组，每个小组推选出一位观众代表分享观影体会，要求班委会提前做好活动的 PPT、下载电影等相关准备。

（2）学生层面：第一，搜集相关资料。学生搜集跟红色影片相关的资料，如电影背景、电影简介、特定文化背景、导演及主演信息、相关媒体评论等，了解该影片背后的文化内涵。第二，准备红色影片。班委会根据教师和学生推荐的影片，进行下载及播放。

第三，观影体会提交。学生课后写下自己的观影感受，将心得体会以"班级+姓名"的方式命名，并及时上传到课程教学平台。每篇心得体会要求不少于300字，语言表达准确、流畅、自然，由任课教师择优推荐。

（3）班级层面：班委会负责协调、落实活动开展。活动开展前，跟任课教师对接活动的时间、地点。在观影过程中，班委会负责播放影片和维持课堂纪律。

3. 活动过程

（1）"看"——领悟人民智慧。以班级为单位组织学生观看《建国大业》《上甘岭》《长津湖》《焦裕禄》《攀登者》《钱学森》等耳熟能详的革命历史题材影片，回顾中国共产党彪炳千秋的光辉历史，深入地了解党的光辉历程，感受老一辈革命家的丰功伟绩，增强学史的感性认知和理性认知，学习当时党和人民不断奋斗、开拓进取、不屈不挠的奋斗精神。

（2）"说"——感受先烈情怀。观影结束后，任课教师结合党史学习教育，通过声情并茂地讲解，将影片中鲜活的人物形象、感人画面背后的深邃内涵传递给每一名学生。各小组推选1名代表进行观影体会分享，其他学生写下观影感受，并积极主动发言。学生发言之后，教师对学生的表现进行点评，并结合党史学习教育对影片的深层次内涵进行讲解，将红色基因根植于学生内心，通过相互交流使同学们更加深刻地理解在新时代也要发扬自力更生、艰苦奋斗的精神。

（3）"唱"——展现民族气魄。在活动的最后，学生在教师的指导下进行影片相关歌曲演唱，要唱出新时代青年的精神风貌、唱出对祖国的歌颂之情。唱红歌不仅有利于丰富学生课外文化生活，提升综合素质和艺术修养，也有利于增强学生奋发图强、努力担当的使命感。

4. 活动评价

（1）学生自评：观影会结束后，每位同学分享实践活动感悟，填写"追忆流金年代"观影活动总结表，并对自己参与活动情况进行评价。

（2）学生互评：其他学生针对某一小组分享情况进行点评，提出修改意见和建议，达到互助互促的活动效果。

（3）教师考评：任课教师根据各小组的展示效果进行点评，对学生在课程教学平台提交的心得体会进行评分并纳入实践考核成绩。

附件

"追忆流金年代"观影活动总结表

姓名			班级	
影片名称				
观影体会（不少于300字）				

评分标准（100分）：

1. 内容（50分）：主题鲜明，观点正确，思想性强，论证充分，选材得当，形式丰富，创新性强。

2. 语言（20分）：语言流畅，表达清楚、自然，无错别字。

3. 情感（30分）：富有真情实感，说服力强，联系实际生活。

教师评分：

年　　月　　日

四、实践参阅

1.《长津湖》

该片以抗美援朝战争第二次战役中的长津湖战役为背景，讲述了一段波澜壮阔的历史。在极寒严酷的环境下，中国人民志愿军东线作战部队凭着钢铁意志和英勇无畏的战斗精神，扭转战场态势，为长津湖战役胜利作出重要贡献。透过影片大学生可以直观地感受到71年前长津湖之战的残酷与伟大、牺牲与不朽。1950年，中国人民志愿军与美军在朝鲜长津湖地区交战，中国人民志愿军第9兵团将美军1个多师分割包围于该地区，歼敌1.3万余人。这次战役收复了三八线以北东部的广大地区，是扭转局势的关键一战，而中国人民志愿军也为此付出了惨烈的牺牲，在零下三十多摄氏度的极端天气中，很多先烈是以端着枪的姿势牺牲的，体现了志愿军战士服从命令、视死如归，即使冻成冰雕也不退缩的革命精神。

资料来源：编者根据相关资料整理编写

2.《焦裕禄》

该片讲述了焦裕禄在兰考工作期间，以坚强的毅力、炽热的情怀带领全县干部群众治理"三害"、战天斗地、撼人心魄的故事。1962年冬，被任命为兰考县委第二书记的焦裕禄走马上任。他看到火车站挤满外出逃荒的饥民，大街上成群结队的乞丐，心情十分沉重。为改变兰考贫穷落后的面貌，焦裕禄立即深入基层，访贫问苦、调查研究，制定出治理肆虐兰考百年之久的风沙、水涝、盐碱"三害"的方案。这时，上级调来的救灾物资运送到兰考，负责发放工作的县委书记却视之不理，焦裕禄主动率领县委干部去火车站卸货、发货。不久，地委专员亲赴兰考宣布调整县委领导班子，任命焦裕禄为县委书记。焦裕禄不顾自己的肝脏经常胀痛，在治理"三害"第一线坚持工作，领导兰考人民战天斗地，深得群众拥戴。不久，县园艺场老场长由于过度操劳去世，使焦裕禄受到极大震动。为改变基层干部长期缺油少粮的状况，焦裕禄决定为他们增加口粮配给，却还遭到吴荣先等人的陷害，数百群众堵住会议室大门，为焦书记鸣冤叫屈。

不久，兰考又遇特大水灾，焦裕禄强忍肝痛，始终坚持在抗灾第一线，终因肝病发作，被送往医院。1964年5月14日晨，焦裕禄去世。近十万群众自愿赶来，组成一支浩荡的送葬队伍，将他的骨灰送回兰考。

资料来源：共产党员网，2014年5月13日

3. 用光影呈现党的光荣历史

百年征程波澜壮阔，百年初心历久弥坚。我们党的百年历史，就是一部践行党的初心使命的历史，就是一部党与人民心连心、同呼吸、共命运的历史。在这样的历史进程中，一代又一代中国电影人用胶片记录下民族的沧桑巨变，用光影勾勒出党的百年风华。

习近平总书记在庆祝中国共产党成立100周年大会上深刻指出："一百年来，中国共产党团结带领中国人民，以'为有牺牲多壮志，敢教日月换新天'的大无畏气概，书写了中华民族几千年历史上最恢宏的史诗。"北京电影学院作为新中国电影教育事业的参与者、实践者，从一开始就把为党和人民创作文艺精品确立为自己的根本任务，致力于用光影呈现这一伟大史诗。学院从孕育、建立到改革发展，始终同民族的命运紧密联系在一起，始终同党和国家的发展同向同行。我们坚持"向人民学习、为人民服务、做人民的艺术家"的育人理念，为党和人民培养了一批又一批电影专业人才。

新征程上，我们将继续强化以人民为中心的创作理念和导向。习近平总书记强调："社会主义文艺，从本质上讲，就是人民的文艺""文艺只有植根现实生活、紧跟时代潮流，才能发展繁荣；只有顺应人民意愿、反映人民关切，才能充满活力。"我们深刻体会到，深入人民生活中，虚心向人民学习，才能找到艺术创作真正的源泉。从人民的伟大实践和丰富多彩的生活中汲取营养，不断进行生活和艺术的积累，不断进行美的发现和美的创造，讴歌奋斗人生、刻画最美人物，才能不断创作生产出人民喜闻乐见的优秀作

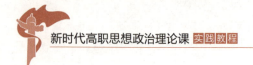

品，让人民精神文化生活不断迈上新台阶。

新征程上，我们将继续强化文艺人才培养和创作中的家国情怀，讲好党的故事、革命的故事、英雄的故事。习近平总书记强调："要鼓励创作党史题材的文艺作品特别是影视作品。"党的历史中有如磐的初心、如山的信仰，与党史相关的每一件红色文物、每一个红色故事、每一片红色沃土，都蕴藏着宝贵的精神财富。影视作品是讲好党的故事的重要阵地，也是传承宝贵精神财富的重要媒介。我们将一如既往地着力讲好中国共产党的奋斗故事，接续传承故事里蕴藏的信念、勇气、智慧，助力红色基因和家国情怀代代相传。

新征程上，我们将继续强化文艺工作者的创新能力，坚持守正创新，以新思想引领新实践。与时俱进的创造力和想象力是文艺创作的重要依托，文艺作品的创作手法、表现方式都在随着科技的不断发展而更新。只有深刻理解艺术创作发生变革的趋势，理解艺术和科技融合的诸多可能性，理解全新文艺载体的艺术语言和技术手法，才能让文艺创作插上与时俱进的翅膀，更好地创作出新时代的文艺精品，获得更大的社会影响力。

从黑白到彩色、从无声到有声、从胶片技术到数字影像技术，时代在变，手中的设备虽然不断更新迭代，但我们聚焦人民生活、记录民族奋进历程的信念不会变，我们将一如既往地以电影之光记录党的奋斗历程，勇担擎光者使命。以建设中国特色世界一流电影学院为目标，力争培养更多德艺双馨的优秀电影人才，创作更多满足人民对美好生活向往的电影精品，我们定能为繁荣发展社会主义文艺事业、建设社会主义文化强国作出新的更大贡献。

资料来源：大众网，2021 年 7 月 26 日

拓展阅读

专题 7：敢教日月换新天
——"激情燃烧的岁月"红色教育基地参观

一、实践导入

"明镜所以照形，古事所以知今。"社会主义革命和建设时期形成的红色精神是我们党带领人民群众不断奋斗、开拓进取，取得辉煌成绩过程中形成的独特而富有生命力的精神力量。红色基因所传承的历史，所蕴含的爱国主义、革命英雄主义、集体主义等精神内涵和价值追求，已经沉淀为社会主义核心价值观和新时代中国特色社会主义先进文化的重要特质。走进红色教育基地，重温党带领人民开展社会主义革命和建设时期的历史，达到以史鉴今、资政育人的目标。散落在三湘大地上的每一处爱国主义教育基地、革命文物旧址、红色旅游景点，都是一部历史教科书、一个信仰熔铸点、一座红色基因库。

二、实践形式

实地研学 + 感悟分享

三、实践活动

1. 活动目标

通过聆听革命先烈的光辉事迹，追寻革命先烈足迹，学习近百年来以毛泽东同志为代表的共产党员在湘潭这片红色热土上为民族独立、人民幸福和国家富强，开展革命斗争和社会主义建设的奋斗史。重温革命岁月，接受传统教育，激发学生爱党、爱国、爱社会主义的热情，弘扬革命先烈英勇顽强、舍生忘死的革命英雄主义精神。通过带领学生参观红色教育基地，近距离接触翔实的文献资料、珍贵的历史文物，加深学生对党史的了解，接受革命传统教育，追忆共产党员投身革命、坚定忠诚的先驱形象，传承红色基因，建功新时代。

2. 活动准备

（1）教师层面：任课教师提前 1～2 周布置活动任务，指导学生以小组为单位收集湘潭党史人物、党史故事和红色教育基地等方面的资料。教师要提前通知学生到红色教育基地研学的时间，并组织带领学生一同前往，负责学生的安全教育、人数清点、信息收集和传达等工作。

（2）学生层面：第一，收集相关资料。学生收集跟红色教育基地相关的资料，提前了解研学内容。第二，参观红色教育基地。学生分批次参观，每批学生参观人数约为100人。第三，研学体会提交。学生研学之后写下收获体会，每名学生选取自己印象最深的一张照片、一个故事、一个人物、一件物品等，提交一份不少于200字的心得体会及照片，并上传至课程教学平台。心得体会要求语言表达准确、流畅、自然，由任课教师择优推荐。

（3）班级层面：班委会在研学过程中负责研学纪律、清点学生人数，确保学生参观纪律。

3. 活动过程

（1）聆听革命故事，传承红色基因。学生跟随讲解员聆听红色故事，逐一参观红色教育基地，通过实地考察了解红色故事的背景和来龙去脉，为自己的学习和生活增添红色的光彩，汲取前进力量。

（2）讲好红色故事，传播红色文化。学生志愿者以展馆解说的形式进行"红色故事我来讲"分享，并拍摄微视频，将红色教育的实践主体从专家和教师变成学生本人，使"老师讲、学生听"转化为"青年讲、青年听"，并通过融媒体传播手段将学生的红色故事讲述推向全校，有效推动红色教育进课堂、进头脑。

（3）传扬革命故事，书写红色青春。学生打卡红色教育基地，并在抖音、微信、微博等新媒体APP上传扬红色故事、分享研学体会，营造红色教育的良好氛围。

4. 活动评价

（1）学生自评：研学结束后，每位同学分享实践活动感悟，填写"激情燃烧的岁月"红色教育基地探访总结表，并对自己参与活动情况进行评价。

（2）学生互评：其他学生针对某一小组分享情况进行点评，提出修改意见和建议，达到互助互促的活动效果。

（3）教师考评：任课教师对学生的心得体会给予点评并与学生交流，巩固实践成果，可择优推荐。

附件

"激情燃烧的岁月"红色教育基地探访总结表

姓名		班级	
研学体会（不少于300字）			
研学照片（不少于1张）			

评分标准（100分）：

1. 内容（50分）：主题鲜明，观点正确，思想性强，论证充分，选材得当，形式丰富，创新性强。
2. 语言（20分）：语言流畅，表达清楚、自然，无错别字。
3. 情感（30分）：富有真情实感，说服力强，联系实际生活。

教师评分：
年　月　日

四、实践参阅

1. 绿色韶灌沃湘中——湖南韶山灌区工程的示范意义

　　韶山灌区位于湖南省中部丘陵地带，是一代伟人毛泽东、共和国主席刘少奇、开国元勋彭德怀的故里。韶山灌区工程（以下简称"韶灌工程"）于1965年7月动工，1966年6月建成通水，10万劳动大军仅用10个月的时间就建成了灌区主体工程，创造了水利建设史上的奇迹。韶灌工程是湖南省灌溉面积最大、功能最全、影响最广、文化底蕴最深、综合效益突出的引水灌溉工程，被誉为璀璨的"湘中明珠"。50多年来，韶灌工程润泽潇湘，一直在发挥着巨大的效用。

建设韶灌工程——民之所盼

　　韶山灌区横跨紫云河、涓水、涟水和靳江4个湘江一级支流，其中以涟水流域面积最大。涟水河发源于湘中新邵县观音山西南麓，途经双峰、湘乡、湘潭，最后汇入湘江。历史上沿河两岸旱涝灾害频繁，生态环境恶劣。1644—1949 年的 305 年间，两三年一小旱，十年一大旱，特大旱灾达 31 次；每当山洪暴发时，沿河 15 万亩农田顿成汪洋。

新中国成立以来，国家大力兴建水利，在韶灌流域建有中、小型水库 127 座，塘 51 716 口，坝 3 911 座，有效库容达 2.4 亿立方米。但由于分布不均，复蓄次数低，远不能满足农业生产发展的需要。特别是高地农田所占比重大，少数虽可由河流给水，但扬程较高、效力低下，大部分主要由小水库和山塘灌溉，这些工程水源不足，抗旱能力低，无法确保满足农田灌溉需要。

湘潭县内因年降水量集中，常有山洪暴发而成灾，又因境内湘江和涟水、涓水下游河床下降平缓，受洞庭湖水上托的影响，汛期县内外大面积积水在此汇集，形成大流量、高水位的洪水，导致防汛压力大，容易酿成灾害。

1958 年，为彻底解决涟水流域的水利问题，湖南省委批准了水府庙水库和水府庙灌区的兴建。同年 9 月，水府庙水库大坝动工。1959 年 9 月，水府庙水库建成后，库容量达到了 3.7 亿立方米。由于当时遭遇国民经济最困难时期，灌区工程被迫停工。到了 20 世纪 60 年代初，灌区流域扩种双季稻，缺水的矛盾更加突出。群众迫切要求重修灌区，改善生态环境，促进农业稳产高产。1965 年 3 月，中共湖南省委、省政府作出了重修灌区建设工程的决定，并正式取名为"韶山灌区工程"。

建设韶灌工程——玉汝于成

面对建设时间紧、工程任务重、施工难度大等困难，在党和国家的正确领导和大力支持下，中共湖南省委、省政府科学规划、果断决策，动员了 10 万建设大军，以排除万难的勇气傲雪欺霜、战天斗地，在短短 10 个月内就完成了韶山灌区主体工程建设任务，谱写了一曲曲可歌可泣的英雄赞歌。

科学规划，擘画美好蓝图。1965 年 3 月重修韶灌工程时，国家刚刚经历了 3 年自然灾害，虽然经过两年调整国民经济得到恢复发展，但经济仍然比较困难、物资比较贫乏，而灌区工程又是政治影响大、施工难度大、参与人员多的综合性水利工程项目。为了高标准地完成建设任务，湖南决定首先进行顶层设计、科学规划。

在规划设计中做到了几个结合：在设计理念上，实现兴修水利、保障水安全与改善生态环境、保障民生相结合；在整体治理上，实现治水、治山与造田、植林相结合；在综合利用上，实现灌溉、防洪、供水与通航、发电、养殖相结合；在价值取向上，实现经济效益与社会效益相结合，眼前利益与长远利益相结合。通过科学规划，为韶山灌区描绘了美好的发展蓝图。

艰苦奋斗，造就韶灌精神。韶灌工程需劈开 110 多座山头，跨过 90 多条河谷，越过 10 多处公路、铁路。在当时物资十分匮乏、技术设备落后、地质地形复杂的条件下，为了如期高质量完成工程任务，10 万民工胸怀壮志，风餐露宿、日夜奋战，用铁镐、锄头和两齿锄等简单工具，凭着一颗红心、一双巧手，在 10 个月的时间里完成了举世瞩目的韶灌工程，包括引水枢纽——洋潭水库、总干渠、北干渠、左干渠、右干渠等渠道工程和洋潭引水枢纽、飞涟灌万顷渡槽等多个单体项目。

在建设过程中，出现了许多可歌可泣的人物和感人肺腑的事迹，建设民工被人们称为"十万英雄""十万愚公"，为后人留下了艰苦创业、无私奉献、攻坚克难、勇于创新的韶灌精神。

利在千秋，建设绿色韶灌。韶灌工程在规划建设中始终贯彻综合治理方针和绿色生态理念，将绿化美化纳入灌区规划，统筹推进山、水、林、田、湖、路综合治理，确保韶山灌区工程建成后，既能发挥灌溉、防洪排涝、发电、供水、养殖、航运等综合效益，又能涵养生态、改善环境，造福子孙后代。

在工程建设中，广泛发动群众在干渠两岸植树造林，实行乔、灌、杂相结合，用材林、经济林、果木林相结合。通过植树造林，使干渠绿树成荫，变美了也更牢固了，人们喜赞："百里渠道百里林，树绿渠固水长清。"2000 年 3 月，全国绿化委员会授予该灌区"全国绿色通道示范段"称号。

建设韶灌工程——福泽后世

韶灌工程是社会主义水利工程经典，是一座文化内涵丰富的巍峨丰碑，蜚声海外，扬名天下。它既是物质财富，又是精神财富；既有历史意义，又有现实意义。福泽后世，利在千秋。

韶灌工程是造福一方百姓的民生工程。灌区渠道交错绵延 180 余公里，跨越娄底、湘潭、长沙三地七县（市），是流域内最重要的水利生命线，是工农业稳产增产的屏障，是 300 万人民群众的生活补给水源。

韶山灌区的修建使当地极大地增强了抵御自然灾害的能力，这一地区在随后的时间里再也没有经受水、旱等灾害，人民安居乐业；工农业生产快速发展，旅游业也随之兴盛，极大地改善和提高了当地人民的生活水平。可以说，它的成功修建造福了百姓、改善了民生。

韶灌工程是带动湘中崛起的生态典范。如今，韶山灌区生态良好、环境优美，群峦叠翠、水如明镜，空气清新、景色宜人。水利风光、田园风光和自然风光交相辉映，连通韶山旅游区、大东山旅游区、水府庙旅游区和彭德怀纪念馆，构筑了全域旅游中重要

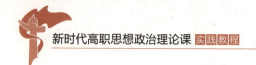

的生态绿道和纽带，带动了湘中崛起。

灌区践行"绿水青山就是金山银山"的发展理念，打造韶灌独有的绿色经济。全国众多高等学校也以韶山灌区为教学基地，成了将教学、科研、生产相结合的可持续发展的生态典范。

韶灌工程是助推乡村振兴的坚实基石。乡村振兴离不开产业振兴，产业振兴离不开水资源的合理利用。韶山灌区平均每年提供农业灌溉用水4.4亿立方米，2019年韶山灌区灌溉水有效利用系数达0.5445，居湖南省大型灌区第一位，被评为全国"灌区水效领跑者"，为粮食"双稳"发挥了保障性作用。东郊、泉塘、姜畲、银田、梅林桥等现代农业示范园均依托灌区而建，形成了集聚效应和示范效应，有效促进了现代农业发展。

同时，利用韶山灌区独特的水利工程、自然生态和红色文化等资源优势，积极推进韶山银河旅游区和韶灌水利小镇建设，促进了休闲农业、乡村旅游、运动休闲及农产品加工等特色产业的发展。韶山灌区向世人展示了一个已经实现了的"水之梦""乡村梦"，并将造福千秋万代。

韶灌工程是弘扬先进文化的重要载体。它是领导人魄力、魅力和老百姓智慧、汗水的结晶，是一座艰苦创业、团结战斗的精神丰碑，留下了内涵丰富的韶灌精神文化遗产，是爱国主义教育、党的群众路线教育、党史学习教育、水利科普教育的重要载体。

一代人有一代人的使命，一代人有一代人的担当。如今，建设韶山灌区的接力棒已交到新一代韶灌人的手中，"韶灌精神"也代代相传，并融入新一代灌区人的血液中，历久弥新，生生不息。

资料来源：湖南生态文明公众号，2022年11月11日

2. 湘潭党史馆

湘潭市党史馆是以时间为经，事件、人物为纬来布陈，展标为"领航——中国共产党湘潭历史陈列"。"领航"也是湘潭党史馆的展览主题，突出展现了湘潭党史馆的地方特色，诠释了湘潭地方党史的重要地位。展览一共分为序厅、觉醒、革命、建设、改革、筑梦、湘潭群英谱7个部分。

第一部分，觉醒。展示1840年鸦片战争爆发以后，以毛泽东为代表的进步青年走出湘潭寻求救国救民的真理，接触和接受马克思主义并向家乡传播，为中共湘潭地方组织的诞生提供了思想基础和组织条件。

第二部分，革命。反映的是1921—1949年这段时期，随着中国共产党的诞生，党的各级地方组织在湘潭相继建立、发展壮大。党领导工人、农民开展反帝反封建、反抗国民党反动统治、抗日救亡的革命斗争，最终迎来了湘潭的和平解放。

第三部分，建设。布展的内容是1949—1978年期间，党领导湘潭人民进行艰辛探索，取得了社会主义革命和建设的一个又一个胜利。

第四部分，改革。反映的是1978年党的十一届三中全会以后，党领导湘潭人民及时实现工作重心转移，改革开放起步，全面进行经济体制改革，建立社会主义市场经济体制。

第五部分，筑梦。按照"四个全面"的布局，介绍了党的十八大以来，党带领人民如何在湘潭全市范围内协调推进"四个全面"建设，书写中国梦湖南篇的湘潭华章。

第六部分，湘潭群英谱。以"湘潭群英谱"为主题，分为"党和国家领导人""人民军队高级将领""省部级领导""著名英烈""杰出人才""地市委书记"6个单元，展示了以毛泽东为代表的湘潭党史人物。

资料来源：编者根据相关资料整理编写

3. 毛泽东纪念馆（故居）

韶山毛泽东同志纪念馆为全国唯一系统展示毛泽东生平事迹、思想和人格风范的纪念性专题博物馆，包括生平展区、专题展区、旧址群等部分。现馆藏文物、文献、资料6.3万件，其中毛泽东晚年生活遗物6 400余件，为全国优秀爱国主义教育示范基地、国家一级博物馆。

韶山毛泽东同志纪念馆旧址群包括全国重点文物保护单位——毛泽东故居、毛泽东读私塾旧址南岸、毛泽东开展过农民运动的旧址毛氏宗祠、毛鉴公祠、毛震公祠和毛泽东父母墓地，以及周边部分山林、水田、水塘等。

资料来源：中国共产党新闻网，2019年8月14日

4. 彭德怀纪念馆

彭德怀故居位于湖南省湘潭县乌石镇乌石村彭家围子，原为3间破茅屋，故址在今故居东北30米左右。该故居曾是彭德怀的大弟金华创建的第一个中共彭家围子地下党支部主要议事地点，也是金华、荣华两位烈士被捕、牺牲的纪念地。在故居对面200米的卧虎山上，依山而建的彭德怀纪念馆陈列室里有文物藏品215件、图书资料194件、文献资料5 000余件。

资料来源：中国共产党新闻网，2013年7月13日

拓展阅读

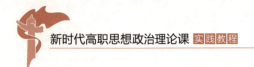

专题 8：继往开来铸华章
——"我们走进新时代"经典研读

一、实践导入

总有一本书，让你看见山水云月；总有一本书，让你品出人世间甜酸苦辣；总有一本书，让你明白什么是真善美；总有一本书，一旦翻开就停不下来。书香氤氲时，遇见更好的自己。与红色相伴，与经典同行。一本红色经典在手，感受到历史沉淀的重量。读红色经典，能让人们重拾峥嵘岁月里的记忆；诵红色经典，能让人们重温革命历史的情怀。让我们轻轻翻开书页，漫步于改革开放和社会主义现代化建设时期的历史长廊，汲取前人智慧，追随历史发展规律，学习先辈开拓创新、勇于担当，开放包容、兼容并蓄的精神品格，坚定信念不断奋斗，思考当下与未来，你我的世界将更加精彩。

二、实践形式

经典研读+感悟分享

三、实践活动

1. 活动目标

通过阅读有关红色经典书籍，如《习近平的七年知青岁月》《邓小平时代》《中国改革三部曲》等，深入了解我国的改革开放史，增强对中国特色社会主义理论体系的认识，坚定走中国特色社会主义道路的信心和决心，激励学生躬身践行、奋发有为、担当实干，积极投身党和国家的建设。

2. 活动准备

（1）教师层面：任课教师提前 1～2 周安排教学任务，要求学生分小组并选取一本红色经典，做好推荐此书的 PPT 及演讲文稿，准备上台展示。教师选定主持人，并指导主持人做好活动流程和主持稿的撰写。

（2）学生层面：第一，搜集相关资料。学生分组（原则上 5 人一组），选取一本小组成员都认为非常有意义的红色经典书籍，收集该书籍的相关简介、书评，了解该书籍的详细内容。第二，阅读红色经典。小组在课余时间阅读书籍、讨论交流，并分享自己的读书心得体会。第三，分享研读感悟。阅读完书籍之后，各小组通过合作完成选读会展示PPT，并做好分享准备。

（3）班级层面：班委会进行活动策划，确定活动开展的时间、地点等相关组织工作。

3. 活动过程

（1）介绍经典著作：以小组为单位选派代表上台展示，简要介绍书籍，如写作背景、内容简介、相关文化背景、相关述评等，帮助其他同学充分了解该书籍。

（2）诵读经典片段：学生以小组为单位，自行选取红色经典著作片段，采取新颖的形式诵读，个人诵读或小组诵读均可，允许适当穿插歌舞、情景剧等，要求自备配乐，感悟红色经典魅力。

（3）分享心得体会：通过阅读红色经典著作，深入了解党改革开放时期的历程和感人事迹，从党的光辉历史中汲取力量。每位学生积极发言，联系自身实际，分享读书心得体会，传承红色基因，让历史印记焕发光彩。

4. 活动评价

（1）学生自评：选读会结束后，每名同学分享实践活动感悟，填写"我们走进新时代"经典研读总结表，收获与体会不少于300字，并对自己参与活动情况进行评价。

（2）学生互评：其他学生针对某一小组分享情况进行点评，提出修改意见和建议，达到互助互促的活动效果。

（3）教师考评：教师对各小组的分享表现进行点评，并给予评价。教师对学生在课程教学平台上提交的心得体会，给予点评并纳入实践考核成绩。

附件

"我们走进新时代"经典研读总结表

姓名		班级	
经典书籍名称			
著作内容简介（不超过100字）			
收获体会（不少于300字）			

评分标准（100分）:

1. 内容（50分）: 主题鲜明，观点正确，思想性强，论证充分，选材得当，形式丰富，创新性强。
2. 语言（20分）: 语言流畅，表达清楚、自然，无错别字。
3. 情感（30分）: 富有真情实感，说服力强，联系实际生活。

教师评分:
年　月　日

四、实践参阅

1. 习近平的读书故事（节选）

最是书香能致远。

从梁家河到中南海，从躬耕基层到领航中国，读书始终是习近平总书记"最大的爱好"。

他博览古今中外，从书中汲取治国理政经验智慧；他身体力行垂范，用书香涵养民族精神力量。

"我爱好挺多，最大的爱好是读书。"

"我爱好挺多，最大的爱好是读书，读书已成为我的一种生活方式。"2013 年 3 月 19 日，在接受金砖国家媒体联合采访时，习近平总书记这样说。

书，陪伴着他的成长。

童年时，母亲带着习近平，到新华书店买《岳飞传》小人书。回来之后，就给他讲精忠报国、岳母刺字的故事。"我说，把字刺上去，多疼啊！我母亲说，是疼，但心里铭记住了。'精忠报国'四个字，我从那个时候一直记到现在，它也是我一生追求的目标。"

1969 年新年刚过，辗转火车、卡车、徒步，不到 16 岁的习近平，从北京来到陕西省延川县文安驿公社梁家河大队插队。

村里人对他的第一印象是，"这个瘦高的后生有两个很沉的箱子"。直到与习近平相熟了之后，他们才知道，两个箱子里，原来装的满满都是书。

"那个时候，除了劳动之外，一个是融入群众，再一个就是到处找书、看书。"习近平回忆道，"当时的文学经典，能找到的我都看了，到现在脱口而出的都是那时读到的东西。"

听说一位从北京来的知青有《浮士德》，他徒步 30 里去借；读诗词读得兴奋了，干脆跑到院子里放声朗诵，读过后喜欢的诗词大多都要背下来；读到车尔尼雪夫斯基的《怎么办？》，他效仿主人公磨炼意志，把褥子撤了，睡在光板炕上，一到雨雪天就出去摸爬滚打。

乡亲们记得："近平炕上都是书""有时吃饭也拿着书"，干了一天活后，晚上他还点着煤油灯看"砖头一样厚的书"。习近平曾回忆说，那时爱看书，晚上点着煤油灯，一看就是半宿。

2013 年五四青年节，参加主题团日活动时，总书记又谈起当年情景："上山放羊，我揣着书，把羊拴到山坡上，就开始看书。锄地到田头，开始休息一会儿时，我就拿出新华字典记一个字的多种含义，一点一滴积累。我并不觉得农村 7 年时光被荒废了，很多知识的基础是那时候打下来的。"

他熟读经典、手不释卷

有一次，习近平与友人议论起《共产党宣言》的中译本问题。谈到从俄、日、德、英、法不同语言翻译过来的中文本各有侧重，对文本的理解也不尽相同时，习近平感慨道："这么一个小薄本经典，就有这么多名堂，可见认识真理很不容易。"

多年以后，习近平总书记仍感叹，"如果心里觉得不踏实，就去钻研经典著作，《共产党宣言》多看几遍"。

1985 年冬天，时任厦门副市长的习近平结识了就读于厦门大学经济系的张宏樑。

一见面，便同他讨论起《资本论》课程的学习，分享自己的研读体会："读马克思主义原著要重视序、跋及书页下面和书后附录的注释，还有马克思、恩格斯之间有关《资本论》的通信内容。""要反复读，用心读，要把马克思主义原著'厚的读薄，薄的读厚'。"

张宏樑暗暗吃惊："您怎么对《资本论》这么熟悉？"习近平回答，自己下乡时在窑洞的煤油灯下通读过三遍《资本论》，记了很多本笔记，还读过几种不同译本，最喜欢厦大老师郭大力、王亚南的译本。

2018年5月，同北京大学青年学生交流时，习近平总书记娓娓道来当年的读书心得："那时候，我读了一些马列著作。15岁的我已经有了独立思考能力，在读书过程中通过不断重新审视，达到否定之否定、温故而知新，慢慢觉得马克思主义确实是真理，中国共产党领导确实是人民的选择、历史的选择，我们走的社会主义道路确实是一条必由之路。这种通过自己思考、认识得出的结论，就会坚定不移。"

他博览群书、涉猎广泛

在河北正定工作时，同陆树棠等友人谈论俄国文学，大家聊到托尔斯泰。

习近平说："哪个托尔斯泰？"

陆树棠愣了一下，心里想：习书记这么有学问，难道不知道托尔斯泰的大名？

习近平接着说："俄国有两个托尔斯泰。一个是列夫·托尔斯泰，写过《战争与和平》《安娜·卡列尼娜》《复活》，我读过。还有一个是阿·托尔斯泰，他是剧作家和诗人。"

习近平提议编写一本关于正定的书。在缺少电脑和网络的年代，资料奇缺，负责编写的同志犯了愁，只好找习近平想办法。没想到，习近平胸有成竹地说："我手头有一整套《真定府志》，还有一套《正定县志》，对正定的历史，都有详细记载。"

这些古籍，一共有8本，都是他从博物馆复印来的。

后来到浙江工作，习近平仍然保留着读县志、看古籍、品经典的习惯。在《浙江日报》撰写"之江新语"专栏，他旁征博引，《礼记》《左传》《战国策》《史记》中的章句信手拈来。为大学生作报告，《大学》《孟子》《资治通鉴》《思想录》《钢铁是怎样炼成的》等中外名著如数家珍。

他俯仰古今、学而深思

在中法建交50周年纪念大会上，习近平提到诸多对他产生过影响的著作：

"读法国近现代史特别是法国大革命史的书籍，让我丰富了对人类社会政治演进规律的思考。读孟德斯鸠、伏尔泰、卢梭、狄德罗、圣西门、傅立叶、萨特等人的著作，让我加深了对思想进步对人类社会进步作用的认识。读蒙田、拉封丹、莫里哀、司汤达、巴尔扎克、雨果、大仲马、乔治·桑、福楼拜、小仲马、莫泊桑、罗曼·罗兰等人的著作，让我增加了对人类生活中悲欢离合的感触。"

腹有诗书气自华。

"我不到 16 岁就从北京来到了中国陕北的一个小村子当农民,在那里度过了 7 年青春时光。那个年代,我想方设法寻找莎士比亚的作品……"2015 年 10 月,在伦敦金融城市长晚宴上,已是中国国家主席的习近平深情回忆起自己的读书心路:

"年轻的我,在当年陕北贫瘠的黄土地上,不断思考着'生存还是毁灭'的问题,最后我立下为祖国、为人民奉献自己的信念。"

在习近平总书记大力倡导和亲自推动下,放眼神州大地,书香氛围愈发浓厚,精神之花繁茂芬芳。

资料来源:新华网,2022 年 4 月 22 日,节选

2.习近平自述:我的读书心得

"我爱好挺多,最大的爱好是读书,读书已成为我的一种生活方式。"习近平总书记在国内外许多场合都分享过他读书的故事和心得。4 月 23 日是世界读书日,让我们跟随总书记的讲述,感受书籍的力量。

(1)读新华字典:一点一滴积累

我到农村插队后,给自己定了一个座右铭,先从修身开始。一物不知,深以为耻,便求知若渴。上山放羊,我揣着书,把羊拴到山峁上,就开始看书。锄地到田头,开始休息一会儿时,我就拿出新华字典记一个字的多种含义,一点一滴积累。我并不觉得农村 7 年时光被荒废了,很多知识的基础是那时候打下来的。

(2)读马列著作:马克思主义确实是真理

那时候,我读了一些马列著作。15 岁的我已经有了独立思考能力,在读书过程中通过不断重新审视,达到否定之否定、温故而知新,慢慢觉得马克思主义确实是真理,中国共产党领导确实是人民的选择、历史的选择,我们走的社会主义道路确实是一条必由之路。这种通过自己思考、认识得出的结论,就会坚定不移。

(3)读《共产党宣言》:一个内容丰富的理论宝库

《共产党宣言》是一个内容丰富的理论宝库,作出的理论贡献是多方面的,值得我们反复学习、深入研究,不断从中汲取思想营养。

《共产党宣言》虽然诞生于 170 年前,但其阐述的基本原理没有过时,也不会过时。我说过,"如果心里觉得不踏实,就去钻研经典著作,《共产党宣言》多看几遍",讲的就是温故知新的道理。

(4)读莎士比亚:思考"生存还是毁灭"

莎士比亚笔下跌宕起伏的情节、栩栩如生的人物、如泣如诉的情感,都深深吸引着我。年轻的我,在当年陕北贫瘠的黄土地上,不断思考着"生存还是毁灭"的问题,最

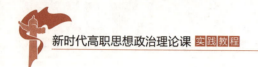

后我立下为祖国、为人民奉献自己的信念。我相信，每个读过莎士比亚作品的人，不仅能够感受到他卓越的才华，而且能够得到深刻的人生启迪。

（5）读贾大山的小说：常常被其描述和构思所折服

原来我读过几篇大山的小说，常常被他那诙谐幽默的语言、富有哲理的辨析、真实优美的描述和精巧独特的构思所折服。

作为一名作家，大山有着洞察社会人生的深邃目光和独特视角。他率真善良、恩怨分明、才华横溢、析理透彻。对人们反映强烈的一些社会问题，他往往有自己精辟独到、合情合理的意见和建议。

他更没忘记一名作家的良知和责任，用小说这种文学形式，尽情地歌颂真、善、美，无情地揭露和鞭挞假、恶、丑，让人们在潜移默化中去感悟人生，增强明辨是非、善恶、美丑的能力，更让人们看到光明和希望，对生活充满信心，对党和国家的前途充满信心。

（6）读"三言"：很多警句我都能背下来

"文革"时，我们家搬到中央党校住。按当时的要求，中央党校需要把书全集中在科学会堂里，负责装车的师傅都认识我，他们请我一起搬书。搬书的过程中，我就挑一部分留下来看。那段时间，我天天在那儿翻看"三言"（明代文学家冯梦龙编纂的《喻世明言》《警世通言》《醒世恒言》），其中很多警句我都能背下来。

（7）读《当代英雄》：每一个时代都有每一个时代的英雄

我很喜欢莱蒙托夫的《当代英雄》，说英雄，谁是英雄啊？每一个时代都有每一个时代的英雄。当时，在梁家河的山沟里看这本书，那种感受很强烈。

（8）读《老人与海》：描述的是一种永恒的精神

海明威的《老人与海》对狂风和暴雨、巨浪和小船、老人和鲨鱼的描写，给我留下了深刻印象。所以，我就想体验一下当年海明威写下那些故事时的精神世界和实地氛围。

我去过古巴两次，第一次是在福建工作时去的。我说，我们找找海明威当年写作的那个遗址吧。后来，到了他写《老人与海》的那个栈桥边，场景和小说中的一模一样，几个黑人孩子在那儿戏水，旁边有一个酒店，这个酒店是他写作的地方。我们专门在那儿吃了一顿饭。第二次去古巴的时候，我已经是国家副主席，他们听说我想了解海明威，就带我到了城里面一个海明威经常去的酒吧。他曾经在那个酒吧里写作。海明威最爱喝的一种饮料叫"莫希托"，是用朗姆酒配薄荷叶，再加冰块和白糖制成的。《老人与海》描述的那种精神，确实是一种永恒的精神。

（9）读《怎么办？》：学主人公锻炼毅力

车尔尼雪夫斯基是一个民主主义革命者，他的作品给我们不少启迪。他的《怎么办？》我是在梁家河窑洞里读的，当时在心中引起了很大震动。书的主人公拉赫美托夫，过着苦行僧式的生活，为了磨炼意志，甚至睡在钉板床上，扎得浑身是血。那时候，我们觉得锻炼毅力就得这么炼，干脆也把褥子撤了，就睡在光板炕上。一到下雨下雪天，我们就出去摸爬滚打，下雨的时候去淋雨，下雪的时候去搓雪，在井台边洗冷水澡，都是受这本书的影响。

（10）读《浮士德》：想象力很丰富

歌德的《浮士德》这本书，我是在上山下乡时，从30里外的一个知青那儿借来的。他是北京五十七中的学生，老是在我面前吹牛，说他有《浮士德》。我就去找他，说借我看看吧，我肯定还你。当时，我看了也是爱不释手。后来他等急了，一到赶集的时候，就通过别人传话，要我把书给捎回去。过了一段时间，他还是不放心，又专门走了30里路来取这本书。我说，你还真是到家门口来讨书了，那我还给你吧。《浮士德》确实不太好读，想象力很丰富。

（11）多用一些时间静心读书、静心思考

要力戒浮躁，多用一些时间静心读书、静心思考，主动加快知识更新、优化知识结构，使自己任何时候才不枯、智不竭。

（12）哪怕一天挤出半小时，即使读几页书，只要坚持下去，必定会积少成多

不注意学习，忙于事务，思想就容易僵化、庸俗化。学习需要沉下心来，贵在持之以恒，重在学懂弄通，不能心浮气躁、浅尝辄止、不求甚解。领导干部一定要把学习放在很重要的位置上，如饥似渴地学习，哪怕一天挤出半小时，即使读几页书，只要坚持下去，必定会积少成多、积沙成塔，积跬步以至千里。

（13）不能读死书，要同工作实际结合起来

在学习历史知识的时候，要坚持马克思主义的历史观和方法论，不能读死书，要同工作实际结合起来，对所读之书要取其精华、去其糟粕，做到"博学之，审问之，慎思之，明辨之，笃行之"，知古鉴今、古为今用，这样才能在我们认识和处理现实问题中发挥历史知识应有的积极作用。

资料来源：人民网，2022年4月22日

拓展阅读

专题 9：东方风来满眼春
——"发展才是硬道理"成就作品展

一、实践导入

改天换地河山秀，革弊兴邦日月新。习近平总书记在庆祝改革开放 40 周年大会上的重要讲话中指出："改革开放是我们党的一次伟大觉醒，正是这个伟大觉醒孕育了我们党从理论到实践的伟大创造。改革开放是中国人民和中华民族发展史上一次伟大革命，正是这个伟大革命推动了中国特色社会主义事业的伟大飞跃。"改革开放是党在新时代条件下带领全国各族人民进行的新的伟大革命，是当代中国最鲜明的特色。党的十一届三中全会以后，我国改革开放走过波澜壮阔的历程，取得举世瞩目的成就，充分展示新时代中国人民良好的精神面貌。改革开放如春风化雨，改变了中国，影响并惠及了世界。

二、实践形式

作品制作 + 作品展示 + 撰写总结报告

三、实践活动

1. 活动目标

通过举办改革开放成就作品展，全面展示 40 多年来中国的发展变化，特别是改革开放的历史进程，弘扬新时代精神，展现全国人民生活中发生的巨变和对美好生活的追求。引导学生弘扬伟大的改革开放精神，激励全体学生解放思想、改革创新，将改革创新精神运用到日常学习和生活中，更加自觉地增强"四个意识"、坚定"四个自信"做到"两个维护"，对改革开放和第二个百年奋斗目标的实现充满信心和决心，自觉肩负起中华民族伟大复兴的历史使命和责任。

2. 活动准备

（1）教师层面：任课教师提前 3～4 周安排实践任务，做好前期的动员宣传工作，并对学生分组，引导学生查阅资料，了解改革开放前后中国发展状况，了解中国改革开放中取得的重大成就，为活动的顺利开展做好知识储备。

（2）学生层面：收集整理与改革开放成就相关的资料，从经济、文化、科技、人民生活水平等方面展开。资料收集完成后，学生以小组为单位确定"改革开放成就展"作品形式和内容，确保内容符合主题，积极健康。同时，结合所学专业，在作品创作过程中融入专业知识。

（3）班级层面：班委会负责活动开展的策划和实施，制订活动实施计划，包含活动开展的时间、地点、形式等，布置好展出场地，并做好活动相关组织协调工作。

3. 活动过程

（1）作品创作：小组成员根据活动要求，开展改革开放成就作品展的制作。作品形式包括摄影作品、手绘作品、研究报告、微视频等。学生选取一种作品形式，小组分工合作，确保提交的作品具有代表性，能够有效展现我国改革开放取得的历史性成就（作品形式可参考附件1）。

（2）作品展出：教师根据学生提交的作品类别在教室布置展览区，让每一组学生作品都能参与展览。学生通过实地观展，感受中国一路创新、一路探索的历史过程。

（3）作品修改：每个小组就活动情况进行总结，撰写活动报告。学生对作品提出意见和建议，小组成员针对收集的意见和建议进行作品修改，确认无误后再次提交作品。

（4）作品展播：活动结束后，教师发起优秀作品投票活动，学生参与投票，并选出其中最能展现改革开放巨大成就的作品，教师择优在学校宣传展出。

4. 活动评价

（1）学生自评：活动完成后，学生小组收集其他同学的意见，针对有建设性的意见对作品进行修改，并以小组为单位提交"发展才是硬道理"成就作品展最终作品及活动总结。

（2）学生互评：学生根据观展情况对其他小组作品进行评价，提出切实可行的修改意见和建议。最终作品提交后，教师发起投票活动，其他学生参与投票。

（3）教师考评：教师根据学生作品及提交的总结表进行评价，并对优秀作品在学校做推介宣传。

附件1

"发展才是硬道理"成就作品展活动作品形式参考

改革开放40多年来，我国各领域发展取得举世瞩目的伟大成就，经济实力、科技实力、综合国力和人民生活水平跃上新的台阶，创造了世所罕见的经济快速发展奇迹和社会长期稳定奇迹，人民群众的获得感、幸福感、安全感显著增强。学生参与活动作品可以涉及以下几种形式。

一是摄影作品。首先，寻找能展现改革开放前人民生活水平、工作及学习等方面，具有代表性的照片；其次，拍摄一张展现现代生活的照片，最好与已准备的改革开放前照片内容相似，以此作为对比，从摄影的视角探索人民群众生活水平等方面发生的巨大变化。

二是手绘作品。手绘一份反映改革开放以来中国取得的历史成就的手抄报，通过图文并茂的形式，发挥学生的创作才能和审美意识，从绘画中读取中国发展成就，增强学生对这一史实的认同和理解。

三是探访实录。实地探访家乡，通过采访老前辈，了解前辈眼中家乡的变化；通过分享家乡在交通、居住、文化等方面的发展变化，了解改革开放的重要意义，以及人民幸福感和获得感的增强，并制作成视频。

四是其他形式。除以上形式外，学生还可以采取多种形式探寻改革开放 40 多年来的成就，要求作品内容积极健康，具有正能量，鼓励创新。

附件2

"发展才是硬道理"成就作品展活动总结表

作品名称		作品形式	
班级		成员名单	
本组作品收集的意见和建议汇总			
修改后的作品（附照片等材料）			
活动收获和体会			

四、实践参阅

1. 伟大的变革——改革开放 40 周年展

"伟大的变革——庆祝改革开放 40 周年大型展览"2018 年 11 月 13 日在国家博物馆开幕，通过伟大的变革、关键抉择、壮美篇章、历史巨变、大国气象、面向未来等主题展区，运用历史图片、文字视频、实物场景、沙盘模型、互动体验等多种手段和元素，充分展示 40 年来特别是党的十八大以来，人民群众生产生活发生的伟大变迁。该大型展览以习近平新时代中国特色社会主义思想为指导，以改革开放 40 年光辉历程为主线，紧扣"坚持和发展中国特色社会主义"这个主题，聚焦大事要事喜事，多角度、全景式集中展示改革开放 40 年的光辉历程、伟大成就和宝贵经验。突出展示党的十八大以来，以习近平同志为核心的党中央坚定不移高举改革开放旗帜，推进全面深化改革、不断扩大开放的战略决策部署，展现改革开放是党在新的时代条件下带领全国各族人民进行的新的伟大革命，展现党中央将改革进行到底的政治魄力和坚定决心，展现全面深化改革的总目标是完善和发展中国特色社会主义制度、推进国家治理体系和治理能力现代化，不断增强中国特色社会主义道路自信、理论自信、制度自信、文化自信。

资料来源：编者根据相关资料整理编写

2.《中共中央关于党的百年奋斗重大成就和历史经验的决议》（节选"三、进行改革开放和社会主义现代化建设"部分内容）

党的十二大、十三大、十四大、十五大、十六大、十七大，根据国际国内形势发展变化，从我国发展新要求出发，一以贯之对推进改革开放和社会主义现代化建设作出全面部署，并召开多次中央全会专题研究部署改革发展稳定重大工作。我国改革从农村实行家庭联产承包责任制率先突破，逐步转向城市经济体制改革并全面铺开，确立社会主义市场经济的改革方向，更大程度更广范围发挥市场在资源配置中的基础性作用，坚持和完善基本经济制度和分配制度。党坚决推进经济体制改革，同时进行政治、文化、社会等各领域体制改革，推进党的建设制度改革，不断形成和发展符合当代中国国情、充满生机活力的体制机制。党把对外开放确立为基本国策，从兴办深圳等经济特区、开发开放浦东、推动沿海沿边沿江沿线和内陆中心城市对外开放到加入世界贸易组织，从"引进来"到"走出去"，充分利用国际国内两个市场、两种资源。经过持续推进改革开放，我国实现了从高度集中的计划经济体制到充满活力的社会主义市场经济体制、从封闭半封闭到全方位开放的历史性转变。

为了加快推进社会主义现代化，党领导人民进行经济建设、政治建设、文化建设、社会建设，取得一系列重大成就。党坚持以经济建设为中心，坚持发展是硬道理，提出科学技术是第一生产力，实施科教兴国、可持续发展、人才强国等重大战略，推进西部大开发，振兴东北地区等老工业基地，促进中部地区崛起，支持东部地区率先发展，促进城乡、区域协调发展，推进国有企业改革和发展，鼓励和支持发展非公有制经济，加快转变经济发展方式，加强生态环境保护，推动经济持续快速发展，综合国力大幅提升。党坚持党的领导、人民当家作主、依法治国有机统一，发展社会主义民主政治，建设社会主义政治文明，积极稳妥推进政治体制改革，坚持依法治国和以德治国相结合，制定新宪法，建设社会主义法治国家，形成中国特色社会主义法律体系，尊重和保障人权，巩固和发展最广泛的爱国统一战线。党加强理想信念教育，推进社会主义核心价值体系建设，建设社会主义精神文明，发展社会主义先进文化，推动社会主义文化大发展大繁荣。党加快推进以改善民生为重点的社会建设，改善人民生活，取消农业税，不断推进学有所教、劳有所得、病有所医、老有所养、住有所居，促进社会和谐稳定。党提出建设强大的现代化正规化革命军队的总目标，把军事斗争准备的基点放在打赢信息化条件下的局部战争上，推进中国特色军事变革，走中国特色精兵之路。

面对风云变幻的国际形势，党毫不动摇坚持四项基本原则，坚决排除各种干扰，从容应对关系我国改革发展稳定全局的一系列风险考验。二十世纪八十年代末九十年代初，苏联解体、东欧剧变。由于国际上反共反社会主义的敌对势力的支持和煽动，国际大气候和国内小气候导致一九八九年春夏之交我国发生严重政治风波。党和政府依靠人民，旗帜鲜明反对动乱，捍卫了社会主义国家政权，维护了人民根本利益。党领导人民成功应对亚洲金融危机、国际金融危机等经济风险，成功举办二〇〇八年北京奥运会、残奥会，战胜长江和嫩江、松花江流域严重洪涝、汶川特大地震等自然灾害，战胜非典疫情，彰显了党抵御风险和驾驭复杂局面的能力。

党把完成祖国统一大业作为历史重任，为此进行不懈努力。邓小平同志创造性提出"一个国家，两种制度"科学构想，开辟了以和平方式实现祖国统一的新途径。经过艰巨工作和斗争，我国政府相继对香港、澳门恢复行使主权，洗雪了中华民族百年耻辱。香港、澳门回归祖国后，中央政府严格按照宪法和特别行政区基本法办事，保持香港、澳门长期繁荣稳定。党把握解决台湾问题大局，确立"和平统一、一国两制"基本方针，推动两岸双方达成体现一个中国原则的"九二共识"，推进两岸协商谈判，实现全面直接双向"三通"，开启两岸政党交流。制定反分裂国家法，坚决遏制"台独"势力、促进祖国统一，有力挫败各种制造"两个中国""一中一台""台湾独立"的图谋。

党科学判断时代特征和国际形势，提出和平与发展是当今时代的主题。党坚持维护世界和平、促进共同发展的外交政策宗旨，调整同主要大国的关系，发展同周边国家的睦邻友好关系，深化同广大发展中国家的友好合作，积极参与国际和地区事务，建立起全方位多层次的对外关系新格局。党积极促进世界多极化和国际关系民主化，推动经济全球化朝着有利于共同繁荣的方向发展，旗帜鲜明反对霸权主义和强权政治，坚定维护广大发展中国家利益，推动建立公正合理的国际政治经济新秩序，促进世界持久和平、共同繁荣。

党始终强调，治国必先治党，治党务必从严，聚精会神抓好党的建设，开创和推进党的建设新的伟大工程。党制定关于党内政治生活的若干准则，健全民主集中制，发扬党内民主，实现党内政治生活正常化；有计划有步骤地进行整党，着力解决党内思想不纯、作风不纯、组织不纯问题；按照革命化、年轻化、知识化、专业化方针加强干部队伍建设，大力选拔中青年干部，促进干部队伍新老交替。党围绕解决好提高党的领导水平和执政水平、提高拒腐防变和抵御风险能力这两大历史性课题，以执政能力建设和先进性建设为主线，先后就加强党同人民群众联系、加强和改进党的作风建设、加强党的执政能力建设等重大问题作出决定，组织开展"讲学习、讲政治、讲正气"教育、"三个代表"重要思想学习教育、保持共产党员先进性教育活动、学习实践科学发展观活动等集中性学习教育。党把党风廉政建设和反腐败斗争提高到关系党和国家生死存亡的高度，推进惩治和预防腐败体系建设。

改革开放四十周年之际，党中央隆重举行庆祝大会，习近平同志发表重要讲话，全面总结四十年改革开放取得的伟大成就和宝贵经验，强调改革开放是党的一次伟大觉醒，是中国人民和中华民族发展史上一次伟大革命，发出将改革开放进行到底的伟大号召。改革开放和社会主义现代化建设的伟大成就举世瞩目，我国实现了从生产力相对落后的状况到经济总量跃居世界第二的历史性突破，实现了人民生活从温饱不足到总体小康、奔向全面小康的历史性跨越，推进了中华民族从站起来到富起来的伟大飞跃。

中国共产党和中国人民以英勇顽强的奋斗向世界庄严宣告，改革开放是决定当代中国前途命运的关键一招，中国特色社会主义道路是指引中国发展繁荣的正确道路，中国大踏步赶上了时代。

资料来源：光明网，2021 年 11 月 16 日

拓展阅读

专题 10：万山磅礴看主峰
——"青春赞歌献给党"红歌会

一、实践导入

红歌万丈震云天，浩气绕梁夜不眠。在改革开放与社会主义现代化建设新时期，一首首脍炙人口、触动人心的红色歌曲应运而生。红色歌曲昂扬向上、催人奋进，具有鲜明的时代特征和强大的精神感召力，是社会主义文化的重要组成部分；记载着中华民族的伟大精神，深入人心，并展现了中国共产党领导全国人民走向胜利的历史进程，体现着不同历史时期中国共产党带领全国人民走向繁荣富强的过程。

二、实践形式

唱红歌 + 提交心得

三、实践活动

1. 活动目标

通过开展红歌会活动将学生带到改革开放与社会主义现代化建设新时期，引导学生感受当时的历史环境，感悟中国共产党为了理想信念不断奋斗的精神，并且能够从激昂奋进的旋律、简单质朴的歌词、撼人心魄的气势中感受到振奋人心的力量，从而有效激发学生的爱国主义情怀，激发他们奋发向上、不断奋斗的动力。

2. 活动准备

（1）教师层面：任课教师提前两周宣布实践主题，开展活动动员和宣传工作，详细讲解活动相关要求，并对学生所选曲目进行审核，确保歌曲符合此次红歌会活动要求。选定红歌会的主持人，指导主持人进行红歌会流程制定，拟订活动计划。

（2）学生层面：学生分小组充分利用图书馆、互联网等资源查找改革开放与社会主义现代化建设新时期具有代表性的红色歌曲，了解歌曲背后的创作故事。小组成员就红色歌曲与时代的关联展开讨论交流，确定曲目、明确分工。

（3）班级层面：班委会制订红歌会活动计划，确定红歌会开展的时间、地点等，布置活动场地，邀请班主任、辅导员参与红歌会活动，确保活动顺利开展。

3. 活动过程

（1）曲目选定：学生自行分成小组，根据教师提供的参考曲目示例选定合适的歌曲，确定表演形式。红歌展示形式不限（具体形式可参考附件）。

（2）歌曲排练：教师全程跟踪学生歌曲排练情况并及时指导，确保所选曲目与主题相符，可根据歌曲内容进行演唱艺术方面的加工和创新，但要确保作品的政治方向正确，内容和形式积极健康。

（3）歌曲演唱：小组成员精神饱满、富有朝气，通过演唱红歌体会改革开放与社会主义现代化建设新时期的光辉历程，讴歌党的丰功伟绩。从激昂奋进的旋律、简单质朴的歌词、撼人心魄的气势中感受振奋人心的力量。

（4）活动总结：活动结束后，小组成员根据参演情况分享红歌会感悟，从感悟分享中感受革命先辈和前仆后继、视死如归的勇气，感受劳动人民对建设新中国、建设伟大社会主义国家的美好期待。

4. 活动评价

（1）学生自评：每个小组提交一份录制好的红歌展示视频，每个学生提交一份红歌会活动心得，以激励学生在实践活动中领悟革命力量，弘扬革命精神。

（2）学生互评：学生对其他小组展示情况进行现场点评，并票选出最优作品。

（3）教师考评：任课教师就学生表现给予评价，对本次实践活动进行总结，对优秀的红歌展示视频作品进行推送，提高活动影响力。

附件

“青春赞歌献给党”红歌会表演形式参考

红歌展示活动可以采取以下几种形式。

合唱组：学生以小组为单位自行选择红歌曲目、自行配乐，采取合唱的方式进行展示，展现青年学生积极向上的风貌。

乐器组：充分发挥有乐器才艺学生的特长，采取乐器与唱歌相结合的方式，将红色歌曲唱得更加响亮。乐器由学生自行准备，类型不限。

音乐剧组：学生以小组为单位，采用情景剧的方式演唱红歌，更加能够带领学生浸入演唱情境，回到革命年代演绎革命前辈的光辉故事。

其他形式：鼓励学生充分发挥积极性和创造性，以新颖的方式完成红歌展示，要求形式和内容健康向上。

"青春赞歌献给党"红歌会评分表

歌曲名称		表演形式	
演唱时间		小组成员	
活动感悟			

评分标准（100 分）

1. 歌曲选定（10 分）：政治方向正确，歌曲积极向上，具有正能量。
2. 歌曲演绎（60 分）：演唱自然流畅，形象气质佳，成员团结合作，形式新颖，富有感染力。
3. 感悟分享（30 分）：活动总结到位，思考深入，富有真情实感，联系实际生活。

教师评分：

年　　月　　日

四、实践参阅

1. 红色歌曲推荐示例

《走进新时代》。1996 年，词作者蒋开儒受深圳市罗湖区邀请写关于香港回归的组歌。1997 年，邓小平同志逝世后，蒋开儒看到江泽民同志的报告中说要"高举邓小平理论伟大旗帜，进一步深化改革开放"。这句话不仅给了蒋开儒灵感，也让他觉得改革开放会继续下去。于是，蒋开儒在日记里写下："我们唱着东方红当家做主站起来，我们讲着春天的故事改革开放富起来，继往开来的领路人带领我们走进新时代，高举旗帜开创未来。"这四句话后来都成为歌词。曲作者印青拿到歌词的当晚就把曲子写了出来，并且写出了两份曲谱：一份写得很雄壮，听起来像进行曲；另一份则流行一点。随后，印青带着这两份曲谱去找前线歌舞团团长，想听听他的意见。团长看过后说，两稿都挺好。他也没再往下说，就去了洗手间。印青听见团长在洗手间里哼歌，是流行一点的那份，于是就用了。1997 年 6 月 15 日，《香港早晨》组歌正式亮相，罗湖区决定用最后一首《中国有幸》献礼中国共产党第十五次全国代表大会。这首歌送到央视后，有关领导、同志一起参与了修改创作，并将其改名为《走进新时代》。

《党啊，亲爱的妈妈》。这首歌曲创作于 20 世纪 80 年代，由龚爱书、佘致迪作词，马殿银、周右作曲。歌曲旋律优美，歌词朴实无华、饱含深情，歌颂了如母亲一样哺育中华儿女的中国共产党，唱出了人民群众的心声，是经典的红色歌曲之一。歌曲最初名为《妈妈，你的恩情该怎样报答》，歌词原是河北邯郸市一名热爱文学的矿工龚爱书所作，表达了儿女对母亲的纯真感情，并发表在邯郸市群众艺术馆编印的《花丛》歌词专辑（1981年3月刊）里。同为邯郸人的马殿银、周右非常喜欢这首词，就给它谱了曲，便是《党啊，亲爱的妈妈》的基本旋律。

《我的中国心》。1982年，邓小平和撒切尔夫人就香港前途问题开始会谈。在这样的大背景下，张明敏用醇厚又带有金属质感的嗓音成功演绎了这首《我的中国心》，不仅让20世纪80年代思想刚刚开放的中国内地听众认识到香港不只有"靡靡之音"，更唱出了天下中华儿女对祖国的挚爱深情。"长江长城，黄山黄河"这样具有象征性的名称传达了爱国之情。整首歌都是以海外游子直抒胸臆的语气切入，把一个壮阔的题材写得自然顺畅，从而征服了听众。

资料来源：编者根据相关资料整理编写

2. 东方风来满眼春——邓小平同志在深圳纪实（节选）

南国春早。

一月的鹏城，花木葱茏，春意荡漾。

跨进新年，深圳正以勃勃英姿，在改革开放的道路上阔步前进。

就在这个时候，我国改革开放的总设计师、各族人民敬爱的邓小平同志到深圳来了！

在我国社会主义现代化建设的关键时期，小平同志的到来，是对深圳特区最大的关怀和支持，是对深圳人民最大的鼓舞和鞭策。

1992年1月19日上午8时许，在深圳火车站月台上，几位省、市负责人和其他迎候的人们，在来回踱步，互相交谈，他们正以兴奋而激动的心情等待着……

来了！远处传来马达的轰鸣声。接着一列长长的火车徐徐进站。时钟正指9时，列车停在月台旁边。

一节车厢门打开，车站服务人员敏捷地把一块铺着红色地毯的长条木板放在车厢门口。

不一会，邓小平同志出现了！人们的目光和闪光灯束都一齐投向这位领一代风骚的伟人身上。

他，身体十分健康，炯炯的眼神，慈祥的笑脸，身着深灰色的夹克、黑色西裤，神采奕奕地步出车门。他的足迹，在时隔8年之后，又一次踏在处于改革开放前沿的深圳这块热土上。

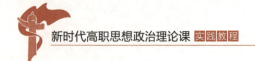

千里迢迢，舟车劳顿，市负责人劝他老人家好好休息。

但是，小平同志却毫无倦意。他说："到了深圳，我坐不住啊，想到处去看看。"

众所周知，邓小平同志是创办经济特区的主要决策者。早在 1979 年 4 月，他在听取当时中共广东省委主要负责人的汇报后说：可以划出一块地方叫作特区。陕甘宁就是特区嘛。中央没有钱，要你们自己搞，杀出一条"血路"。次年 8 月，全国人大常委会正式通过并颁布《广东省经济特区条例》，中国经济特区就这样诞生了。深圳特区是邓小平同志亲自开辟的最早的改革开放的试验地之一。它的发展情况，小平同志当然十分关注。1984 年 1 月，小平同志曾到深圳视察。一晃，8 年过去了。深圳的面貌又发生什么样的变化？老人家迫不及待要目睹一番。

随行人员说，小平同志身体好，昨晚在车上休息得不错，既然他兴致高，就安排活动吧。

在桂园休息约 10 分钟，小平同志和谢非等同志在迎宾馆内散步。

散步时，邓楠向小平同志提起他在 1984 年 1 月 26 日为深圳特区题词一事。邓小平同志接着将题词一字一句念出来："深圳的发展和经验证明，我们建立经济特区的政策是正确的。"一个字没有漏，一个字没有错。在场的人都很佩服他那惊人的记忆力。

1984 年，特区建设遇到不少困难和阻力，有些人对办特区持怀疑观望态度。是年 1 月 24 日，当时任中共中央政治局常委、中顾委主任的邓小平同志，同王震、杨尚昆同志在中顾委委员刘田夫和广东省省长梁灵光的陪同下，到深圳视察，给深圳特区题了词，肯定了深圳特区的建设成就，肯定了办特区的方针是正确的，给了特区建设以决定性的支持，坚定了人们办特区的决心和信心，使特区的建设事业继续推向前进。

散步后，小平同志在省、市负责人陪同下，乘车观光深圳市容。

车子缓缓地在市区穿行。这里，8 年前有些还是一汪水田、鱼塘，羊肠的小路，低矮的房舍。现在，宽阔的马路纵横交错，成片的高楼耸入云端，到处充满了现代化的气息。小平同志看到这繁荣兴旺、生机勃勃的景象，十分高兴。正如他后来说的："8 年过去了，这次来看，深圳、珠海特区和其他一些地方，发展得这么快，我没有想到。看了以后，信心增加了。"

小平同志边观光市容，边同省、市负责人亲切交谈。

当谈到办经济特区的问题时，小平同志说，对办特区，从一开始就有不同意见，担心是不是搞资本主义。深圳的建设成就，明确回答了那些有这样那样担心的人。特区姓"社"不姓"资"。从深圳的情况看，公有制是主体，外商投资只占四分之一，就是外资部分，我们还可以从税收、劳务等方面得到益处嘛！多搞点"三资"企业，不要怕。只要我们头脑清醒，就不怕。我们有优势，有国营大中型企业，有乡镇企业，更重要的是政权在我们手里。有的人认为，多一分外资，就多一分资本主义，"三资"企业多了，就是资本主义的东西多了，就是发展了资本主义。这些人连基本常识都没有。

当谈到经济发展问题时，小平同志说，亚洲"四小龙"发展很快，你们发展也很快。广东要力争用20年的时间赶上亚洲"四小龙"。停了一会，他补充说，不仅经济要上去，社会秩序、社会风气也要搞好，两个文明建设都要超过他们，这才是有中国特色的社会主义。新加坡的社会秩序算是好的，他们管得严，我们应该借鉴他们的经验，而且比他们管得更好。

车子不知不觉到了皇岗口岸。皇岗边防检查站、海关、动植物检疫所的负责同志，热情地欢迎小平同志的到来。

小平同志站在深圳河大桥桥头，深情地眺望对岸的香港，然后察看皇岗口岸的情况。

皇岗边检站站长熊长根向小平同志介绍说，皇岗口岸是1987年初筹建，1989年12月29日开通的。占地一平方公里，有180条通道，最高流量可达5万辆次和5万人次，是亚洲最大的陆路口岸。最近每天约通过7 000辆车次和2 000人次。小平同志听了很高兴，不断点头，露出满意的笑容。

资料来源：深圳特区报，2012年1月31日

3. 在红色歌曲中感悟信仰力量

歌曲是时代的心声，一曲红歌就是一段鲜活的历史。《黄河大合唱》曾激励多少中华儿女同仇敌忾、共御外敌，《十送红军》曾让多少革命群众热泪盈眶，《我为祖国献石油》曾鼓舞多少有志青年投入建设祖国的热潮。一首首红色歌曲，见证着我们的奋斗历程，承载着共同的价值追求，是一笔宝贵的精神财富。用这些家喻户晓、传唱不衰的红色歌曲滋养精神，成为人们学习党史、领悟党史的一个途径。

习近平总书记强调，党史学习教育"要注重方式方法创新"。红色歌曲是我们身边的红色资源，传唱红歌是传承红色基因的有效方式。创新方式方法，让党史学习教育更加接地气，就能带动更多人铭记光荣历史、坚定理想信念。

资料来源：人民网，2021年4月4日

拓展阅读

《形势与政策》

实践教学活动

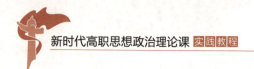

专题1: 学形势政策，论天下风云
——青年学生时事评论

一、实践导入

"风声、雨声、读书声，声声入耳；家事、国事、天下事，事事关心。"正是古代对读书人有这种要求，才有了范仲淹"先天下之忧而忧、后天下之乐而乐"的家国情怀，培育出顾炎武"天下兴亡、匹夫有责"的开阔胸襟。时代在变迁，作为新时代的青年学生，必须主动关心国际国内大事，用全面、系统的眼光看待社会现象，多方面、多角度地分析事物本质，从而坚持正确的政治方向，提高明辨是非的能力，主动维护国家利益，维护世界和平与发展，用青春的能动性和创造力激荡起民族复兴的澎湃春潮，用青春的智慧和汗水投身富强民主文明和谐美丽的社会主义现代化强国建设。

二、实践形式

时事评论

三、实践活动

1. 活动目标

通过开展时事评论活动，展示国家发展战略和发展成效，阐释世界局势走向和中国应对方略，帮助青年学生正确认识新时代国内外形势，深刻领会党的十八大以来党和国家取得的历史性成就、发生的历史性变革、面临的历史性机遇和挑战，准确理解党的基本理论、基本路线、基本方略，引导广大青年学生深刻领悟"两个确立"的决定性意义，增强"四个意识"、坚定"四个自信"、做到"两个维护"，在思想上政治上行动上同以习近平同志为核心的党中央保持高度一致。

2. 活动准备

（1）教师层面：任课教师在课前布置实践任务，要求学生从四个方面选取评论内容：党的政治建设、思想建设、组织建设、作风建设、纪律建设及贯穿其中的制度建设新举措新成效；党中央关于经济建设、政治建设、文化建设、社会建设、生态文明建设的新部署新成就；坚持"一国两制"、推进祖国统一的新进展新局面；中国坚持和平发展道路、推动构建人类命运共同体的新理念新贡献。

（2）学生层面：学生根据自己的兴趣、爱好、特长等自由组合，原则上5人一组，并选出组长。小组根据要求确定主题，用马克思主义理论分析当前社会时事热点，做到以案说理、以小见大，理论指导实践，用实践检验理论。

（3）班级层面：班委会负责策划、协调、实施工作。制定策划书，明确活动开展的时间、地点等相关内容。

3. 活动过程

（1）PPT制作：各组成员分工合作，收集文字、视频、图片等资源，补充观点，撰写讲解稿，做到形式与内容的协调，科学性和艺术性的统一。

（2）内容审核：各组组长将要展示的PPT提交至班委会，任课教师与班委会成员共同审核。如果存在观点不正确、论点不明确、措辞有差错、PPT制作粗糙等问题，则要求其修改并重新提交。

（3）评论展示：任课教师和学生一起参加青年学生时事评论活动，各组按顺序依次上台展示。

（4）资料存档：活动结束后，班委会以小组为单位，将活动策划书、活动照片、活动总结提交课程教学平台。对优秀的时事评论PPT通过课程教学平台向全校展示。

4. 活动评价

（1）学生自评：学生依据参与活动的表现进行自评，分数占总评成绩的10%。

（2）小组互评：学生依据"青年学生时事评论评价表"对其他小组打分，取小组互评分的平均分，并占总评成绩的40%。

（3）教师考评：任课教师打分占总评成绩的50%，并给出评语。根据学生自评分、小组互评分和教师评分得出小组的最终成绩。分数最高的小组为优秀小组，获得荣誉证书。

（4）青年学生时事评论总成绩可占形势与政策课程总成绩的40%。

附件

青年学生时事评论评价表

班级		姓名		
评价标准	分值	分数小计	备注	
分工合理、各成员均积极参加	20分			
展示内容符合活动主题	20分			
PPT制作精美	20分			
展示形式丰富多彩	20分			
展示活动取得预期效果，观众反响良好	20分			
总分	100分			

四、实践参阅

1. 在历史纵深处看全面小康伟大成就（节选）

千年梦想，百年奋斗，圆在今朝。从一百年前的衰败凋零到今天的欣欣向荣，中华民族正以不可阻挡的步伐迈向伟大复兴。中国共产党向人民、向历史交出了一份优异的答卷。历史雄辩证明：没有共产党就没有新中国，没有共产党就没有中国特色社会主义，没有共产党就没有中国人民的幸福生活。只有在中国共产党领导下，才能不断满足人民对美好生活的向往，才能实现中华民族伟大复兴的中国梦。

全面建成小康社会，完成第一个百年奋斗目标，这是不屈不挠、长期奋斗的果实，更是启航新征程、扬帆再出发的动员。现在，中国共产党团结带领中国人民又踏上了实现第二个百年奋斗目标新的赶考之路。回望过往历程，眺望前方征途，全党全国人民无比自豪自信：有习近平新时代中国特色社会主义思想科学指引，有以习近平同志为核心的党中央坚强领导，有中国特色社会主义制度强大优势，有全国各族人民的紧密团结，全面建成社会主义现代化强国的目标一定能够实现，中华民族伟大复兴的中国梦一定能够实现。

资料来源：共产党员网，2021年7月15日

2. 在全社会弘扬勤俭节约精神（节选）

"历览前贤国与家，成由勤俭败由奢。"艰苦奋斗、勤俭节约是中华民族的传统美德，也是我们党的优良作风。习近平总书记始终高度重视传承勤俭节约优良传统，指出"浪费粮食的不良风气必须坚决刹住"，强调"不论我们国家发展到什么水平，不论人民生

活改善到什么地步，艰苦奋斗、勤俭节约的思想永远不能丢"，号召"努力使厉行节约、反对浪费在全社会蔚然成风"……一系列重要论述，对于培育勤俭节约的社会风尚发挥着重要指导作用。党的二十大报告着眼"培育时代新风新貌"，提出在全社会弘扬勤俭节约精神。这一重要要求，为持续提高全社会文明程度指明方向。

勤俭节约是个人品德作风的写照，也折射一个政党、一个民族的精神文明追求。勤俭可以修身养德，节约能够兴业强国，不管经济如何繁荣、社会如何发达，必须时刻以艰苦奋斗、戒奢戒躁警醒自己、鞭策自己，坚决抵制享乐主义、奢靡之风。"俭开福源，奢起贫兆"，勤俭节约的好传统决不能丢，任何时候都要以俭素为美，而不以奢靡为傲。大力弘扬勤俭节约精神，正是把好传统带进新征程、将好作风弘扬在新时代的生动体现。

资料来源：人民网，2023 年 5 月 24 日

3. 运用数字技术，让中国声音更响亮（节选）

党的二十大报告提出："增强中华文明传播力影响力。"面对复杂多变的国际形势，要适应国际传播格局的新特点、新变化、新需要，进一步提升中华文化影响力和国际传播力，发出中国声音、讲好中国故事、阐发中国价值，展示丰富多彩、生动立体的中国形象。

做好中华优秀传统文化创造性转化、创新性发展，提升中华文化影响力。中华优秀传统文化蕴含的哲学思想、人文精神、价值取向、知识体系等都是文化内生力的重要驱动要素，也是涵养社会主义核心价值观的重要源泉。挖掘时代内涵、创新表达形式，是传承和发展中华优秀传统文化的内在要求。近年来，歌剧《沂蒙山》、舞蹈诗剧《只此青绿》、话剧《谷文昌》等文艺作品将中华优秀传统文化、红色革命文化与新时代文化建设有机融合，实现社会效益与经济效益相统一。

运用数字技术，提升国际传播效能。增强中华文明传播力影响力，深化文明交流互鉴，推动中华文化更好地走向世界，是建设社会主义文化强国的重要内容。近年来，数字技术深刻影响国际传播方式。大数据、云计算、人工智能等新技术，正在重塑国际传播格局。以《千里江山图》为蓝本创作的舞蹈诗剧《只此青绿》在国内舞台"出圈"后，趁势借助短视频在海外掀起了一轮中国风热潮。这也启示我们，提高国际传播效能，应坚持价值导向和技术赋能，将顶层机制设计、受众需求、数字技术应用等关乎传播效能的维度纳入考量，进一步提升文化产品的国际传播力和竞争力。

面对世界舞台，我们应该坚持中华文化立场，坚定文化自信，在创造性转化、创新性发展中充分利用数字技术，创新表达方式，提升中华文化影响力，增强对外话语的感

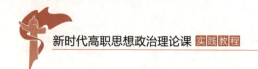

召力、亲和力和影响力，更好地推动中华文化走向世界。

资料来源：人民网，2023 年 5 月 12 日

4. 为中国式现代化提供高技能人才支撑（节选）

一个榜样就是一个标杆，一个典型就是一面旗帜。从完成 300 余项研制任务攻关的技能带头人，到能把零部件加工精度控制在 0.002 毫米的技能专家，再到获得国家专利 50 项、主导制定国家标准 2 项的示范性劳模，受到表彰的中华技能大奖获得者和全国技术能手，是践行技能成才、矢志技能报国的先进典型，是全国技能劳动者的先进代表。他们的成长历程表明，立足本职、钻研技术、苦练技能，平凡的岗位也能成就不平凡的事业。广大技能劳动者以先进典型为模范，刻苦钻研技术、无私奉献创造，一定能在岗位成才、技能成才的道路上大放光彩。

技能改变个人命运，技能破解发展难题，技能成就制造强国，新时代是重视技能、崇尚技能的时代。党的十八大以来，我国技能人才培养工作取得长足进展，目前全国高技能人才已超过 6 000 万人，占技能劳动者的 30%。技能人才队伍不断充实，为我国高质量发展提供了澎湃动力。踏上强国建设、民族复兴的新征程，坚持教育优先发展、科技自立自强、人才引领驱动，加快建设教育强国、科技强国、人才强国，呼唤更多高技能人才和大国工匠脱颖而出，为推进中国式现代化提供有力人才保障。

技能是强国之基、立业之本。放眼世界，高技能人才是赢得国际竞争主动的重要战略资源。在 2022 年世界技能大赛特别赛中，中国代表团在仅参加半数左右项目的情况下，获得金牌榜和团体总分世界第一。更多大国工匠、能工巧匠涌现出来，必将缔造更多中国制造、中国发展的传奇。

资料来源：人民网，2023 年 5 月 11 日

拓展阅读

专题 2：坚决听党话，永远跟党走
——党的创新理论宣讲微视频比赛

一、实践导入

理论上的成熟是政治成熟的基础，政治上的坚定源于理论上的认同。习近平新时代中国特色社会主义思想在应变局、开新局的伟大实践中与时俱进，丰富发展，展现出更强大、更有说服力的真理力量和实践伟力。党的创新理论深入人心的最好方式就是宣讲。通过宣讲把党的理论创新成果及其蕴含的立场观点方法讲准、讲深、讲透、讲活，把新时代党和国家事业取得的历史性成就、发生的历史性变革及其在党史、新中国史、改革开放史、社会主义发展史、中华民族发展史上的里程碑意义讲准、讲深、讲透、讲活，让人民群众听出"理论的味道"，进而产生情感共鸣，最终落实到具体行动上。

二、实践形式

微视频比赛

三、实践活动

1. 活动目标

通过参与党的创新理论宣讲微视频制作，展示党的十八大以来党和国家事业取得的历史性成就、发生的历史性变革，深刻领会新时代党的创新理论，努力掌握蕴含其中的立场观点方法、道理学理哲理，坚持不懈用党的创新理论和最新成果武装头脑，积极投身到实现中华民族伟大复兴的火热实践中。

2. 活动准备

（1）教师层面：任课教师在课前布置实践任务，要求学生组队并收集资料，规定微视频提交时间。微视频的内容可以围绕以下几个方面：过去 5 年的工作和新时代 10 年的伟大变革；开辟马克思主义中国化时代化新境界；新时代新征程中国共产党的使命任务；加快构建新发展格局，着力推动高质量发展；实施科教兴国战略，强化现代化建设人才支撑；发展全过程人民民主，保障人民当家作主；坚持全面依法治国，推进法治中国建设；推进文化自信自强，铸就社会主义文化新辉煌；增进民生福祉，提高人民生活品质；推动绿色发展，促进人与自然和谐共生；推进国家安全体系和能力现代化，坚决维护国家安全和社会稳定；实现建军一百年奋斗目标，开创国防和军队现代化新局面；坚持和完善"一国两制"，推进祖国统一；促进世界和平与发展，推动构建人类命运共同体；坚定不移全面从严治党，深入推进新时代党的建设新的伟大工程。

（2）学生层面：学生分小组，原则上5人一组，每组选出一位组长。由组长进行分工，开展宣讲微视频制作。

（3）班级层面：班委会策划宣讲微视频比赛活动，确定比赛的时间、地点等，邀请任课教师、班主任、辅导员等参与比赛，确保活动顺利开展。

3. 活动过程

（1）制作视频：各小组成员确定主题，查找资料，搜集或自行拍摄关于党的创新理论的图片或视频。小组内部进行交流讨论，根据资料收集情况，确定微视频标题。小组成员筛选收集的图片、视频，进行微视频剪辑制作。

（2）完善视频：学生将作品提交任课教师审核。教师对微视频内容、形式提出修改意见，小组根据意见完善内容和美化画面。

（3）展示视频：小组成员展示本组制作的微视频，并派一名代表解说，时长为3～5分钟。

（4）活动总结：小组成员根据微视频情况分享感悟，教师对活动情况总结，各组组长将微视频提交到课程教学平台。

4. 活动评价

（1）学生自评：学生依据参与活动的表现进行自评，分数占总评成绩的10%。

（2）小组互评：各小组根据"党的创新理论微视频宣讲比赛活动评价表"给其他小组打分，每组的最终成绩取平均分，占总评成绩的40%。

（3）教师考评：教师打分占总评成绩的50%，并给出评语。根据学生自评分、小组互评分和教师评分得出每组的最终成绩。分数最高的小组为优秀小组，获得荣誉证书，并推荐参加校外党的创新理论宣讲活动。

（4）党的创新理论宣讲微视频比赛成绩可以占形势与政策课程总成绩的40%。

📎 | **附件**

党的创新理论宣讲微视频比赛活动评价表

班级		姓名		
评价标准	分值	分数小计	备注	
小组分工合理、各成员积极参与	10分			
微视频内容符合主题，展示积极向上的价值取向	40分			
视频剪辑合适，转场效果自然，特效使用合理	20分			
解说精彩，与视频相得益彰	30分			
总分	100分			

四、实践参阅

1. 湖南：微宣讲大效应，让理论宣讲"声"入人心（节选）

随着理论宣讲形式的不断迭代与创新，传播能力不断提升。近年来，以"微宣讲"为代表的方式，逐步打通了理论宣讲的"最后一公里"，让党的创新理论"飞入寻常百姓家"。

2023年2月21日下午，由湖南省委宣传部、"学习强国"湖南学习平台主办，湖南红网新媒体集团承办的2022年度湖南"好声音讲坛"理论微宣讲比赛决赛在长沙举行。本次网络投票数高达80万+，展示页面阅读量达到400万+。

在此次"微宣讲"活动中，来自各行各业的宣讲人在机关礼堂、在工厂车间、在小区广场、在晒谷屋场，通过小切口、小载体、小故事，把"大众菜谱"制作成适合不同人群的"特色佳肴"。以"小话题"反映"大主题"，以"小角色"组建"大队伍"，用"小故事"说明"大道理"，用"小载体"发挥"大影响"，这样的显著特点，让"微宣讲"深受广大干部群众的欢迎。

资料来源：红网，2023年2月24日

2. 北京："理论＋百姓＋文艺"特色宣讲

由北京市委宣传部、市社会科学院（市委讲师团）、北京演艺集团联合组建的北京市学习贯彻党的二十大精神"理论＋百姓＋文艺"特色宣讲团，是北京市党的创新理论宣讲工作的创新品牌，包括理论专家、百姓宣讲员、文艺工作者组成的6支宣讲队伍，紧扣党的二十大精神，结合首都生动实践，围绕中国式现代化、国家安全、首都高质量发展、北京国际交往中心功能建设、全面从严治党和"三个务必"等主题，以多样化表达推动党的二十大精神通俗化、大众化、轻巧化传播。宣讲团全市巡讲从 2023 年 3 月下旬持续到 4 月底，在各区基层一线开展 17 场线下面对面宣讲，同时搭建新媒体传播平台，积极开展"云宣讲"。新的宣讲形式既宣传了党的政策、传播了正能量，又展示出传统曲艺的魅力，给大家带来了视觉、听觉上的新体验。

资料来源：编者根据相关资料整理编写

3. 上海："四队五进六讲"宣讲

上海徐汇区委充分发挥市级—区级—基层三级宣讲体系作用，统筹开展好党的二十大精神"四队五进六讲"宣讲工作。

"四队"，是指四类宣讲队伍，分别为：领导干部宣讲团队，各单位领导干部在本系统、本单位率先开展宣讲；专家宣讲团队，邀请市委党校、区委党校等 20 名专家学者作为骨干力量；特色宣讲团队，包括"汇青春"青年讲师团、"光启晚晴"五老报告团、教育系统"汇说"理论宣讲团等；基层宣讲联盟团队，主要瞄准 13 个街镇的 306 个居委，用身边人讲身边事，推动党的创新理论"飞入寻常百姓家"。

"五进"，即推动党的二十大精神进机关、进社区、进校园、进企业、进网站，全面覆盖经济社会发展最活跃的"细胞"，针对不同的群体，通过不同的宣讲形式、宣讲语言、宣讲载体，以期取得更好的宣讲效果。

"六讲"，即通过六大宣讲形式讲好党的二十大精神：讲好政策，领导干部带头宣讲；讲述经历，二十大代表一线宣讲；讲透理论，专家学者深入宣讲；讲好案例，基层骨干生动宣讲；讲明道理，青年群体本色宣讲；讲活故事，平台载体创新宣讲。

徐汇区还持续发挥"新思汇""研习汇""汇讲坛"等线上学习品牌作用，通过面对面、互动式的宣讲，并不断创新形式载体，持续提升理论宣讲的传播能级，让广大群众听得懂、能领会、可落实，在全区形成学习贯彻党的二十大精神的"大合唱"。

资料来源：编者根据相关资料整理编写

4. 广东："学习贯彻党的二十大精神推进广东高质量发展"主题宣讲

讲百姓话、说百姓事，让党的创新理论进入寻常百姓家。在广东省委宣讲团统筹指导下，各地、各有关部门组建市委宣讲团、百姓宣讲团、青年宣讲团、巾帼宣讲团等各级各领域宣讲团 3 331 个，深入社区村落，利用新时代文明实践中心（所、站），在红色革命旧址旁、公园榕树下开展宣讲活动 9.5 万场，线上线下听众达 3 800 余万人。

"以科技创新支撑高质量发展""国产先进设备打破垄断""向每个人传递科技温度"……来自政府部门和智能制造、机器人、新能源、人才服务等领域的优秀宣讲员，将奋斗历程、真挚心得化作生动的高质量发展故事，将党的二十大精神、高质量发展新理念送到基层干部群众身边。

资料来源：编者根据相关资料整理编写

5. 河北：把党的创新理论传播到千家万户（节选）

围绕学习宣传贯彻习近平新时代中国特色社会主义思想和党的二十大精神，河北廊坊市按照基层社区、农村、企业、学校等的多样化、个性化理论需求，不断优化宣讲内容。采用网络征集、实地调研、面对面交流等多种方式，梳理和掌握基层干部群众理论需求状况。针对不同行业、不同领域、不同对象，精心设计党的建设、经济发展、文化教育、法治建设、科技金融、工商企业、生态环保、社会治理、医疗卫生 9 类宣讲"菜单"，努力满足不同群体的理论需求。

建设一支懂百姓情、说百姓话、有百姓味的宣讲队伍，是做好理论宣讲工作的重要保证。廊坊市统筹域内外优质师资，整合宣传、教育、科技、司法、农业、水利、交通、卫生等多部门资源，培养选拔包括专家学者、党员干部、典型模范、基层志愿者在内的 2 600 多名宣讲成员，打造出"巾帼宣讲团""青年讲师团""农技专家宣讲小分队"等数十支特色宣讲队伍，努力全面覆盖宣讲对象所在领域，让党的创新理论真正"飞入寻常百姓家"。

讲百姓话、说百姓事，理论宣讲才能赢得人心。廊坊市坚持平实朴实切实，努力把理论话语转化成群众语言，把抽象的理论逻辑转化成形象的生活逻辑。精心组织系列活动，努力以接地气、有锐气、显生气的理论宣讲方式让老百姓听得懂、能明白。主动延展宣讲链条，将宣讲与服务结合，持续深化"群众说事、干部解题"机制，打通党的创新理论宣传群众、服务群众、凝聚群众的"最后一公里"。

资料来源：共产党员网，2023 年 5 月 10 日

6. 湖南某大学：青春的思政，创新的旋律

"以人民为中心的奋斗是共同的宿命，红色的力量指引中华民族走向复兴……"动感的旋律，铿锵的节奏，这首将习近平新时代中国特色社会主义思想和说唱结合的歌曲为《还看今朝》，演唱者是 2022 年入校的湖南某大学马克思主义学院硕士一年级学生马起涛。这首由他创作的作品，从选曲、伴奏到最后完成，大概用了半个月的时间，作品受到同学们的交口称赞。他的同学说道："同辈之间的交流其实是更加亲切的，也更加深入人心。"将习近平新时代中国特色社会主义思想和音乐相结合，这是马起涛同学的一次创新尝试，目的就是让更多的年轻人理解和热爱马克思主义，真正展现"社会主义有点潮，马克思主义有点潮"的思想。青春充满无限可能，越来越多的青年在思政教育

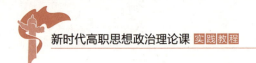

中追求进步、奋勇争先，并且成为思政教育的新势力，这也为思政教育提出了新的要求。

资料来源：编者根据相关资料整理编写

7. 湖南某大学：薪火湘传，用"星星之火"起"燎原"之势

2022年寒假，湖南某大学"薪火湘传"宣讲团的成员们积极响应学校号召，相继返乡于多地开展宣讲，掀起学习贯彻党的二十大精神的热潮，累计开展10余场宣讲活动，用实际行动推动党的二十大精神在基层落地生根。宣讲团成员围绕党的二十大报告精神，以群众最关心的民生问题为主要内容，结合家乡实际情况阐述新征程上民生建设的实践路径，让家乡人民更加深刻地感受到党在增进人民福祉方面的努力和决心，提振了发展信心。

思想之旗引领新的征程，理论之光照亮前进道路。从城乡、社区到校园课堂，再到文化圣地，处处涌动着学习宣传党的二十大精神的热潮。通过开展寒假返乡宣讲活动，让进步思想浸润基层之中。未来，湖南某大学"薪火湘传"宣讲团将会在不同群体中广泛开展宣讲活动，以小切口讲好大道理，指引广大青年学生争做堪当民族复兴重任的时代新人，推进党的二十大精神入脑入心。

资料来源：编者根据相关资料整理编写

8. 湖南某学院：寝室故事会让宣讲"接地气"（节选）

在学生寝室，故事宣讲团成员认真"备课"，带着故事走进各个寝室，结合家乡的感人故事，宣讲党的二十大精神，寝室的大学生们围坐在一起聚精会神地聆听。从一开始进入寝室的局促不安，到最后跟大家一起分享心得，宣讲团总是在不断琢磨，用什么样的方式，讲什么样的故事，才能让学生们听后内心有所触动。

在声情并茂的故事讲述中，中国人民在党的领导下，坚定理想信念、投身火热实践的动人画面慢慢展开。通过面对面、零距离的寝室故事会，让宣讲"接地气""活起来"，打通校园学习宣传贯彻党的二十大精神的"最后一公里"，把充满"鲜活味儿"的故事带到学生身边，把党的二十大精神讲清楚、讲明白、讲透彻。在宣讲的过程中，广大青年坚定理想信念，听党话、跟党走，让青春在全面建设社会主义现代化国家的火热实践中绽放绚丽之花。

资料来源：中国教育新闻网，2022年12月31日

9. 湖南某职院：理论社团与学生党支部联合开展党的二十大精神学习宣讲活动（节选）

用理论解析社会热点，用思想引领青春人生。湖南某职院推进"理论社团+学生党支部"联合共建"生育生"理论学习模式，用同学们听得懂的语言和喜欢的方式将党的最新理论知识讲给大家听，把该校青年马克思主义学习社（以下简称青马社）打造成为

学生研习马克思主义理论的重要阵地，把青马社学生培养成为青年马克思主义学习者先锋，充分发挥青马社学生在理论学习上的"排头兵"作用，用朋辈影响力吸引更多学生加入学习。

在学校学习贯彻党的二十大精神的整体部署下，青马社还将举办一系列"学思践悟验"党的二十大精神学习宣传活动，同时将与各学院党支部建立长期协作的"生生互助"学习伙伴关系，不断推进青年学生理论学习走深走实，为新时代全面建设社会主义现代化国家凝聚青春力量。

资料来源：湖南省教育厅网站，2022 年 11 月 7 日

拓展阅读

专题 3：绘就同心圆，共筑中国梦
——"天下为公"线上研讨

一、实践导入

"大道之行，天下为公"是中国先贤构建的美好社会愿景，也是中国共产党一直以来的理想追求和价值指引。中国共产党人用实际行动诠释了权为民所用、情为民所系、利为民所谋，使"天下为公"从理想成为现实。"世界好，中国才能好；中国好，世界才能更好。"作为人类命运共同体中的一员，中国一直在为弘扬和平、发展、公平、正义、民主、自由的全人类共同价值努力。中华儿女千年夙愿今始成，炎黄子孙匹夫有责自力行。中华美德薪火相传，民族复兴功成有我，天下大同重任在肩。

二、实践形式

线上研讨

三、实践活动

1. 活动目标

通过开展"天下为公"线上研讨活动，深化青年学生对"天下为公"的认知，明白这一立场和观点不仅展示了中华优秀传统文化的自信与包容，更对解决当今世界发展问题、推进人类和平进步具有重要而深远的意义，帮助青年学生涵养以和为贵、兼收并蓄的大国胸襟，践行顺应时代、勇立潮头的历史担当。

2. 活动准备

（1）教师层面：任课教师在课程教学平台展示国家领导人的最新讲话、中国国家政策的最新变化和世界局势的最新动向等，布置讨论任务。讨论主题可以包括：中国共产党赋予"天下为公"的新时代内涵是什么？中国共产党如何为人民谋幸福、为民族谋复兴、为世界谋大同？面对国情世情的变化，青年学生如何践行"天下为公"理念，做立志立德立技的时代新人？

（2）学生层面：从根据主题图书馆查找相关书籍，或上网查找相关资料，学术论文可参考知网、万方数据库等。资料的选取必须符合以下三个条件：第一，资料必须来源于正规网站或正规出版物；第二，内容符合国家政策要求；第三，措辞准确，客观公正。

3. 活动过程

（1）表达观点：针对任课教师在课程教学平台发布的话题，学生跟帖表达自己的观点。

（2）思想交锋：学生针对其他同学观点进行讨论。

（3）达成共识：任课教师总结学生观点，对于争议较大的问题，教师可以从线上转到线下开展面对面讨论；引导学生正确认知，激励学生为实现中华民族伟大复兴中国梦贡献力量。

4. 活动评价

（1）任课教师根据"'天下为公'线上研讨活动评价表"给学生打分，对所有学生的表现进行点评。

（2）每位学生分数可以占形势与政策课程总成绩的20%。

➕ 附件

"天下为公"线上研讨活动评价表

班级		学号			姓名	
项目（分值）		评价标准				得分
参与积极性 （7分）	未回帖参加讨论		回帖1次		回帖2次以上	
	0分		4分		7分	
语言 表达能力 （7分）	语言表达不严谨，条理不清晰		语言表达一般，条理基本清楚		语言表达清楚，讨论具有逻辑性	
	0分		4分		7分	
讨论 内容深度 （6分）	无观点或仅表示同意与否，并未论证		观点基本清楚，分析基本透彻，仅能从表面进行一般的论证		观点鲜明，分析透彻，善于利用课内课外阅读材料从不同角度进行论证	
	0分		3分		6分	
总分（20分）						

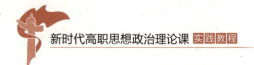

四、实践参阅

1. "一带一路"绘蓝图,十年征程展宏图

中老铁路全线建成通车、中泰铁路建设稳步推进、柬埔寨金港高速通车……在共建"一带一路"倡议提出 10 年来,先后拉动近万亿美元投资规模,形成 3 000 多个合作项目,有效拉动沿线地区经济。同时,积极推进"一带一路"绿色投资,助力全球低碳发展,铺就共同发展的康庄大道。

10 年耕耘终不负,处处繁华满目新。2023 年是共建"一带一路"倡议提出 10 周年,中国以共建"一带一路"为依托,在国际合作方面不断披荆斩棘,开拓新路径,提升了中国对外开放的广度和深度,也为世界经济发展提供新机遇,为推动构建人类命运共同体、畅通国内国际双循环提供有力支撑和强劲动力。

创新绩,展活力。愿景的美好需要实实在在的载体支撑,伴随着"一带一路"深入推进,我国中欧班列开行数量和运力的不断提升,实现了从"一条线"发展到"一张网",已与 151 个国家、32 个国际组织签署 200 余份共建"一带一路"合作文件。据了解,2023 年一季度,中欧班列延续强劲发展势头,开行 3 398 列,发送货物 32.2 万标箱,同比分别增长 75% 和 84%。自去年 5 月以来,中欧班列已连续 11 个月单月开行千列以上,成为疫情期间稳定全球供应的"钢铁驼队",展现出"一带一路"建设的强大韧性和活力。

共发展,齐并进。在"一带一路"建设的"大写意"和"工笔画"之下,我们看到中国始终遵循共商共建共享原则,传授发展经验,开展项目合作,推动"硬联通""软联通"和"心联通",取得了实打实、沉甸甸的成就,推动各国共同发展。从马尔代夫有了第一座跨海大桥,哈萨克斯坦第一次有了自己的出海通道,到中老铁路开通使老挝从"陆锁国"变成"陆联国",再到"鲁班工坊"帮助 20 多个国家的年轻人掌握了职业技能……实实在在的好处,真金白银的收入,中国本着开放包容的态度,同愿意参与的各方共同努力,把"一带一路"建成"减贫之路""增长之路",共同绘画造福于民的美好蓝图。

行低碳,促发展。"滴水不成海,独木不成林。"建设生态地球,呵护绿色家园,离不开世界各国的积极行动。从党的十八大以来积极推动落实气候变化《巴黎协定》,到建立"一带一路"绿色发展国际联盟,再到"绿色发展""生态文明"等理念和词汇写入联合国文件,中国积极寻求与共建"一带一路"国家应对气候变化"最大公约数"。不论是基础建设、能源合作,还是多式联运和绿色物流、高附加值的绿色产品贸易,中国都把绿色、可持续发展摆在重要考量位置来谋划,以尺寸之功、积千秋之利,持续推动绿色发展成果更广泛地惠及世界民生福祉。

日日向新，日日生新！10年新起点，相信在高质量国际合作框架下，会有越来越多的国家参与"一带一路"建设，共商合作大计、共建合作平台、共享合作成果。

资料来源：中国日报网，2023年3月13日

2. 万物并育和合生——中国积极推动全球生物多样性治理进程（节选）

2021年，《生物多样性公约》第十五次缔约方大会（COP15）第一阶段会议在中国昆明举行。大会以"生态文明：共建地球生命共同体"为主题，为推进全球生态文明建设和生物多样性保护贡献了中国智慧、中国方案和中国力量。

回望过去10年，中国创造了举世瞩目的生态奇迹和绿色发展奇迹，人们看到一系列中国"之最"：

——国家公园已成为中国建设生态文明和美丽中国最亮丽的名片，中国正在建设全世界最大的国家公园体系；

——中国是全球森林资源增长最多和人工造林面积最大的国家，成为全球"增绿"的主力军；

——中国近10年新增和修复湿地80多万公顷，现有国际重要湿地64处，13地入选"国际湿地城市"，是全球入选"国际湿地城市"数量最多的国家……

人与自然和谐共生的美丽中国正在从蓝图变为现实，中国式现代化正在厚植绿色底色，生物多样性保护也进入新的历史时期。2021年，云南亚洲象群北移南归吸引世界目光，正是中国生物多样性保护和生态文明建设的最好注脚。

——通过多年保护，中国境内亚洲象野外种群数量从20世纪80年代的180头增至目前的300头左右；

——大熊猫野生种群40年间从1100余只增至1800多只，受威胁程度等级从"濒危"降为"易危"；

——朱鹮由发现之初的7只增至目前的9000余只，"吉祥鸟"初步摆脱"灭绝"的紧迫风险；

——藏羚羊野外种群数量从20世纪八九十年代的不足7万只增加至目前的约30万只，"万羊齐奔"的壮丽景象在青藏高原复现……

目前，中国90%的陆地生态系统类型和74%的国家重点保护野生动植物种群得到有效保护，112种特有珍稀濒危野生动植物实现了野外回归，300多种珍稀濒危野生动植物野外种群数量稳中有升。

在发展中保护，在保护中发展。作为世界上生物多样性最丰富的国家之一，同时也是最早签署和批准《生物多样性公约》的缔约方之一，中国不断推动生物多样性保护与

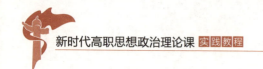

时俱进、创新发展，取得显著成效，走出了一条中国特色生物多样性保护之路，有力提振全球生物多样性保护的信心。

资料来源：新华网，2022 年 12 月 9 日

3. 亚洲基础设施投资银行开业 7 周年，项目遍布全球 33 个国家

首个由我国倡议成立的多边开发机构——亚洲基础设施投资银行，开业运营 7 周年。7 年来，亚投行支持了 30 多个国家的基础设施建设，改善了当地人民生活。

数据显示，2016—2022 年，在基础设施建设、推动当地经济与社会发展、改善人民生活等方面，亚投行已累计批准 202 个项目，融资总额超过 388 亿美元，撬动资本近 1 300 亿美元，涉及能源、交通、水务、通信、教育、公共卫生等领域的可持续基础设施建设与成员经济的绿色复苏，项目遍布全球 33 个国家。

以孟加拉国帕德玛巴瑞村为例，它在获得亚投行批准的首批贷款后，在 2018 年首次实现电力接入，结束了这个村落近 50 年的无电历史。帕德玛巴瑞村是在项目支持下众多被"点亮"的村庄之一，项目惠及孟加拉国近 1 250 万乡村人口。

除了全力支持成员的基础设施建设外，亚投行还在业务发展与融资工具创新领域不断提速。2022 全年，亚投行的气候融资总额已占到批准融资总额的 55%，提前 3 年实现了其在《中期发展战略》中制定的气候融资目标。同时，亚投行加大对域外成员的融资支持力度，去年批准首个巴西项目与首个科特迪瓦项目，进一步扩展了亚投行在拉丁美洲与非洲的业务范围。此外，亚投行还根据成员需求第三次扩大"新冠疫情危机恢复基金"规模，为成员国有效应对疫情冲击和恢复经济社会发展提供了有力资金支持。

据了解，2015 年，亚投行 57 个创始成员国在北京签署《亚洲基础设施投资银行协定》，亚投行宣告成立。2016 年，亚投行正式开业运营，并于 6 个月后批准首批融资项目。亚投行始终保持三大国际评级机构给予的最高 AAA 级信用评级。

随着 2022 年底非洲国家毛里塔尼亚的获批加入，亚投行现已拥有来自世界六大洲的 106 个成员国，覆盖全球 81% 的人口和 65% 的 GDP，成为成员数量仅次于世界银行的全球第二大国际多边开发机构。

资料来源：央视网，2023 年 1 月 16 日

4. 国务院联防联控机制：三年来中国始终与国际社会开展全方位合作，做到"五个率先"

2023 年 5 月 8 日下午，国务院联防联控机制召开新闻发布会，国家卫生健康委疫情应对处置工作领导小组专家在会上介绍：在抗击新冠肺炎疫情这场"没有硝烟的战争"面前，中国始终担当尽责，与国际社会开展了全方位合作，做到了"五个率先"：率先同

各方分享疫情信息、交流抗疫经验；率先向各国大批量提供抗疫物资；率先向发展中国家大规模提供疫苗帮助；率先对外派遣医疗专家组；率先提出构建人类卫生健康共同体。

疫情发生以来，中国本着依法及时、公开、透明的原则，同国际社会分享疫情信息：第一时间向世卫组织报告疫情，第一时间确定病原体，第一时间向世界分享病毒基因序列，第一时间公布诊疗方案和防控方案……中国为国际社会疫情防控、疫苗和检测试剂研发提供了科学依据。

中国在努力做好自身疫情防控的同时，竭尽所能为国际社会提供帮助。中国向 153 个国家和 15 个国际组织提供抗疫物资，与全球 180 多个国家和地区、10 多个国际组织共同举办疫情防控、医疗救治等技术交流活动 300 余场，向 34 个国家派出 37 支抗疫医疗专家组。

中国最早承诺将新冠疫苗作为全球公共产品，率先支持疫苗研发知识产权豁免，最早同发展中国家开展疫苗生产合作，已向 120 多个国家和国际组织供应超过 22 亿剂次的新冠疫苗。

面对新冠疫情，国际合作始终是我国不变的选择。自疫情发生以来，我国始终坚持人民至上、生命至上，有效处置 100 多起国内聚集性疫情，也为国际抗疫作出重要贡献，用切实的行动践行人类卫生健康共同体理念。我国愿意继续同国际社会一道，共同应对疫情挑战，更好地保护各国人民的身体健康。

资料来源：环球网，2023 年 5 月 8 日

5. 让共同发展的阳光照亮全球减贫之路（节选）

中共十八大以来，中国坚持把解决好"三农"问题作为重中之重，打赢脱贫攻坚战，历史性地解决了绝对贫困问题，启动实施乡村振兴战略，推动农业农村取得历史性成就、发生历史性变革。立己达人，胸怀天下。中国坚持以人民之心为心、以天下之利为利，深化全球减贫脱贫合作，推动全球发展迈向新时代，造福各国人民。

走中国特色减贫道路，中国提前 10 年实现联合国 2030 年可持续发展议程减贫目标，对全球减贫贡献率超过 70%。

"在人类追求幸福的道路上，一个国家、一个民族都不能少。"中国始终把自身命运与世界各国人民命运紧密相连，积极参与全球贫困治理和国际减贫合作：在数十个国家和地区推广种植中国杂交水稻，为 80 多个发展中国家培训超过 1.4 万名杂交水稻专业技术人才；在非洲援建 20 多个农业技术示范中心，推广作物良种、提供技术支持；与柬埔寨、老挝和缅甸共同启动"东亚减贫示范合作技术援助项目"，所有项目都已竣工验收……

"只有各国人民都过上好日子，繁荣才能持久，安全才有保障，人权才有基础。"中国提出全球发展倡议，将减贫作为重点领域之一，合作项目向减贫、粮食、卫生等民生领域倾斜，国际民间减贫合作网络首批已有 17 个国家和地区的机构加入。为助力全球发展倡议走深走实，促进全球共同发展，中方将"南南合作"援助基金整合升级为"全球发展和南南合作基金"，重点在减贫、粮食安全等领域同联合国发展机构开展务实合作。

当前，国际局势扰乱全球产业链供应链，粮食安全受到威胁。全球发展倡议将减贫作为重点领域之一，中方倡议成立全球减贫与发展伙伴联盟等，促进减贫经验分享，推动减贫国际合作。"未来，中国将继续以务实行动为世界提供减贫智慧，为推动全球减贫事业发展发挥关键作用。"

资料来源：国家乡村振兴局网站，2022 年 10 月 12 日

拓展阅读

第二篇
课外实践育人
——以湖南理工职业技术学院为例

一、实践导入

习近平总书记在党的二十大报告中特别指出，"育人的根本在于立德"。这是习近平总书记在全国高校思想政治工作会议上强调"要坚持把立德树人作为中心环节，把思想政治工作贯穿教育教学全过程，实现全程育人、全方位育人，努力开创我国高等教育事业发展新局面"后，再次高规格强调育人立德的重要性，为高校构建"大思政"格局，实现"三全育人"指明了方向、明确了任务。湖南理工职业技术学院认真贯彻落实习近平总书记指示要求，坚持"政治、问题、效果"三个导向，注重"决策、执行、监督"三位一体，强化"学校、教师、学生"三方联动，全面创新办学治校，全面落实立德树人，力推"三全育人"综合改革走深走实。

二、实践目标

打造新时代职业教育"三全育人"新标杆，培养德智体美劳全面发展的社会主义建设者和接班人，培养担当民族复兴大任的时代新人。

三、实践原则

1.坚持政治导向，突出价值引领

坚持不懈地用习近平新时代中国特色社会主义思想凝心铸魂，统筹办学治校各领域、教育教学各环节、人才培养各方面的资源和力量，推动知识传授、能力培养与理想信念、价值理念、道德观念教育有机结合，系统构建"三全育人"长效机制。

2.坚持问题导向，注重因势利导

遵循思想政治工作规律、教书育人规律和学生成长规律，坚持以学生为本，把握学生思想特点和发展需求，聚焦重点任务、重点群体、重点领域、重点区域、薄弱环节，强化优势、补齐短板，分类指导、因材施教，着力解决课内外衔接不紧、校内外协同不佳、网内外联动不够等问题。

3.坚持效果导向，强化组织实施

扎根中国大地特别是三湘大地创办新时代人民满意的职业教育，全校一盘棋，统筹用好育人载体，系统谋划活动主题，全面优化内容供给，着力改进工作方法，定标准、设标志、立标杆，打造"三全育人"特色品牌，落实立德树人根本任务。

四、实践行动

1.坚持政治导向，系统构建"三全育人"理工模式

（1）以德为先，疏通思政大通道；高屋建瓴，着力筑牢三大德育支柱。

①筑牢党性大德，用创新理论凝心铸魂。系统构建思想政治工作体系，全面做好习近平新时代中国特色社会主义思想"三进"工作，坚持以立德树人为根本任务，以培养德智体美劳全面发展的社会主义建设者和接班人、担当民族复兴大任的时代新人为最终目标，将"四有"好教师、"四有"好学生标准融入学校教风学风，将习近平总书记"立德立技、经师人师、读有字书和无字书"的新理念贯穿办学治校全方位、各环节中，将教育部十大育人体系融入学校六大特质理工建设。

②筑牢职业道德，用工匠精神赋能聚力。学校创造性地提出"培百年老店、育匠心传人"的办学目标，以匠魂塑匠心、练匠艺、培匠师、育匠果、深化产教融合、校企合作，办好职业教育，为学校注入产业基因、为学生注入工匠精神，培育学生"勤学、俭朴、乐观，诚信、合作、自律，敬业、专长、创新"的匠心情怀。

③筑牢传统美德，用中华文化固本培元。系统构建"四个一"文化育人，倡导每周一书、每人一语、每课一讲、每日一记，贯通学思用，深入挖掘中华优秀传统文化讲仁爱、重民本、守诚信、崇正义、尚和合、求大同的时代价值，用国学之光照亮奋进之路，用党史之光引领奋斗者。精心推出理工育人书单，有机融合中华优秀传统文化和现代职业教育内涵，引导学子读以修身、读以做人、读以处事，读书明理、知书达礼。

（2）以实为要，疏通思政微循环；深耕厚植，精心培育三大思政特质。

①突出职教类型特征。做实"产教融合、校企合作、工学结合、知行合一"文章，探索"有核无边"新模式，打造校地命运共同体，把学校办到产业园区，将专业建到产业链上，让学生走进生产车间。

②融汇湖湘文化特性。致力一方山水养一方人，涵养学生"经世致用、兼收并蓄、心忧天下、敢为人先"的湖湘文化特质和"吃得苦、耐得烦、霸得蛮"的湖湘人格气质，凝练理工精神、理工使命，引导学子自信、自强、自律。

③彰显理工专业特色。深入挖掘理工专业课程中蕴含的政治认同、文化自信、生态伦理、家国情怀、绿色低碳、安全高效、红色元素以及工匠精神、行业精神、劳动精神、科学精神等思政基因，构建通识教育、专业课程、选修课程思政体系，一体化呈现国家育人要求和学校办学追求。

（3）以生为本，打通思政关节点；大题小做，倾情打造二十大育人活动。

①注重以"理"服人，建设信念理工。统筹组织课程中的育人环节，精心推出对标争先、思政半月谈、理工"青马"等活动，坚持党建带团建、团建促党建，以理想信念教育为核心、以社会主义核心价值观为引领，提升思政课程的吸引力、说服力、感染力，加强课程思政的融入性、针对性、有效性，旗帜鲜明讲道理。

②注重以"文"化人，建设书香理工。统筹课程、科研、实践、文化等育人环节，精心推出教学比武周、技能竞赛月、"四个一"文育、青年教师论坛、君子莲大讲堂等活动。

③注重以"美"育人，建设精美理工。统筹管理、服务、文化等育人环节，精心推出"3无"校园、"6S"寝室、"7S"实训室管理活动。

④注重以"情"感人，建设幸福理工。统筹管理、服务、心理、资助等育人环节，精心推出"双元"辅导、"525"心理健康节、"三个一"体育、"千里马"助学、"3防"校园、"3安"食堂建设等活动，用敬畏之心敬业，用爱子之心爱生。

⑤注重以"志"励人，建设自律理工。统筹文化、组织、管理等育人环节，精心推出典礼励志、"910"理工故事会等活动。

⑥注重以"网"络人，建设出彩理工。统筹文化、管理、服务等育人环节，精心建设网络平台，把学校办到互联网上，把课堂建到学生"掌"上，面对面交谈、键对键交心。

2. 坚持问题导向，务实推进"三全育人"综合改革

（1）提纲挈领抓重点，着力解决课内外衔接不紧问题。

①夯实文化育人主心骨。实施校园文化精品建设工程，始终把大力培养和践行社会主义核心价值观作为当务之急、摆在重中之重，全方位贯穿、深层次融入。着力构建理工特色校园文化，落细落实核心价值观培育，打造有底蕴、有温度、有人气的思政精品，如理工校训、教风、学风，理工精神，理工使命等特色理念，理工书单、理工论语、"理工九理""理工九条""理工五问"等特色产品，"四个一"文育、"三个一"体育、教学比武周、技能竞赛月等特色活动，明理园、知行角、精工楼、致远亭等特色景观。

②用好课堂育人主渠道。实施课堂建设质量提升工程，推动思政课关键课程的思路、师资、资源、教法、机制、环境全面创优，组建专业教学团队，开展专题教学，实施集体备课，实现课程、专业和人才培养目标相统一。成立课程思政教研中心，出台课程思政建设方案，统筹价值塑造、知识传授、能力培养，落实学校、教师、课程育人责任，

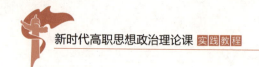

力促课程思政与思政课程同向同行、显性教育与隐性教育互促互进。

③强化实践育人主属性。实施社会实践平台建设工程，与湘潭市党史馆、湘乡市东山学校、岳塘区人民法院等共建思政课实践教学基地。建设志愿者服务中心、学生一站式服务中心、教育阳光服务中心等实践阵地，构建"大思政课"育人平台。开展志愿服务"三下乡"、乡村振兴、社区联点、科普教育、技能传授等丰富多彩的社会实践活动，统一知信行，以有字书融无字书，以小经历悟大道理。

（2）因产施教强关键，着力解决校内外协同不佳问题。

①以"业"强基，协同办学。对接产业布专业，着眼湖南"三高四新"战略定位和使命任务，响应湖南"双碳"战略、国家先进制造业高地和"强省会"战略，全新组建新能源学院、智能制造学院和管理艺术学院，重点推进以光伏工程技术、机电一体化技术、电子商务等专业为核心的特色专业群建设，紧贴市场前沿、紧跟产业步伐。联合企业建专业，坚持校地、校行、校企真融合，力促师资、课程、基地、文化、证书、科技深融合。与产业园区联合创建专业学点，与舍弗勒、京东云、阿里巴巴等名企联合创办产业学院、订单班，与京东飞服、58科创、阳光电源分别共建无人机实训基地、大学生创客中心、光伏运维培训基地，等等。推行"1+X"证书制度，实施"岗课赛证"综合育人，开发企业化实训课程体系、生产性活页式教材，打造金课、优质课。围绕职业抓就业，始终把毕业生高质量充分就业作为学校高水平办学的指挥棒、试金石，将就业创业教育贯穿人才培养全过程。以学校为主导、学院为主体、专业为主责、企业为主攻，对岗精立技、访企广拓岗，强专业扶创业、强职业促就业。

②以"匠"强本，协同育人。以匠艺铸匠师，坚持"双师"队伍关键资源的理念，以高素质"双师"建设促进高质量产教融合。建立高层次、高技能人才引进绿色通道，落实教师企业轮训制度，开展"产学研训"一体化岗位实践。成立教师发展中心，统筹师资培训、教学能力比赛、教研教改。建立技能大师津贴奖励制度，推荐匠师、大师进入省市专家库。以匠师带匠徒，大力推进现代学徒制。探索德国双元制本土化实践，会同动力谷园区、德国莱茵科斯特开展"政府+园区+学校+企业"四位一体融合实践；会同湘潭经开区、德国舍弗勒开展"学校学习+培训中心实操+企业实践"三站联动育训试点。以匠赛促匠学，着力提高教学能力实战性。建立精品在线开放课程资源梯队，健全技能竞赛梯队选培机制，师徒结对重点培养，大师指导精心培养，以比促教、以比促学。

③以"科"强能，协同攻关。重点建设学校工程实验室、工程研究中心两个省级科研平台，打造校业跨界技术服务型教学创新团队，聚焦新产品研发、新技术攻关、新工

艺开发、新标准制订，聚力推动新能源、先进制造和数字经济产业发展，力促学校在促进创新链和产业链精准对接中成为科技成果转化"中试车间"。

（3）软硬兼施拓空间，着力解决网内外联动不够问题。

①提质扩容建网络。建成拥有双万兆冗余至汇聚层，接入层千兆到桌面服务教学管理系统的校园网络，实现无线Wi-Fi全覆盖；实施智慧教室全改造，实现教室多媒体设备远程监控管理和集约式常态化课程资源录制。统筹网络教育资源，建设学校、二级单位、班级三级新媒体网络教育平台，建设校园门户网站，学校官方微信公众号、抖音号、微信群等媒体平台，健全校园网络教育工作矩阵，实现网络思政教育、师生教育平台全覆盖。

②赋能增效用网络。遵循"一体化设计、结构化课程、颗粒化资源"建构逻辑，借助智慧教学平台建设思政课精品在线开放课程，通过网络教学推进党的创新理论成果进课堂、进学生头脑。建设网上校史馆，设置德育专栏及名师、名生、名企风采栏目。注重将思政教育融入校园网络文化活动中，利用易班平台进行毕业季、迎新季、疫情防控等主题教育，组织"最美理工人"网络评选，开展短视频网络征集等文化活动。

③守正创新管网络。遵守网络规则，维护网络秩序，共同营造良好的网络环境。强化网络意识形态工作责任，落实网络意识形态工作任务，完善新媒体登记制度，严格新闻发布审核，唱响主旋律、弘扬正能量，确保校园网络阵地安全可控。

3.坚持效果导向，全面加强"三全育人"组织保障

（1）明责晰权，真抓实干强领导。学校党委全面领导，统筹各领域、各环节、各方面的资源和力量，成立专班、保障经费、定期研究、专题部署、重点推进。学校党委书记担起第一责任人的责任，校长和其他班子成员"党政同责、一岗双责"。各级、各部门、各单位负责人主动进课堂、进班级、进宿舍、进食堂、进社区、进讲座、进网络，深入教学一线联系学生，开展书记微课、校长沙龙、"双元"辅导等活动，做到事事有人抓、人人有事干、行权必履责、失职必问责。

（2）督事导人，协力同心强执行。统筹内部质量整改，按照监督、强化、助推原则实现探索推出"三全育人"大督导机制，督管、督教、督学全覆盖，导事、导人、导制一体化。成立"三全育人"督导办，强化执行监督，重点围绕学校"三全育人"总体部署，开展常态化行政督导；围绕教育科研、教师发展，开展专业化教学督导；围绕学生德技兼修、"五育"并举，开展立体化学习督导，协助发现问题、协商分析问题、协调解决问题，做到目标聚焦育人、工作聚力育人，督事向好、导人向善。

（3）严考实评，争先求进强激励。用好考核指挥棒，树立育人风向标，全力推动"三全育人"走深走实。按照人事统一、责权统一、奖惩统一原则，结合纪检、监察、巡视、巡察、审计、督导成果，建立健全"三全育人"考评机制，细分工作到岗、压实责任到位、严考成效到事、实评业绩到人，定标准、设标志、立标杆。人生出彩贵以实，名副其实考为据，实至名归奖以励。同等条件下，表现优异者优先享受推优、转岗、提拔、晋级，做到有为者有位、实干者实惠。

五、实践参阅

（一）参考案例

1. 决策：理工"三全育人"特色活动

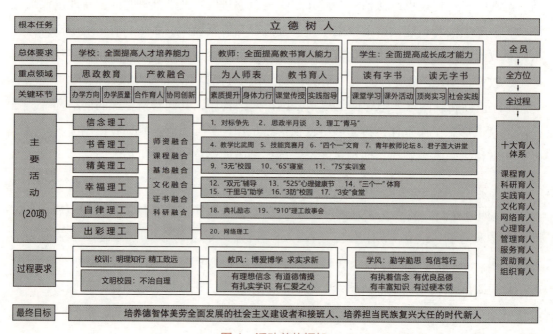

图 1　活动总体框架

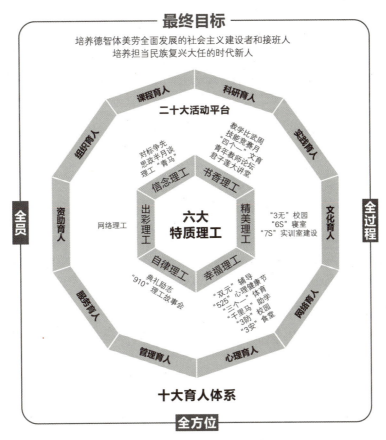

图 2　活动运行机制

表 1　活动组织实施

目标	活动品牌	活动内容	负责部门
信念理工	1. 对标争先	头雁工程	组织人事部
		示范工程	
		先锋工程	
	2. 思政半月谈	每月双周二思想政治理论学习	宣传统战部
		思政集体备课	马克思主义学院
	3. 理工"青马"	"青马"培训	团委
		青年志愿者活动	
		社团文化艺术节	
		"三下乡"暑期社会实践	

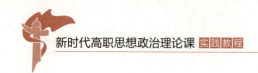
续表

目标	活动品牌	活动内容	负责部门
书香理工	4.教学比武周	每年组织教师教学能力比赛	教务处
	5.技能竞赛月	每年组织学生技能竞赛	
	6."四个一"文育	每周一书、每日一记、每课一讲、每人一语	学生工作部
	7.青年教师论坛	每年组织青年教师参加"青年论坛"	组织人事部
	8.君子莲大讲堂	每年组织 2~4 期名家、专家大讲堂	宣传统战部
精美理工	9."3 无"校园	校区无裸土，四季有花开；校区无垃圾，四处有人管；校区无吸烟，四围有禁令	后勤处
	10."6S"寝室	整理、整顿、清扫、清洁、安全、素养	学生工作部
	11."7S"实训室	整理、整顿、清扫、清洁、安全、素养、节约	教务处
幸福理工	12."双元"辅导	专职辅导员队伍建设	学生工作部
		兼职辅导员队伍建设	组织人事部
	13."525"心理健康节	每年举行"我爱我"心理健康教育活动	学生工作部
	14."三个一"体育	"一人一天至少一小时"强身健体锻炼	公共基础部
	15."千里马"助学	因困施助、因材施助	学生工作部
	16."3 防"校园	人防、物防、技防	学生工作部
	17."3 安"食堂	管理机制安全、食材安全、制作安全	后勤处
自律理工	18.典礼励志	每月一次升国旗	团委
		开学典礼暨军训总结表彰	学生工作部
		五四晚会	团委
		元旦晚会	
		毕业典礼	学生工作部
		为人师表 40 年荣退仪式	组织人事部
	19."910"理工故事会	教师节讲身边事	组织人事部
出彩理工	20.网络理工	校园媒体建设	宣传统战部
		理工易班	学生工作部

2.执行：理工"三全育人"师表规范

湖南理工职业技术学院教职工行为规范

一、对党忠诚，不口是心非、阳奉阴违。

二、为人师表，不伤风败俗、违法乱纪。

三、待人真诚，不颐指气使、阿谀奉承。

四、用人公正，不请托说情、任人唯亲。

五、治学诚信，不弄虚作假、沽名钓誉。

六、办事规矩，不优亲厚友、厚此薄彼。

七、乐于担当，不挑肥拣瘦、推诿扯皮。

八、廉洁奉公，不损公肥私、假公济私。

九、善作善成，不敷衍塞责、玩忽职守。

以上内容被简称为"理工九条"。以下是对"理工九条"的相关介绍。

（1）学校出台"理工九条"主要基于哪些考虑？

学校发展，关键靠人。学校第二次党代会提出，"打造全省产教融合样板和发展改革精品"。任重道远，绝不是轻轻松松、敲锣打鼓就能实现的，需要全体教职工拧成一股绳、铆足一股劲，协力同心、戮力奋斗。没有一流队伍就不可能有一流发展，没有一流作风也不可能创一流业绩。出台"理工九条"就是为了正风肃纪、凝心聚力，带一流队伍、创一流业绩。力求"三个更好"：一是更好地贯彻落实党的十九大精神，以全面从严治党推动全面从严治校；二是更好地贯彻落实主管部门"四个走在前列"要求，以干在实处推动走在前列；三是更好地贯彻落实学校"四个一流"建设部署，以一流内部治理推动办学条件改善、教师队伍建设和应用人才培养。

（2）学校出台"理工九条"主要遵循哪些原则？

纲举目张，执本末从。"理工九条"是学校在中国特色社会主义进入新时代、全面从严治党面临新任务大背景下出台的统领性、引领性规范，是学校在步入二次跨越发展新阶段、推进全面从严治校大框架下出台的导向性、约束性规范。为了制定好这一规范，学校重点把握和遵循了以下原则：

一是坚持天线与地气相结合。"理工九条"落实全面从严治党要求；坚决贯彻党的教育方针，落实立德树人要求；坚决贯彻主管部门"四个走在前列"部署，落实全面从严治校要求。

二是坚持倡导与禁行相结合。"理工九条"扶正祛邪，立场坚定，是非分明。其内容每一条分两节表述，前一节旗帜鲜明地提出学校倡导的思想品德，不言而喻地说"要"；后一节一针见血地指出学校禁止的行为习惯，毫不含糊地说"不"。

三是坚持他律与自律相结合。"理工九条"重他律，更重自律，是行为规范，更是价值追求。引导教职工惩前毖后、见贤思齐，让歪风邪气成"过街老鼠"无处藏身，让善举良端层出不穷，蔚然成风。

（3）"理工九条"谋篇布局主要具有哪些特点？

个人行为千头万绪，处理不好即使有千言万语也难尽其意。"理工九条"的谋篇布局力求简约清爽、管用实用，尽量用最少的文字表达最多的意思，用最简的形式表现最繁的内容，用最小的篇幅表示最大的决心。具体说，注意把握了以下三点：

一是谋篇上力求大处着眼、小处着手。"理工九条"使用了"滴水见太阳"表现手法，寓大于小、小中见大。九条看似零散单薄，但涵盖了个人"修身、待人、处事、尽责"等主要行为，明确了个人思想品德形成、行为习惯养成等基本要求，坚持了问题意识、底线思维，体现了行为导向、价值追求。

二是布局上力求语言整饬、简洁明了。"理工九条"参照了教育部印发的《普通高等学校学生行为准则》的语言风格，朗朗上口，便于记忆。每条内容基本上由成语组成，一看就懂。与《普通高等学校学生行为准则》一道形成一体两翼育人大格局，构成立德树人教学姊妹篇，互促共进，相得益彰。

三是用意上力求内化于心、外化于行。"理工九条"融入了学校"明理知行，精工致远"的校训精神，身教重于言传。只有切实内化于心的东西，才能真正外化于行。教师身体力行，学生耳濡目染，教育润物无声，用最优秀的人培养更优秀的人，这是学校最希望收到的效果。

（4）"理工九条"核心内容具体有些什么要求？

"理工九条"体现了学校教职工的职业特点、师德师风的本质要求和发展改革的时代特征，"厚爱"与"严管"是贯穿其中的核心和灵魂，旨在引导全体教职工严以修身、诚以待人、公以处事、乐以尽责。

第一条：对党忠诚，不口是心非、阳奉阴违。这是理工人必备的政治品格，是学校建功立业的首要前提。党的十九大报告强调："党政军民学，东西南北中，党是领导一切的。"学校是培养社会主义事业建设者和接班人的坚强阵地，必须坚持党的领导。"对党忠诚"，就是要听习近平总书记的话，跟共产党走，不断增强政治意识、大局意识、核心意识、看齐意识，自觉维护党中央权威和集中统一领导，自觉在思想上政治上行动上同党中央保持高度一致。"不口是心非、阳奉阴违"，就是要绝对忠诚，忠诚不绝对就是绝对不忠诚。不能嘴里说一套，心中想一套；不能当面做一套，背后干一套。

第二条：为人师表，不伤风败俗、违法乱纪。这是理工人必备的师德修为，是学校教书育人的内在要求。学不高无以为师，身不正无以为范。"为人师表"，就是要率先垂范，身体力行，做社会主义核心价值观的积极倡导者和模范践行者，让教师更像教师。"不伤风败俗、违法乱纪"，就是要以身作则、令行禁止，做党纪国法、校规校风的自觉维护者和模范遵守者。要求学生做到的，教师首先做到；要求学生不做的，教师坚决不做。

第三条：待人真诚，不颐指气使、阿谀奉承。这是理工人必备的处世之道，是学校团结共事的致胜法宝。"爱人者，人恒爱之；敬人者，人恒敬之。""待人真诚"，就是要有距离交往、等距离交流、零距离交心，讲原则、重感情、不敷衍，营造严肃活泼和谐有序的良好人际关系。"不颐指气使、阿谀奉承"，就是上下级之间要平等相处、简单相处，上对下不要官气十足，下对上不要曲意奉迎。

第四条：用人公正，不请托说情、任人唯亲。这是理工人必备的人事纪律，是学校风清气正的关键一环。用人风气是学校风气的"晴雨表"，用一贤人则群贤毕至，见贤思齐就蔚然成风。"用人公正"，就是要坚持德才兼备，坚持五湖四海、任人唯贤，坚持事业为上、公道正派。"不请托说情、任人唯亲"，就是要在选人用人问题上讲大局、讲纪律，信组织莫信关系、靠组织莫靠关系，凡是请托说情，绕弯路、抄近路、走邪路的一律不用。

第五条：治学诚信，不弄虚作假、沽名钓誉。这是理工人必备的学术道德，是学校安身立命的终极依靠。板凳坐得十年冷，文章不写一句空。学校发展呼唤真才实学，假博士不如真学士，假教授不如真传授。"治学诚信"，就是要一是一、二是二，老老实实做学问、踏踏实实晋职称。"不弄虚作假、沽名钓誉"，就是不要急功近利、投机取巧。弄虚作假是为人师表的大忌，既不是读书人所为，也不为教书人所屑，更不被理工人所容。

第六条：办事规矩，不优亲厚友、厚此薄彼。这是理工人必备的任事之道，是学校有序运转的先决条件。"见事贵乎理明，处事贵乎心公。""任事者，当置身利害之外。于私事耽耽者，于公务必疏。""办事规矩"，就是要铁面无私讲原则、秉公用权讲程序、驾轻就熟讲方法。"不优亲厚友"，就是不仅不能为亲友搞特殊化，甚至瓜田李下应避免嫌疑，学校中层以上领导干部及其亲属应自觉远离学校任何涉利项目。"不厚此薄彼"，就是要一视同仁、一把尺子量到底，不能看人下菜碟。

第七条：乐于担当，不挑肥拣瘦、推诿扯皮。这是理工人必备的责任意识，是学校攻坚克难的起码要求。新时代、新思想，新使命、新担当。"乐于担当"，就是要以舍我其谁的姿态、高度自觉的意识、极端负责的态度和勇于牺牲的精神，将工作时时放在心上、将责任稳稳扛在肩上、将任务紧紧抓在手上，不等不拖、不避不让。"不挑肥拣瘦、推诿扯皮"，就是要敢于面对困难、勇于接受挑战、善于解决问题，不能见到好处就争、想到矛盾就推、遇到麻烦就躲。

第八条：廉洁奉公，不损公肥私、假公济私。这是理工人必备的大我情怀，是学校乘风破浪的源头活水。"大道之行，天下为公。"有了私心，简单事情就变得复杂；出于公心，复杂问题就会迎刃而解。"廉洁奉公"，就是要严以修身、严以用权、严以律己，清费廉取，简单生活，克己奉公，夙夜在公。"不损公肥私、假公济私"，就是要心存敬畏，守住做人本分，守住法纪底线，清清白白做人、干干净净做事。

第九条：善作善成，不敷衍塞责、玩忽职守。这是理工人必备的敬业精神，是学校争创一流的不竭动力。建设一流学校，难免会遇到许多困难，但山高人为峰，路远脚更长，实干有险阻，苦战能过关。"善作善成"，就是要以雷厉风行、立说立行的胆魄和气度，要以抓铁有痕、踏石留印的信心和决心，忠诚不渝地干、务实创新地干、精益求精地干、无怨无悔地干，不到黄河心不死，不到长城非好汉。"不敷衍塞责、玩忽职守"，就是要除去"畏难心"、戒掉"浮躁气"、不做"老好人"，要勇于攻坚克难，敢于较真碰硬，立足本职创一流，着眼岗位建功业。

（5）"理工九条"制定过程主要经历了哪些环节？

出台"理工九条"是学校治理的一件大事。制定过程中，先后经历了前期调研、条文起草、征求意见、修改完善、审定印发等多个环节，广泛发动党委班子成员、各总支、各支部，各部门单位层层参与，特别是党的十九大召开后，学校又组织师生结合十九大精神的学习，进行了不同层次的讨论，字斟句酌，数易其稿。整个过程既是一个充分听取意见、广泛汇集智慧、悉心博采众长的过程，也是一个深入宣传发动、持续凝聚共识、全面动员部署的过程。人间万事出艰辛，历尽天华成此景。可以说，"理工九条"是全校上下集体智慧的结晶，是全校师生众望所归的结果，是理工文化不可或缺的部分，它必将融入理工人的血液，深入理工人的骨髓，与理工人朝夕相伴、风雨同行。

执行：理工"三全育人"推荐书单

（1）学校推出"理工书单"主要基于哪些考虑？

教书育人，根本在人、关键在书。学校第二次党代会提出"四个一流"建设目标，其中"培养一流应用人才"是重中之重。出台"理工书单"就是为了引导理工学子多读书、读好书，读书明理、知书达礼，建一流学校、育一流人才。力求"三更好、三共进"：一是更好地贯彻党的教育方针、落实立德树人根本任务，推动教师教书与学生读书有机融合，教学相长、师生共进。二是更好地贯彻学校办学理念、践行校训精神，推动明理知行与精工致远有机融合，知行合一、文理共进。三是更好地营造勤学勤思的读书氛围，打造书香理工，推动读书明理与知书达礼有机融合，笃信笃行，学思共进。

（2）学校推出"理工书单"主要遵循哪些原则？

"理工书单"是学校在中国特色社会主义进入新时代、立德树人面临新任务的大背景下探索推出的一份育人书单，是学校在坚持特色发展、注重内涵办学的大理念下研究制定的一份明理书单。书之香，在藏，更在读。从浩如烟海的馆藏图书中撷珠取玉，是一项高雅工作，也是一项高难工作。为了制定好这一书单，我们重点把握和遵循了以下原则：

一是坚持立德与炼技相结合。干事创业，技很重要，德很关键。学校立德树人，始终坚持德技双修、以德为先。"理工书单"主要侧重课外人文书籍，旨在引导学生读课外之书、辅课内之学，明生活之理、炼生存之技，充分发挥学生读书明理在学校立德树人中不可替代的作用。

二是坚持鸿篇与微著相结合。大著作蕴含大智慧，小故事能讲大道理。"理工书单"不拘一格、大小兼收，既有自成体系的鸿篇巨制，也有短小精悍的经典名篇。例如，《习近平谈治国理政》统筹"五位一体"，协调"四个全面"，高屋建瓴，博大精深；《资治通鉴》纵贯上下千余年，行文洋洋数百万字，毛泽东毕其一生十余次批阅仍手不释卷。再如，《弟子规》《朱子家训》等，多则千余字，少则几百字，字字珠玑，微言大义。

三是坚持管用与实用相结合。管用，就是能充分发挥学校育人功能；实用，就是要充分激发学生读书兴趣。"理工书单"应师生之需、融师生之智、汇师生之力，注重把握二者结合点，寓教于读、寓读于乐。小书单折射大世界，时涉古今，地及中外，事关政、经、文、史、哲等各领域，一单在手，读书不愁。小书单还有大讲究，书目既有历久弥香的经史子集、现身说法的名人传记，也有妇孺皆知的四大名著、喜闻乐见的武侠小说，一书在读，心悦诚服。书单坚持师生共建共享，不断推陈出新，确保内容鲜活、与时俱进，力求"每周一书单，相看两不厌"。

（3）"理工书单"谋篇布局有什么特点？

"理工书单"是一份有个性的书单，谋篇布局力求致广大尽精微，散而不乱、简而不单、困而不难。具体说，注意把握了以下三点：

一是功能上，力求明理知行。立德首在明理，明理重在读书。学校结合学生成长特点和职业教育特色，明确学生在校期间需重点读懂三个方面九大道理：一是修身方面，明勤学、俭朴、乐观之理；二是做人方面，明诚信、合作、自律之理；三是处事方面，明敬业、专长、创新之理。所荐书目均以理为据，按图索骥，引导学生读以修身、读以做人、读以处事。

二是结构上，力求统筹兼顾。选篇开合有度，开在品类、合在经典，让学生循读书源头，养文化自信，拓知识视野，长人生智慧，分门别类，各有侧重。政治上突出引领，明确要求研读党和国家领导人的系列著作。文化上重视传统，大力提倡精读诸子百家等经典名著。视野上强调开放，积极主张选读适量的外国书籍。时代上注重聆听，悉心推荐泛读明理性畅销书籍。

三是数量上，力求见贤思齐。打造书香理工，提升学生的阅读量是当务之急和重中之重。据报道，当前世界各国成年国民人均纸质图书年阅读量，韩国 15 本、法国 24 本、日本 44 本，以色列最多达 68 本，我国不到 5 本。学校按照"三年学制、每周一书"的原则，力求每个学生在校期间至少读书 156 本，即每年不低于 52 本书。这一规模不仅高出全国人均阅读量，还可保持世界阅读中上水平。

（4）"理工书单"对明晰九大道理有什么作用？

天下书万万千，世上理明不完。"理工书单"预期的三个方面九大道理，力求体现立德树人要求、职业教育需求和理工育人追求。"安身立命"和"待人处事"是贯穿其中的灵魂和红线，旨在引导青年学生勤以修身，夯实人生基础；诚以做人，拓展人生空间；敬以处事，实现人生价值。

第一方面：修身，明勤学、俭朴、乐观之理。孔子说："绘事后素。"比喻有良好的质地，才能进行锦上添花的加工。明修身之理，就是要将勤学、俭朴和乐观作为人生最重要的三种底色而读懂、悟透、修深，力求生活有着落、精神有寄托。

勤学，是人生成长、成熟、成功的源头活水，是生存的不二法门。"玉不琢不成器，人不学不知道。"综观古今中外，大凡成功之人皆为勤学之士。书单从传记、哲学、教育、文学几类书籍中精选了 16 个书目，其中《习近平的七年知青岁月》作为理工书单第一书目被隆重推荐。

俭朴，是人生踏实、行稳、致远的基本前提，是生命的既有本色。"历览前贤国与家，成由勤俭败由奢。"艰苦奋斗精神在任何时候都是不可或缺的必修课。书单从政治、哲学、语言、文学几类书籍中精选了 10 个书目。

乐观，是人生攻坚、克难、制胜的重要基础，是生活幸福的先决条件。"人有悲欢离合，月有阴晴圆缺，此事古难全。"心态决定命运，悲观者山穷水尽，乐观者柳暗花明。书单从哲学、文学、历史等几类书籍中精选了 22 个书目，其中首推周振甫的《毛泽东诗词欣赏》。

第二方面：做人，明诚信、合作、自律之理。做事先做人，做人先立德。德不厚而人不立，人不立则事不成。明晰做人之理，就是要将诚信、合作和自律作为人生最基本的三项原则而坚定、坚持、坚守，力求做人有分寸，处世有底线。

诚信，是公民处世的"第二身份证"，是人生立德的当务之急。人无诚信不立，家无诚信不和，业无诚信不兴，国无诚信不宁。书单从哲学、文学等几类书籍中精选了10个书目，其中首推《曾国藩家书》。

合作，是人类社会赖以生存和发展的重要动力，是人生立德的重中之重。无合作不社会。"一支竹篙难渡汪洋海，众人划桨开动大帆船。"彼此平等，相互尊重，共同成就，合作的力量是巨大的。书单从哲学、政治、语言、文学、历史等几类书籍中精选了20个书目，其中首推四大名著，它们从草根阶层、帝王将相、神仙鬼怪、达官显贵等不同层面，生动阐述了社会合作的重大现实意义；力推司马光的《资治通鉴》、王伯祥的《史记选》和易中天的《中华史》，它们从时间、人物、空间等不同角度，真实再现了社会合作的深远历史意义。

自律，是社会和谐的安全阀、保险箱，是人生立德的必须之举。无自律不人生。自律是一种修养，更是一种修为，行万里路，持三尺戒，"己所不欲，勿施于人"。讲自律就是讲规矩。书单从哲学、政治、语言、历史等几类书籍中精选了26个书目，基本是历史性经验总结，其中首推孔子的《论语》，半部《论语》治天下，其理之要可见一斑；参读南怀瑾的《论语别裁》。

第三方面：处事，明敬业、专长、创新之理。修身、做人，最终为了处事。明晰处事之理，就是要将敬业、专长和创新作为人生最可贵的三重境界而追求、历炼、成就，力求干事有责任，成事有办法。

敬业，是高效处事之基，就是要"召之即来"，愿干、肯干，有真情怀。不挑肥拣瘦，不偷懒耍滑。书单从哲学、文学等几类书籍中精选了12个书目，其中首推《朱镕基讲话实录》。

专长，是高效处事之要，就是要"来之能战"，会干、能干，有真本事。"工欲善其事，必先利其器。""没有金刚钻，不揽瓷器活。"书单从哲学、经济管理等几类书籍中精选了16个书目，其中首推《唐浩明评点梁启超辑曾国藩嘉言钞》，力推《千年金融史》《阿图医生（第1季）》。

创新，是高效处事之魂，就是要"战之能胜"，善干、敢干，有真担当。创新是引领发展的第一动力。书单从领袖著作、哲学、经济管理、语言、文学、历史等几类书籍中精选了24个书目，其中首推《习近平谈治国理政》。我党坚持解放思想、实事求是、与时俱进、求真务实，以全新的视野深化对共产党执政规律、社会主义建设规律、人类社会发展规律的认识，进行艰辛理论探索，取得重大理论创新成果，形成了新时代中国特色社会主义思想。同时，力推《智能浪潮：增强时代来临》。

（5）"理工书单"对知书达礼有什么预期？

这既是学校培养一流应用人才所必需，也是学校建设一流教师队伍应具备的，概括说是六个字：可靠、合格、幸福。"可靠"，就是政治上过硬，做坚定的社会主义接班人。"合格"，就是技能上过关，做出色的社会主义建设者。"幸福"，就是生活上过得好，做快乐的社会主义共享者。具体可表述为"三无""三有"：

①"三无"，是指无惑、无忧、无惧。无惑是安身的基础，只有心里有底、肚里有数、脑里有方，才能嘴中有谱、手上有法、脚下有路。无忧是立命的核心，一个忧心忡忡的人难有大的作为，以从容平和的心态，用乐观主义的精神，干力所能及的事情，不消极、不懈怠。无惧是自强的关键，只有无惧的人才有开拓性，不墨守成规、不循规蹈矩；只有无惧的人才有进取心，敢于扶正祛邪、敢于较真碰硬。

②"三有"，是指有情、有义、有恒。有情是待人之道，每个人的内心深处，都有一方动人的情愫，或亲情，或友情，或爱情，这是生活的原动力，做人应做有情人。有义是立业之本，义有民族大义、国家大义，是一种团队精神、是一种责任担当；心忧天下，胸怀祖国，义最能打动人、感召人，因为义是无私的，只有"义"字当先，才会一呼百应。有恒是成事之要，滴水穿石，不是水滴力量大，而是坚持功夫深；只要功夫深，铁棒磨成针。

3.监督：理工"三全育人"专项督导

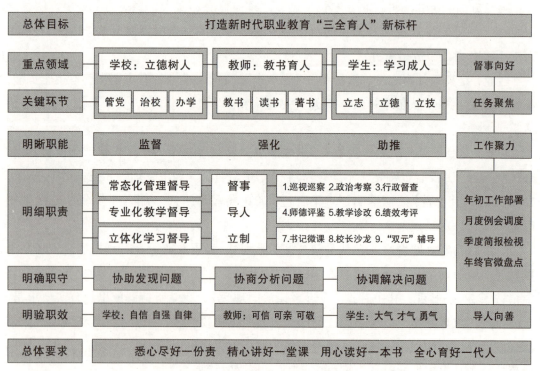

图3 湖南理工职业技术学院"三全育人"督导总体框架

以上框架被简称为"理工督导 2.0"，以下是其相关介绍。

（1）学校"理工督导 2.0"的主要初衷是什么？

一分部署，九分落实。学校第三次党代会提出"奋力谱写'四个一流'精益求精新篇章，聚力奋进'四一两全'内涵发展新蓝图"战略擘画，任重道远。学校在 2019 版"督管、督教、督学"三位一体大督导基础上，探索推出"三全育人"新督导机制（简称"理工督导 2.0"），进一步明晰了"监督、强化、助推"新职能，明细了"督事、导人、立制"新职责，明确了"协助、协商、协调"新职守。"理工督导 2.0"的主要初衷，简单说就是三个更好：一是更好地促进学校第三次党代会确定的目标任务落地落实；二是更好地促进学校"三全育人"综合改革走深走实；三是更好地促进培养德智体美劳全面发展的社会主义建设者和接班人，培养担当民族复兴大任的时代新人、匠心传人。

（2）学校"理工督导 2.0"的主要导向是什么？

"理工督导 2.0"是学校深入开展学习贯彻习近平新时代中国特色社会主义思想主题教育的重要成果，是学校"学思想、强党性、重实践、建新功"的全新探索。主要坚持以下三大导向：

一是坚持政治导向。坚持以习近平新时代中国特色社会主义思想为指导，贯彻落实党委领导下的校长负责制，始终做到党委决策在哪、督导跟进到哪。

二是坚持目标导向。紧盯学校立德树人、教师教书育人、学生学习成人，开展常态化、专业化、立体化督导，始终做到靶向不偏移、中心不偏离。

三是坚持问题导向。协助发现问题、协商分析问题、协调解决问题，始终做到督导不领导、参与不干预、到位不越位、建议不决策。

（3）学校"理工督导 2.0"的主要特点有哪些？

"理工督导 2.0"是检视学校发展质量的"明镜"，是优化学校内部治理的"利剑"。主要有以下三大特点：

一是着手上，力行"一体推进"。只有一体推进，才能事半功倍。一体推进体现了系统观念，体现了辩证思维。强化"学校、教师、学生"三方联动，细化职责、突出重点，实施具体活动，督事深度传导、导人次第展开、立制全面跟进，推进学校治理体系和治理能力现代化。

二是着力上，力求"严督实导"。只有严督实导，才能提质增效。严督实导体现了从严治党、从严治校的要求，体现了督事向好、导人向善的追求。强化"决策、执行、监督"三位一体，做到年初工作有部署、月度例会有调度、季度简报有检视、年终官微有盘点，引导教职工争先求进、见贤思齐。

三是着效上，力促"善作善成"。只有善作善成，才会有为有位。善作善成体现了强烈的服务意识，体现了鲜明的实绩导向。督导员是学校发展的"质检员"，是教师成长的"服务员"，是学生学习的"指导员"。坚持督导结合，以导促督，督出质量、督出成效，导出品位、导出水平。

（4）学校"理工督导2.0"的主要内容有哪些？

"理工督导2.0"是学校"三全育人"的"催化剂"，是学校立德树人的"助推器"。主要有以下三方面内容：

一是常态化管理督导：督履职尽责、导遵规守纪。学校统筹巡视巡察、政治考察和行政督察等工作，推动各级领导干部自信、自强、自律，全面创新办学治校、全面落实立德树人，力促学校"明理知行、精工致远"校训精神全面落实和发展质量不断提高。

二是专业化教学督导：督教书育人、导为人师表。学校统筹师德评鉴、教师整改、绩效考评等评价，引导全体教师坚定"三个牢固树立"，做到"四个相统一"，做好"四个引路人"，争做可信、可亲、可敬的新时代"四有好教师"，力促学校"博爱博学、求实求新"教育风气自觉养成和教学质量不断提高。

三是立体化学习督导：督学习成人、导向上向善。学校统筹书记微课、校长沙龙、"双元"辅导等活动，引导学生立报国之志、学一技之长、明读书之理，做大气、才气、勇气兼备的社会主义建设者和接班人，力促学校"勤学勤思、笃信笃行"学习风气日趋浓厚和人培质量不断提高。

（5）学校"理工督导2.0"的主要预期是什么？

建立健全"三全育人"专项督导机制，是学校落实立德树人根本任务的有力抓手。希望通过"理工督导2.0"有效实施，引导全校上下各安其位、各司其职、各尽其能，悉心尽好一份责、精心讲好一堂课、用心读好一本书、全心育好一代人，持续打造全省产教融合样板，聚力创建全省高水平职业院校。

（二）拓展阅读

1.学校：不负时代不负生

一年一度教师节，一言一语总关情。每逢教师节，最令人欣慰的是满怀豪情回望来时景，最令人期待的是满怀自信展望前行路。

温故知新，守得云开见月明

路在人走，事在人为。天下事有难易乎？为之则难者亦易矣，不为则易者亦难矣。

第一，新时代筑梦新征程。这些年，学校始终坚持用发展眼光谋划未来，用改革办法破解发展难题，用忘我精神追逐理工梦想。校小不小志，位后不后求。千头万绪盘活办学资源，千方百计厚植办学优势，千辛万苦增添办学后劲，奋力闯出了一条都市区学校集约化办学、高质量发展的富有内涵的特色新路。

第二，新路子走出新步伐。这条路，我们始终把高站位带班领队、固本强基作为重中之重来抓，全面严立规以类相从，严守规以身作则，严执规以儆效尤。宁可直中取，不向曲中求。这条路，我们始终把高标准争先创优、争先求进作为难中之难来推，全面创新办学治校，新理念凝心聚力、新行动攻坚克难、新考核提质增效，"苔花如米小，也学牡丹开"。这条路，我们始终把高质量为党育人、为国育才作为重中之重来干，全面落实立德树人，落实思政五育并举，落实产教真融合，落实读书明理知行，以爱子之心爱生，以严师之道严徒。

第三，新耕耘喜结新硕果。这些年，学校真抓实干、砥砺前行，变革是全方位的，成绩是一揽子的，解决了不少难题，办成了不少大事，收获了不少荣誉。学校被评为湖南省首批文明校园、优秀委属单位，招生录取线逐年攀升，就业率稳步上升，全省排位大幅提升。省委巡视组评价学校，"贯彻党委领导下的校长负责制，政治生态明显好转；落实立德树人根本任务，办学治校水平不断提高"。教育部职成司领导点赞学校，认为"理工类院校有如此成体系文化育人举措的实不多见"，近悦远来，难能可贵。

知弱图强，百尺竿头更进步

历尽天华成此景，人间万事出艰辛。这些年，学校"培百年老店、育匠心传人"，虽起好了步、开好了局、破好了题，但是大刀阔斧易、精雕细刻难，一鼓作气易、自始如终难，一马当先易、万马奔腾难。必须清醒地认识，"行百里者半九十"，学校"四个一流"建设难啃的骨头在后面。

第一，要与时俱进强应变。"昨日已成往事，明日犹未可知。"世上没有一成不变的先机，没有一劳永逸的新局，"苟日新、日日新、又日新""不日新者必日退"。未来五年，学校站在全新的历史起点，面临全新的机遇挑战，以前困难的可能不再困难，以前容易的可能不再容易，以前茫然的可能不再茫然，以前管用的可能不再管用，"世异则事异，事异则备变"。我们必须精准识变、科学应变、主动求变，必须精中拓、稳中进、特中强，必须在危难中显身手、在新机中占先机、在变局中创新局。

第二，要因势利导强关键。"纲举目张，执本末从。""治大国，若烹小鲜"，治大学如履薄冰。国家大事唯赏唯罚，"赏当其劳，无功者自退；罚当其罪，为恶者咸惧"；大学亲民唯师唯生，严师严德不治自理，育人育心不教自学。教育之道贵育心，职教真谛在融产，人生大美是读书。未来五年，学校将持之以恒地紧牵治理"牛鼻子"、大写教育关键词、狠抓课堂主战场，持续完善"三全育人"体系，持续提升产教融合质量，持续推进书香理工建设，用国学之光照亮奋进路，用党史之光引领奋斗者，用习近平新时代中国特色社会主义思想铸魂育人，以文化人、以德育人，督事向好、导人向善，德技兼修、五育并举。

第三，要谋定后动强统筹。"凡事预则立，不预则废。""锐始者必图其终，成功者先计于始。"一张好蓝图需要深谋远虑绘，需要敬终如始干。三顾茅庐《隆中对》火烧连营功亏一篑，千古一帝秦始皇位传二世国破家亡。有好谋划却无好执行，知而不行，形同未知！ 未来五年，学校将深入贯彻省委、省政府有关高校办学要求，坚定不移走有内涵的发展之路，进一步删繁就简、化繁为简，更加聚焦立德树人、聚心精致办学、聚力特色发展，争先求进，比办学水平不比办学层次、比核心竞争力不比办学规模、比专业特色不比专业点位，持续优化内部治理、持续加强师资建设、持续提质人才培养、持续改善办学条件、持续打造湖南省产教融合样板，聚力创建全省高水平职业院校，绵绵用力，久久为功。

见贤思齐，不负时代不负生

习近平总书记强调："好的学校特色各不相同，但有一个共同特点，都有一支优秀教师队伍。"我们倡导"办不一样的学校，培不一样的教师，育不一样的学生"，这个"不一样"就是理工特质。办不一样的学校，就是要用理工特质的时代新师培养理工特质的时代新人。

第一，应登高望远乐担当。理工是一所有追求的高职后起之秀、有精神的高职希望之星、有温度的高职幸福之家。理工立身之本，在于立德树人。未来征途，全校上下应紧紧围绕立德树人，各安其位、各司其职、各尽其能，悉心尽好一分责、精心讲好一堂课、用心读好一本书、全心育好一代人。持续完善以自信为内核的职教愿景，"办好理工一点，带动教育一线，影响产业一片"；持续营造以自律为内核的校园文化，打造"不治自理文明新校园"，构建"不教自学育人大课堂"，致力"不言自明职教新湘军"；持续弘扬以自强为内核的理工精神，恪守"理工九条"，践行"理工九理"，自信满满永不放弃，自强不息永不放任，自律坚守永不放纵，立报国之志、学一技之长、明读书之理，做社会主义建设者和接班人。

第二，应争先创优铸品牌。"一花独放不是春，百花齐放春满园"；一马当先诚可贵，万马奔腾势滔天。这些年，学校制度供给、示范引领，大家八仙过海各显神通，很多不毛之地开出了鲜艳之花，不少领域破零倍增，渐入佳境，特别是青年论坛、技能竞赛、教学能力、教育教学成果等赛项斩金夺银、捷报频传，甚慰人心。但总体上仍有不足，高校人才培养、科学研究、社会服务、文化传承创新、国际交流合作功能，很多方面依然无人问津。未来征途，学校鼓励大家迎难而上、克难攻坚，点上再突破、面上再提升，积沙成塔、集腋成裘、汇流成河，希望人人有进步、事事有改观、年年有惊喜，理工品牌不断被擦亮，学校一流水到渠成。

第三，应凝心聚力向前进。"人心齐，泰山移。"独木难支，众擎易举。众人划桨开大船，"众人拾柴火焰高"。这些年，学校事业红红火火、蒸蒸日上，得益于党和国家高屋建瓴的政策，得益于省发改委、省教育厅、湘潭市政府的极大支持，更得益于全校上下高歌猛进地落实工作。上下同欲者胜，同舟共济者赢，团结就是战斗力。未来征途，学校上下要像爱护生命一样维护团结，要像珍惜眼睛一样搞好团结，紧紧拧成一股绳、妥妥铆足一股劲，同心同德、同向同行。守大节、管小节、立气节，相互提醒、相互帮衬；讲原则、重感情、干实事，明理知行、精工致远。

2. 教师：辅导员应守正创新修"九境"

习近平总书记在党的二十大报告中特别强调，"全党要把青年工作作为战略性工作来抓，用党的科学理论武装青年，用党的初心使命感召青年"。高校辅导员作为青年学生思想政治教育工作的骨干力量，是青年学生成长的管理者、教育者，是教师型干部、干部型教师，是当之无愧的"人类灵魂工程师"。辅导员用习近平新时代中国特色社会主义思想凝心铸魂，应当守正创新修"九境"，努力成为青年学生传道的可信人生导师、解惑的可亲知心朋友和授业的可敬品学表率。

正心修炼"可信"三重境，做善于"传道"的青年学生人生导师

"传道"就是教学生如何做人。新时代辅导员传道，就是用党的科学理论武装学生，教学生做德智体美劳全面发展的社会主义建设者和接班人、做担当民族复兴大任的时代新人。人无信不立，家无信不和，国无信不昌。信是一种个体责任、一种团队精神、一种家国情怀。"可信"是对这种责任、精神、情怀的认同、传承和托付。辅导员应悉心尽好传道责，深修"可信"三重境。

第一，应正心修好"信任"境。这是可信的前提所在，是辅导员提升政治判断力的根本途径。辅导员悉心传道，对道应真学真懂、能说会道，应早学一步、多学一分，带着责任学、带着感情学，读原著、学原文、悟原理，全面把握习近平新时代中国特色社会主义思想的科学体系和精髓要义，夯实坚定拥护"两个确立"、坚决做到"两个维护"的思想根基，用真理精神学真理、用科学态度学科学，"厚积而薄发，博观而约取"。教师寓教于"学"，有灵有魂、有精有神，学生自然会上行下效、耳濡目染、潜移默化。

第二，应正心修好"信从"境。这是可信的本质所在，是辅导员提升政治领悟力的核心要义。辅导员悉心传道，对道应真信真传、讲深讲透，应深思一层、细悟一分，结

合学习思、结合工作悟，以学铸魂、以学增智、以学正风、以学促干，努力把习近平新时代中国特色社会主义思想转化为立德树人、教书育人的强大力量，让懂道理的人信道理、让信道理的人讲道理，讲好中国故事、讲好中国共产党的故事、讲好当代中国马克思主义、二十一世纪马克思主义故事，注重青年学生的思想引领，匡正青年学生价值观念，帮助青年学生坚定理想信念、强化责任担当，团结青年学生坚定不移听党话、跟党走。教师寓教于"信"，有度有识、有始有终，学生自然会言听计从、心领神会、心悦诚服。

第三，应正心修好"信赖"境。这是可信的关键所在，是辅导员提升政治执行力的行动指南。辅导员悉心传道，对道应真行真用、活学活用，应统一知信行、贯通学思用，学以致用、管用实用，应坚持运用贯彻习近平新时代中国特色社会主义思想的立场、观点和方法，解决好立德树人中的现实问题和实际困难，始终秉承"以公为先、以校为家、以师为尊、以生为本"情怀，想学生所想、急学生所急、干学生所盼，将育人工作做到青年学生的心坎上。教师寓教于"用"，有心有意、有情有义，学生自然会知行合一、知恩于心、感恩于行。

虚心修炼"可亲"三重境，做乐于"解惑"的青年学生知心朋友

"解惑"就是教学生如何处世。新时代辅导员解惑，就是用党的初心使命感召学生，教学生正确理解中国之问、世界之问、人民之问、时代之问，为学生全面答成长之疑、排成人之忧、解成才之难、助成功之力。亲者，情之至也。父母者，亲之最至者也。可亲是对"一日为师终身为父"的赞美、期许和践悟。辅导员应悉心尽好"解惑"责，深修"可亲"三重境。

第一，应虚心修好"亲近"境。这是可亲的管理特性，是辅导员提升教导共情力的重要一环。"近山识鸟音，近水知鱼性。"辅导员悉心解惑，对"生"应近悦远来，对"惑"应心知肚明。首先，应坚持以生为本，平易近生、亲近不疑，时时围绕学生、处处关照学生、事事服务学生。其次，应坚持以勤为径，逢山开路、遇河架桥，学工无闲事、学工无闲时，思政教育、党团建设、日常管理、心理健康、资助勤贷、职业规划、创就业指导等，事无难易皆需辅，上教室、下寝室、入食堂，听呼声、问关切、探冷暖；生无新老均要导，两眼一睁、忙到熄灯，两眼一闭、高度警惕。最后，应牢牢坚持以心为灯，将心比心、以心换心，用心感受、用心理解、用心支持，用教师心里的灯点燃学生眼里的光、照亮学生前行的路。

第二，应虚心修好"亲和"境。这是可亲的教育特征，是辅导员提升教学共情力的关键一招。"君子和而不同，小人同而不和。"辅导员悉心解惑，对"生"应和而不同，对

"惑"应各解其解。首先，应有教无类、一视同仁地辅，不戴有色眼镜看学生，不按个人喜好待学生；有教无类并非平均用力，一视同仁绝非轻重不分，而是应当以无差别的理念育有差别的学生。重点关注特别优秀的学生、特别困难的学生、特别调皮的学生，以点带面、统筹兼顾。其次，应因材施教、有的放矢地导。学校不同于工厂，学生有别于产品，均等化教育不能标准化生产，教师教学生要一个枰杆挂一个砣、一把钥匙开一把锁，和而不同、美美与共。最后，应春风化雨、润物无声地育，浇花浇根、育人育心。青年学生正处于人生"拔节孕穗期"，生理心理变化叠加，学习生活困惑交织，辅导员要多用奉献心、理解心、平等心和宽容心为学生答疑解惑，为学生排忧解难。春天来了用心让花开好，秋天到后一定硕果满枝。

第三，应虚心修好"亲谊"境。这是可亲的学校特质，是辅导员提升教育共情力的点睛一笔。用敬畏之心敬业，用爱子之心爱生。辅导员悉心解惑，对"生"应敝帚自珍，对"惑"应如数家珍。首先，应用"父爱如山、母爱如水"的可贵情怀对待学生，尊重学生、相信学生、欣赏学生。其次，应用"望子成龙、望女成凤"的博大胸襟培育学生，引导学生、指导学生、教导学生。最后，应用"儿是心头肉、娘是挡土墙"的无私境界关爱学生，体谅学生、体贴学生、体悟学生，"幼吾幼以及人之幼"，让学生情有所系、心有所归，在温暖的学校大家庭里增知增智、成人成才。

潜心修炼"可敬"三重境，做专于"授业"的青年学生品学表率

"授业"就是教学生如何立业。新时代辅导员授业，就是用为生立业落实为党育人、为国育才工作，引导青年学生学好专业、就好职业、干好事业。敬是一种品质，是一种价值，是一种理想，"可敬"是对这种品质、价值、理想的要求、需求和追求。辅导员应悉心尽好"授业"责，深修"可敬"三重境。

第一，应潜心修好"敬重"境。这是可敬的内在要求，是辅导员为人师表的从业门槛。辅导员悉心授业，对"生"应学高为师、身正为范，对"业"应以身作则、率先重范，引导学生不令而行、不教自学。首先，应"己所不欲，勿施于人"，大事讲原则、小事讲风格，顾全大局，光明磊落，不搞自以为是、不搞损人利己。其次，应与人为善、导人向善，择善而从、从善如流，乐善好施、善善从长。恪守教育部《教师行为十项准则》，践行学校《教职工行为九条规范》，争做"有理想信念、有道德情操、有扎实学识、有仁爱之心"的新时代好老师。

第二，应潜心修好"敬佩"境。这是可敬的外在需求，是辅导员匠心独运的职业价值。辅导员悉心"授业"，对"生"应授之以渔、明理知行，对"业"应驾轻就熟、精工致远，引导学生匠心筑梦、技能报国。首先，应倾情辅导学生虚心学习养大气，孕育心

怀天下的情怀抱负、胸怀祖国的责任担当、情系学校的匠心素养。其次，应倾情辅导学生潜心学习养才气，读万卷书、行千里路，博取百家众长。最后，应倾情辅导学生正心学习养勇气，修毅勇、为义勇、行忠勇，敢斗争、善斗争、勤斗争。

第三，应潜心修好"敬仰"境。这是可敬的无上追求，是辅导员无比憧憬的事业理想。辅导员悉心授业，对"生"应甘当人梯、愿作春泥，对"业"应"师不必贤于弟子"，"弟子不必不如师"，引导学生青出于蓝胜于蓝、一代更比一代强。首先，应矢志不渝地培养如履薄冰、如临深渊的职业自警，不断增强教师文明传承、灵魂塑造的职业神圣感。其次，应矢志不渝地培养念兹在兹、无日或忘的职业自觉，不断增强教师为党育人、为国育才的岗位使命感。最后，应矢志不渝地培养初心如磐、奋楫笃行的职业自强，不断增强教师立德树人、教书育人的工作责任感，自信满满、永不放弃，自强不息、永不放任，自律坚守、永不放纵。

资料来源：中国青年报第09版，2023年6月13日

3.学生：青年学生要好好学习养"三气"

习近平总书记在党的二十大报告中特别指出，"广大青年要坚定不移听党话、跟党走，怀抱梦想又脚踏实地，敢想敢为又善作善成，立志做有理想、敢担当、能吃苦、肯奋斗的新时代好青年"。当代青年学生用习近平新时代中国特色社会主义思想武装头脑和凝心铸魂，结合地方职业技术院校的办学实际和实际工作体会，编者认为要好好学习养"三气"。

青年学生虚心学习养"大气"

大气是一种致虚极、守静笃的气度，是一种怀天下、报祖国的气概，是一种纳百川、容日月的气魄。一个人眼界有多高视野就有多宽，视野有多宽胸襟就有多大，胸襟有多阔气度就有多宏，万物并作观其复，有大气者方能成大事，有大气者方能成大器。青年学生养大气，要着力"高"眼界、"宽"视野、"阔"胸襟，要有"心忧天下"的情怀抱负，要有"胸怀祖国"的责任担当，要有一技之长的匠心素养。青年学生养大气，要虚心学习古圣先贤、现当代领袖人物。

第一，要学习"苟利国家生死以，岂因祸福避趋之"的大气度。中华文明五千多年历史长河中的古圣先贤们留下了许多经世致用、脍炙人口的金句，如"修身、齐家、治国、平天下""为天地立心、为生民立命、为往圣继绝学、为万世开太平""先天下之忧而忧，后天下之乐而乐""孝亲侍养，孝国以忠"，等等。它们传承着高风亮节、历久弥新的家国情怀。历史蕴含大智慧，以史为鉴知兴替。编者读史有扫射式泛读，新故相推，一目十行、一日千年地读，也有点射式精读，床头案上，抓到哪读哪本，时常感受到

因缘际会隔代知音心领神会拍案叫绝。在一次校党委学习会上，编者讲述了《史记》中伯夷叔齐不食周粟饿死首阳山的故事，是编者点射式精读中读到的，小故事大道理，"忠诚不绝对就是绝对不忠诚"！中华民族的忠诚基因源远流长，千百年来知行不辍。历史上还有陆秀夫负帝投海、左宗棠抬棺西征、朱自清不吃美国救济粮，等等，前传后教、一脉相承。这个基因在新时代的集中体现，就是"对党忠诚，不口是心非、阳奉阴违"，青年学生要学思践悟，坚定不移感党恩、听党话、跟党走。共产党员要"随时准备为党和人民牺牲一切，永不叛党"。"天下兴亡，匹夫有责"，这是古圣先贤的大气。

第二，要学习"为有牺牲多壮志，敢教日月换新天"的大气概。毛主席一生写下了很多气吞山河、大气磅礴的革命史诗和动人文字，编者最喜欢这几句——"天下者，我们的天下！国家者，我们的国家！社会者，我们的社会！我们不说，谁说？我们不干，谁干？""问苍茫大地，谁主沉浮？""宜将剩勇追穷寇，不可沽名学霸王"，等等。毛主席从一介书生到伟大领袖，始终将救国救民、改造国家和社会视为己任，"世上无难事，只要肯攀登"，这是毛主席的大气。

第三，要学习"我将无我，不负人民"的大气魄。习近平总书记在十八届政治局常委与记者见面会上满怀深情地说，"人民是历史的创造者，群众是真正的英雄""每个人的工作时间是有限的，但全心全意为人民服务是无限的"，他一连强调了三个重大责任：对民族的责任、对人民的责任、对党的责任，把"为民族谋复兴、为人民谋幸福"作为初心使命孜孜以求。在二十届中央政治局常委与记者见面会上，习近平总书记再次强调，"前进道路上，无论是风高浪急还是惊涛骇浪，人民永远是我们最坚实的依托、最强大的底气"，他特别宣告，"将同各国人民一道，弘扬和平、发展、公平、正义、民主、自由的全人类共同价值，维护世界和平、促进世界发展，持续推动构建人类命运共同体"。习近平总书记从七年知青岁月到中国特色社会主义新时代，始终把人民放在至高无上的位置，"民有所呼，我有所应"，这是习近平总书记的大气。

青年学生要潜心学习养"才气"

才气是一种胸藏文墨、腹有诗书的才华，是一种士别三日当刮目相看的才能，是一种知行合一、敬终如始的才干。一个人被欣赏往往始于颜值，敬于才华，合于性格，久于善良，终于人品。万人并行观其为，有大才者方能成大业，有大才者方能为大匠。我们青年学生养才气，要着力长才华、长才能、长才干，要读破万卷书、行穷千里路、博取百家长。青年学生养才气，要潜心做好三件事：

第一，要静下心来多读书。书中自有黄金屋，书中自有颜如玉。人与人的差距，有时其实就是一本书的厚度！学校发起了"每周一书"动议，推出了"理工育人书单"，牵头发起了湘潭十大高校读书联盟，申请成立了湖南省职业院校读书联盟，旨在引导同学们"用心读好一本书"，读专业书、读课外书，厚积薄发多读书，博观约取读好书，明理知行善读书，将读书进行到底，涵养同学们的书生气、书卷气、书香气。何谓书生气？"挥斥方遒，粪土当年万户侯！"何谓书卷气？"胸藏文墨虚若谷，腹有诗书气自华！"何谓书香气？文质兮彬彬、儒儒哉雅雅！读中华经典，做大国工匠，读书之妙，妙不可言！

第二，要腾出手来多实践。同学们的使命是，立报国之志、学一技之长、明读书之理，做社会主义建设者和接班人。我们学不到一技之长、明不了一事之理，拿什么养家糊口？拿什么忠党报国？希望同学们贯通学思用、统一知信行，坚持立足专业学中做，坚持对接产业做中学，简单事情反复做，重要事情用心做，做到熟能生巧便是行家里手，做到独具匠心便是专家赢家。

第三，要放下面子多请教。学之要在问，"三人行必有我师，择其善者而从之，其不善者而改之""听君一席话，胜读十年书"，"一语点醒梦中人"等，讲的都是做学问的故事。世上没有万能的人，世上也没有常能的人，所谓的万能、常能，无非是集大成者，融百家之长成一家之功，集百草之精成一味之药，通古今之变成一家之言！培百年老店，育匠心传人，同学们一定要勇于发问，一定要博采众长，只有站在巨匠肩膀上才可能成长为时代栋梁！

青年学生要正心学习养"勇气"

勇气是一种潜藏于身体之内的精神力量、是一种影响于团队之间的人格力量、是一种展现于日常之中的智慧力量。"天下有大勇者，所挟持者甚大，而其志甚远也"。万事并发观其由，有大勇者方能卒然临之而不惊，有大勇者方能无故加之而不怒。青年学生养勇气，要着力修毅勇、为义勇、行忠勇，要敢于斗争、善于斗争、勤于斗争。青年学生养勇气，要正心修好三种行：

第一，要知错就改不含糊。金无足赤，人无完人。《礼记·中庸》有云"知耻近乎勇"，强调面对错误和不足时，应该勇于承认并改正，也就是我们常说的"自我革命"。习近平总书记全面在从严管党治党上非常看重自我革命，他特别指出，"只要我们始终不忘党的性质宗旨，勇于直面自身存在的问题，以刮骨疗毒的决心和意志消除一切损害党的先进性和纯洁性的因素，就能够形成党长期执政条件下实现自我净化、自我完善、自我革新、自我提高的有效途径"。一个执政党如此，一个地区一个单位一个人何况不是如此？胜人者有力，自胜者强，人生在世最强大的敌人不是别人而是自己，谁也不能打倒你除非你自己打倒自己，谁也不能保护你只有你自己保护自己。《西游记》"九九八十一难"中的真假美猴王，讲的无非是"放下屠刀立地成佛"的故事，教化世人"知错就改善莫大焉"！世界上哪有两个一模一样的人，长相、作派甚至连功夫套路都分毫不差？没有！要有，那一定是自己本身。如来佛一句话点破，孙悟空一棍子打死，斗战胜佛功德圆满，战胜自我毅勇可嘉。

第二，要见义勇为不冷漠。我校"理工书单"推荐书目中有《水浒传》，它讲的是宋江带领好汉起义、发展到失败的过程，这个过程一方面夹杂了不少不服管束的人物个性、讲述了不少两肋插刀的江湖义气，另一方面也诠释了"哪里有压迫哪里就有反抗"的基本逻辑、讲述了不少嫉恶如仇大义凛然的英雄义举。年轻人往往心气高、有血性、易冲动，缺少社会经验，需要正确引导，我们要抱着理性扬弃的态度一分为二地看待这本书，取其精华、去其糟粕，既不能因噎废食、一句"少不看水浒"了事，也不能是非不分、"捡到篮子里都当菜"。《水浒传》中扶正祛邪、激浊扬清的人性良善一面正能量满满，"路见不平一声吼，该出手时就出手"正能量满满，是青年人必须具有的社会担当！当然，见义勇为也要讲策略，狭路相逢勇者胜，勇者相逢智者胜。

第三，要临危受命不迟疑。读《出师表》，诸葛亮"受任于败军之际，奉命于危难之间"，迎难而上，克难攻坚，忠勇之举感天动地，出师未捷身先死、长使英雄泪满襟！我们青年学生读书明理、知书达礼，受命于新时代，就是要学得文武艺、献于党和国，就是要召之即来、来之能战、战之能胜，就是要让青春在全面建设社会主义现代化国家的火热实践中绽放绚丽之花。

资料来源：中国青年报客户端，2023 年 10 月 19 日